KB128793

정서중심상담의 실제

Robert Elliott · Leslie Greenberg 공저

김영근 · 손자영 · 김미례 · 김수임 · 김종수 · 박승민 · 신선임 · 안인숙 · 윤숙경 · 조난숙 · 최바올 · 홍상희 공역

EMOTION-FOCUSED
COUNSELLING
IN ACTION

학지사

Emotion-Focused Counselling in Action

by Robert Elliott and Leslie Greenberg

English language edition published by SAGE Publications of the United States, United Kingdom, and New Delhi.

역자 서문

지난 수십 년 전부터 현재까지 꾸준히 출판되어 영미권에서 오랫동안 사랑받아 온 SAGE사의 '상담의 실제(Counselling in Action)' 시리즈 19권 중 가장 많은 개정판을 낸 『정신역동상담의 실제』와 최근에 출간된 『정서중심상담의 실제』를 한국심리치료상담학회 운영위원진들과 함께 번역하고 발간할 수 있게 되었다. 최근 들어 한국의 상담학계에는 최신의 서구 상담이론들이 꾸준히 소개되고 있는 가운데, 전통적인 오랜 역사와 함께 여전히 한국 상담자들의 주된 선호 이론 중 하나로 굳건히 자리 잡은 정신역동치료와 비교적 최근에 한국에 많이 소개되고 있는 이론인 정서중심치료에 관한 두 권의 책을 동시에 번역하고 출간할 수 있어서 대표 역자로서 기쁜 마음을 감출 수 없다. 상담자들은 자신에게 가장 잘 맞는 옷의 상담이론을 선택하여 중심이 되는 인간관을 바탕으로 자신만의 상담관을 형성해 나가고, 다른 이론들의 장점을 취합하여 통합적 관점을 형성해 가면서 전문가로 성장해 나간다. 이 두 권의 책이 한국의 상담자들에게 전문가로 성장해 나가는 지난한 여정에서 좋은 도움이 됨과 동시에 우리의 가장 큰 스승인 내담자들에게 그 혜택이 고스란히 돌아갈 수 있게 되기를 기대해 본다.

이 두 권의 책이 출판되기까지 많은 도움을 주신 분들을 떠올려 본다. 캐나다 윈저대학교 심리학과로 연구년을 나온 나에게 편집위원장이라는 중책과 함께 두 권의 책 번역을 위한 진두지휘를 믿고 맡겨 주신 한국심리치료상담학회 박승민 학회장님과 멀리 타국에 있어서 수작업을 할 수 없는 나를 대신해 꼼꼼하게 교지 작업을 담당해 주신 손자영 자격관리 부위원장님을 비롯하여 두 권의 책 번역을 맡으면서 성가

실 수도 있는 나의 요구를 친히 감당해 주신 아홉 분의 한국심리치료상담학회 운영위원진에게 감사를 전한다. 그리고 『정서중심상담의 실제』를 번역하고 취합하여 정리하면서 탁월한 이론적 · 경험적 지식을 전수해 주신 윈저대학교 심리학과 Antonio Pascual-Leone 박사님과 이 책이 더욱 빛날 수 있도록 한국의 독자들에게 귀한 말씀을 손수 전해 주신 정서중심치료의 위대한 창시자 Leslie Greenberg 박사님, Robert Elliott 박사님께 머리 숙여 존경과 감사를 표한다. 또한 첫 역서 책임자인 나에게 직접 전화를 걸어 기간을 지켜주십사 당부하면서 믿고 역서 출간을 허락해 주신 학지사 김진환 사장님과 SAGE사와의 계약 및 진행 과정이 순조로이 될 수 있도록 해 주신 이수정 대리님, 편집 과정에서 수정할 부분이 많음에도 불구하고 묵묵히 인내하며 섬세하게 작업해 주신 백소현 실장님께 심심한 감사의 마음을 전한다.

캐나다 윈저대학교 연구실에서
대표 역자 김영근

한국의 독자들에게 전하는 말

−1−

『정서중심상담의 실제』가 한국어로 번역·출간되어 기쁘게 생각한다. '정서중심상담(EFC)/정서중심치료(EFT)'의 기본 철학인 변증법적 구성주의와 태극의 음양이라는 양극성이 깊은 공명을 일으키고 있기 때문에 특히 적절하다고 생각한다. 실제로 EFC/EFT는 머리와 마음, 자기와 타자, 고통과 기쁨(모든 색과 색조)의 변증법에 관한 것이다. 나는『주역(周易)』과 함께 자랐고, 주역의 팔괘와 대성괘, 어려운 것 속으로 들어가는 것을 통한 변화의 주의(主義), 주역의 안내 시를 찾기 위해 서죽(筮竹)을 조작했다. EFC/EFT의 수행은 이러한 양극성으로 가득 차 있으며, 가장 분명하게는 두 의자 작업과 빈 의자 작업의 다른 형태에서 볼 수 있다.

이제 이 변증법적 양극성은 한국 독자 여러분이 이 책을 집어 들고 대화를 시작하면서 계속될 것이다. 우리가 이 책에 쓴 내용을 접하고, 성찰하고, 실천에 옮기고, 때로는 막히기도 하고, 의문을 품기도 하면서 우리가 그토록 사랑하는 이 접근법에 대한 이해가 깊어지는 여러분을 상상해 본다. 여러분의 EFC/EFT 여정에 최선을 다하시기를 기원한다.

−Robert Elliott

−2−

이 책을 통해 정서중심치료와 그 실무가 쉽게 이해될 수 있는 형태로 여러분에게 제공되고, 상담에서 정서를 다루는 것의 중요성과 힘을 소개하는 역할을 하기를 희망하고 믿는다.

−Leslie Greenberg

“ 정서중심 접근 방식의 개발을 지지해 준 ”

모든 학생, 동료 및 내담자에게

저자 서문

정서중심상담(Emotion-Focused Counselling: EFC)은 Carl Rogers의 인간중심 접근법과 Fritz Perls의 게슈탈트 치료를 결합한 현대 경험적 인본주의 형태의 상담이다. 우리는 먼저 인본주의자로서 인간의 긍정적인 잠재력, 살아있는 경험의 가치, 자기와 타자의 다양성을 소중히 여기는 것의 중요성, 그리고 타자를 자기와 동등한 가치와 존엄성으로 대하는 것의 중요성에 초점을 둔 일련의 가치에 동의한다. 이런 가치들은 팬데믹과 다양한 형태의 불평등 및 권위주의에 맞서서 전 세계적으로 항의가 있는 오늘날 그 어느 때보다 중요하며, 우리는 EFC가 우리가 처한 현재와 특히 관련이 있다고 믿는다. 이 정서 이론은 모든 사람들 속에 있는 근본적인 공통점을 강조하고 있는데, 부적응적이고 이차적인 감정 과정으로서의 다양한 형태의 편견들과 암묵적 편향 그리고 이를 변화시킬 수 있는 방법을 설명하며, 근거 기반의 시대에 신뢰성을 제공하며, 다양한 문화와 삶의 상황에 있는 사람들의 다양한 요구를 충족시킬 수 있는 광범위한 정서 이론 개념과 과제를 제시한다.

인간중심 접근법은 현대에 와서 경험적 인간중심(Person-Centred-Experiential, 이하 PCE) 상담으로 재탄생해 영국의 주요 상담이론 접근법 중 하나이며, 또한 우리는 이 책에서 인간중심 접근의 뿌리와 EFC와 PCE 상담 간의 연결성을 강조하고자 한다. 마침내, 첫 번째 상담 트레이너들(Jerry Goodman과 Laura Rice)은 Carl Rogers의 학생들이었으며, 이들의 입장이 우리가 가진 가치와 실무에 가장 일치한다고 보았다. 우리는 Les(Leslie의 애칭)가 캐나다 게슈탈트 연구소(Gestalt Institute of Canada)에서 훈련했던 게슈탈트 치료의 적극적인 기법을 추가하려 했고, 특히 지금-여기에 초점을 맞추고, 자기와 주요 타자의 실험과 실연 활용에 초점을 맞추려고 했다. 여기에 간간이 실존적 치료법을 추가하고, 정서 이론으로 포장하면, 멋있는 EFC가 될 것이다!

이 책에 사례 자료를 올렸는데 여기에 사용된 내담자 사례 대부분은 두 명의 내담자 사례이다. 하나는 Robert가 상담한 사례이고, 다른 하나는 Les로부터 수련받은 학생이 상담한 사례이다. 각 내담자는 연구와 교육 목적으로 사용되도록 허락해 주었다. 그리고 그들의 신원을 보호하기 위해 일부 세부 사항을 변경했고 간결하고 명확하게 보이도록 회기 기록을 편집했다.

이 책은 비교적 짧은 분량이지만, 이 책을 제작하기 위해 바쁜 일상 속에서 틈틈이 시간을 내어 거의 15년이 걸렸고, 여기에 오기까지 우리 자신의 개인적, 전문적, 과학적 발전을 이루기까지 50년이 걸렸다. 이 책이 나오기까지 많은 영감을 준 학생들과 내담자들에게 감사드린다. 특히, 이 책이 나오기까지 오랫동안 참고 인내해 준 Susannah Trefgarne에게 감사드리고, 평론가이자 사전독자인 Christina Michael에게도 감사의 마음을 전한다.

2020년 8월

Robert & Les

차례

○ 역자 서문 _ 3

○ 한국의 독자들에게 전하는 말 _ 5

○ 저자 서문 _ 7

01

정서중심상담과 인간중심 경험적 접근 • 13

정서중심상담 소개 _ 13

정서중심상담이란 무엇인가 _ 16

정서중심상담의 발전 _ 17

정서중심상담의 실무: 시작 전 점검 목록 _ 21

정서중심상담의 실무 원리 _ 26

정서중심상담에 대한 일반적인 우려 사항 _ 31

접근의 성과에 관한 근거 _ 36

학습 과정을 돕기 위한 제안들 _ 38

상담 사례 소개 _ 40

02

정서중심상담에서의 정서 이론 • 43

정서의 정의와 중요성 _ 43

정서도식: 정서는 무엇으로 구성되는가 _ 47

정서 강도와 정서조절 _ 55
정서 범주: 어떤 종류의 정서가 있는가 _ 58
정서 반응 유형 _ 64

03
정서의 심화와 변화 • 71

정서 변화와 정서 심화 모델 _ 71
변화 과정 진입 _ 72
EFC에서의 정서 심화 모델 _ 74
결론 _ 80

04
정서중심상담의 시작: 관계 형성 및 작업의 시작 • 85

정서중심상담의 시작 단계 _ 85
EFC에서 정서에 대한 공감적 조율 및 공감적 반응의 유형 _ 88
치료적 현존 확립하기 _ 95
내담자와 적극적으로 협력하기 및 공유 사례개념화 발달 시작하기 _ 98
초기 내러티브 작업: 내담자가 자신의 이야기를 하도록 돕기 _ 103
Jonah가 상담을 시작하다 _ 106

05
초기 작업 단계: 전개 및 포커싱 • 109

정서중심상담에서의 치료적 과업 개관 _ 109
문제 반응에 대한 환기적 전개 _ 113

불분명한 감정에 포커싱하기 _ 118
Bethany: 초기 작업 단계에서의 전개 및 포커싱 _ 124

06
초기 작업 단계: 두 의자 작업 • 127

내적 갈등에 대한 두 의자 대화의 개요 _ 127
사전 대화 및 시작 단계 _ 133
깊이 들어가기 및 새로운 변화 단계 _ 136
부드럽게 하기 및 협상 및 대화 후 단계 _ 144
다른 종류의 갈등에 대처하기 _ 147
Bethany: 초기 작업 단계의 두 의자 작업 _ 148

07
후기 작업 단계: 미해결 관계 문제를 위한 빈 의자 작업 • 153

빈 의자 작업의 개요 _ 153
빈 의자 작업의 시작 및 도입 단계 _ 157
빈 의자 작업의 심화 및 표현 단계 _ 160
빈 의자 작업의 완료 및 처리 단계 _ 171
빈 의자 작업의 변형 _ 179

08
후기 작업 단계: 공감적 인정 및 자비로운 자기진정 • 187

취약성과 정서적 고통 다루기 _ 187
취약성에 대한 공감적 인정: 고전적인 인간중심 과업 _ 188

괴로움에 대한 자비로운 자기진정 _ 191
Bethany의 후기 작업 단계 _ 197

09
통합 단계: 효과적인 종결 작업 • 203

종결 과정 개요 _ 203
Bethany의 통합 단계 _ 204
종결의 치료적 과업 _ 206
다양한 종결 유형 _ 212
Jonah의 종결 상담 _ 214

10
정서중심상담의 다음 단계 • 217

개관 _ 217
정서중심상담의 기타 측면 _ 218
다른 내담자 집단에의 적용 _ 220
간략한 EFC 과정 연구 요약 _ 224
EFC 상담의 모니터링 방법 _ 225
추가 학습과 상담 실무를 위한 권장 사항 _ 228
결론 _ 232

○ 부록 _ 235
○ 참고문헌 _ 265
○ 찾아보기 _ 279

01 정서중심상담과 인간중심 경험적 접근

개요

정서중심상담 소개

정서중심상담이란 무엇인가

정서중심상담의 발전

정서중심상담의 실무: 시작 전 점검 목록

정서중심상담의 실무 원리

정서중심상담에 대한 일반적인 우려 사항

접근의 성과에 관한 근거

학습 과정을 돕기 위한 제안들

상담 사례 소개

추가 탐구

정서중심상담 소개

Robert가 새로운 내담자를 만나러 대기실로 나갔을 때, 그녀는 긴장한 채로 대기실에 앉아 있었다. Robert는 먼저 "Bethany?"라고 불러보았다. 그러자 그녀가 일어섰고, 그들은 악수를 하고 인사를 나눴다. Robert는 내담자를 상담실로 안내하고 그녀가 상담실 내 세 개 의자 중 원하는 곳을 선택해서 앉도록 하였다. 그녀는 약간은 어색해하며 자리에 앉았는데, 팔짱을 끼고 양다리를 꼬고 앉아서 마치 인간 프레첼 과자 같은 모습으로 자신을 감싸고 있었다. Robert는 그녀가 앉은 자세에서 타인에 대한 두려움을 표현하고 있다는 깊은 인상을 받았고, 상담실에서 무슨 일이 일어나게 될지 몰라 두려워하는 모습에서 공명을 느꼈다. 내담자에게 약간의 틈을 주기 위하여 그는 의도적으로 녹음기와 기록 용지를 부산스럽게 다루었다.

Bethany: 어디 출신이세요?

Robert: (내담자가 자신에게서 초점을 벗어나려고 한다는 것을 알아차린 후 상담자는 미소 짓는다.) 당신은 나에 대해 조금 알기 원하시는군요. 제 억양이 미국인처럼 들리겠지만, 저는 스코틀랜드에서 10년간 살았어요. (그들은 자리에 앉고, 상담자는 녹화를 시작한다.) 저는 한동안 상담을 해왔지만, 새로운 사람과 만나기 시작할 때 조금 긴장되는 것은 어쩔 수가 없네요. 상담을 시작하면서 지금 당신은 무엇을 경험하고 있는지 궁금합니다.

Bethany: (주저하며) 음… 음… 걱정이 좀 되네요.

이 대화는 그들에게 출발 지점이 되었고, 그녀에게 신체의 어디에서 어떻게 '걱정'이 느껴지는지(윗가슴과 목이 조이는 느낌), 그것이 무엇에 관한 것인지(새로운 사람을 만나는 것에 관한 것), 무슨 단어나 이미지가 그 느낌을 잘 드러내는지('폭탄'), 그것이 그녀에게 무슨 말을 하는지(상담실이나 그녀의 느낌을 주제로 삼는 것을 '떠나라') 탐색하여 간단히 포커싱 작업을 하였다. 그런 다음 그는 그 두려움과 걱정이 진화론적 유산으로 우리에게 위험한 것에 대한 경고를 하기 때문에 유용하고, 거기에 대처할 수 있도록 돕는다는 설명으로 간단히 '경험적 교육'을 하였다.

높은 수준의 사회불안을 겪고 있는 내담자와 이와 같이 상담을 시작하는 방식은 일반적인 인간중심상담과는 다르다. 우선, 의자가 세 개 놓여 있었다(나중에 하게 될 상담 회기에서 두 의자나 빈 의자 작업을 활용하기 위해서 의자가 하나 더 필요하기 때문이다; 6장과 7장 참조). 둘째, 상담자는 일련의 질문을 내담자에게 던져 과정을 이끌었다(우리는 이를 '과정 안내'라고 부른다). 셋째, 정서중심 접근에서 '과업'이라고 부르는 것의 예시로 '포커싱'(Gendlin, 1981에서 차용하여 수정함, 5장 참조)을 활용하여 회기 내에서 특정한 주제를 특정한 방법으로 내담자와 협동적으로 다루었다. 마지막으로 정서에 대한 이론을 간단히 설명하였고(2장 참조), 이는 정서중심상담(Emotion-Focused Counselling: EFC)에서 '작업동맹'을 형성하는 과정의 일부가 된다.

또한 이 사례에 등장하는 상담자는 인간중심상담의 조건(Rogers, 1957)도 제공하고 있다. 치료자가 내담자를 처음 만났을 때, 자신의 신체를 사용하여 내담자의 불안에 '공감적으로 공명'하였다는 점을 포함하여 공감이 가장 두드러진다. 또한 상담자는 '과정 반영'("당신은 나에 대해 조금 알기 원하시는군요.")도 하고, 포커싱뿐만 아니라 아직 내담자가 말로 표현하지 않았지만 경험하고 있을 수 있는 부분에 대해 '공감적 추측(empathic conjectures)'을 하면서 내담자 경험의 다양한 측면을 조심스럽게 반영한다.

내담자처럼 상담자도 새로운 사람을 만나는 것에 대하여 마찬가지로 불안을 느낀다고 말하여 '과정에 대한 노출(disclosure)'을 하는 모습이나 상담을 시작할 때 내담자의 경험에 대하여 알아가기 시작할 때 상담자에게서 드러나는 기쁨에서 '진솔성'과 '일치성'도 쉽게 찾아볼 수 있다. 이 부드럽고 따뜻한 호기심은 '무조건적 긍정적 존중'의 증거이다. 이는 내담자가 자신에 대해 물어봄으로써 대화의 부담을 치료자에게 전가하려고 시도했을 때, 그리고 불안해서 상담실을 떠나고 싶다고 고백했을 때 치료자가 이를 방어하지 않고 그대로 수용하는 것에서도 알 수 있다. 무엇보다도, 이 작은 치료적 작업을 통해 상담자에게 가장 중요한 것은 이 내담자와의 관계로 들어가는 것이고, 내담자와 권력을 나누어 균형을 잡는 것이며, 그녀를 동등한 인간으로 마주하고 있다는 점을 전달하는 것이다.

EFC에서는 상담 회기 내에서 전문 용어를 꽤 많이 사용하는 것을 알아차리게 될 것이다. EFC에서는 '과정 분화(process differentiation)'를 중요하게 여기는데, 다시 말해 다양한 요인들을 세심하게 구분하는 것(내담자와 상담자가 회기 내에서 하는 것, 다양한 요인들과 정서의 종류들, 정서 작업의 다양한 종류와 단계 등)이 중요하다. 특별하고도 이해하기 어려운 언어를 사용하여 지적이라는 인상을 풍기는 전문가로 권력을 갖기 위하여 전문 용어를 사용하는 것이 아니다. 그와는 반대로, 내담자들의 영리함을 존중하고 그들이 말로 표현하지 않은 전문성을 드러내기 위하여 그렇게 하는 것이다. EFC에서는 상담자가 내담자에게 최대한 반응하기 위하여 내담자와 상담자가 하는 작업과 회기 내에서의 경험을 다양한 용어로 표현한다.

이 책에서는 상담 혹은 치료에서의 정서중심 접근을 소개하고자 한다. 적은 분량의 지면에서 우리는 분명하고 이해하기 쉬운 방식으로 이 이론을 제시할 것이다. 이 장에서는 이 이론의 기원을 기술하고, 핵심적인 특징에 대한 전반적인 설명을 제시한다. 이후에는 근거가 되는 정서 이론(2장과 3장), 관계 형성의 초기 단계와 치료 작업의 시작(4장), 내담자들이 나아가지 못하고 막혀 있는 감정으로 깊이 들어가서 이를 변화시키기(transform) 위한 치료적 과업의 초기와 후기 단계(5~8장), 변화를 정착시키고 종결로 향하는 마지막 단계(9장)에 대해 설명할 것이다. 마지막에는 관심이 있는 상담자와 치료자들이(당신이 그렇게 되기를 바란다!) 이 이론을 활용하여 더 나아갈 수 있는 방법에 대하여 논의할 것이다(10장).

정서중심상담이란 무엇인가

처음에 제시한 사례와 같이, 정서중심상담(EFC), 또 다른 표현으로 정서중심치료(Emotion-Focused Therapy: EFT)는 '인간중심 경험적 접근(Person-Centred-Experiential Approach)'의 현대적 모습이며, 치료적 변화에 대하여 Carl Rogers와 Fritz Perls가 제시한 인본주의적 비전에 깊이 뿌리내리고 있다.

EFC는 그 이름에서 알 수 있듯이 '정서에 초점'을 맞추되 추상적인 형태로서의 정서가 아니라 구체적이고, 체화되어 있으며, 정리되지 않아 혼란스러운 상태와 즉각적이고 매 순간의 정서까지 포함한다. 작고 알아차리기 어려운 미세한 것부터 크고 강력한 것들까지 모두 포함하는 것이다. 정서는 우리의 삶을 채우고, 삶의 의미, 특징, 방향을 결정한다. 정서가 없다면 우리의 삶은 아무 색도 없는 공허하고 의미없는 것이 되어버릴 것이라고 굳게 믿고 있다.

EFC는 '인본주의적' 치료로서, 진실, 성장, 자기 결정성, 창조성, 평등, 다원주의와 같은 인본주의적 가치를 그리고 있다. 이와 같은 가치들로 인하여 인본주의자들은 권위, 권력 구조와 대립하기도 하지만, 인본주의적 치료자들이 가장 원하는 것은 내담자들이 성숙하게 타인과 상호의존하는 관계를 맺으며 더 충만하고 더 의미 있는 삶을 살아가도록 돕는 것이다(Fairburn, 1952; Lewin, 1948).

EFC는 '통합적인' 접근으로, Carl Rogers의 인간중심상담(1951, 1957, 1961)뿐만 아니라 드라마틱하고 활동적인 사이코드라마(Moreno & Moreno, 1959)와 Perls의 게슈탈트 상담(1969; Perls, Hefferline, & Goodman, 1951) 등 인본주의 상담의 전통에서 발견한 핵심적인 상담 접근법들로부터 비롯되었다. 또한 체험을 하는 인간 존재에게 가장 중요한 것에 초점을 맞추는 실존주의 상담(예: Schneider & Krug, 2017), 인간에게 맥락, 이야기, 이야기하기의 중요성을 인정하는 이야기치료(Angus & Greenberg, 2011)의 영향도 받았다.

마지막으로 EFC는 '근거 기반 상담'이다. 이 장의 뒷부분에서 설명하는 바와 같이, 상담 회기에서 내담자가 어떻게 변화하는지 세심하게 연구하는 과정에서 시작되었고, 질적 연구와 양적 연구를 모두 포함하는 강력하며 증가하고 있는 상담 성과 연구들을 근거로 활용한다(다음의 개관 연구 참조, Elliott, Watson, Greenberg, Timulak, & Freire, 2013; Elliott, Watson, Timulak, & Sharbanee, in press; Timulak, Iwakabe, & Elliott, 2019). 여기에는 내담자가 회기에서 특정 유형의 작업을 수행하는 방법에 대한 근거 기반 모델과 실무를 지원하는 데 사용할 수 있는 다양하고 여러 유용한 연구 도구의 개발도 포함하고 있다(10장 참조).

정서중심상담의 발전

언급한 바와 같이, EFC는 신과 세계를 이해하기 위한 이성을 강조하는 대신 인간에 관심을 두었던 고대 그리스의 다양한 철학자들(예: 아리스토텔레스, 에피쿠로스)로부터 비롯된 서구의 인본주의 전통에 깊이 뿌리내리고 있다. 18세기 계몽주의의 시기에 이러한 전통은 종교적 권위로부터 해방되고 19세기에는 낭만주의 흐름(Coates, White, & Schapiro, 1966)의 일부로서 자유와 정서를 강조하게 되었다. 20세기 인본주의는 인간 경험에 대한 직접적인 학문(Spinelli, 1989)인 현상학과 자유, 죽음, 외로움, 책임, 의미와 같은 인간의 근원적 경험에 바탕을 둔 실존주의의 형태를 하고 있었다(Schneider & Krug, 2017; Yalom, 1980).

인본주의 상담은 1950년대와 1960년대에 급격하게 확산되었다. Carl Rogers는 상담 회기들을 면밀하게 관찰하고 연구한 내용을 바탕으로 『내담자중심치료(Client-centered therapy)』를 1951년에 출판하였고, 이 책은 논문인 「필수적이고 충분한 조건들(Necessary and sufficient conditions)」(1957)과 『인간이 되는 것에 관하여(On becoming a person)』(1961)[1)]를 발표한 이후에 출판되어 EFC의 주요 자료로 사용되고 있다. Carl Rogers는 내담자를 자기 자신에 관한 전문가로, 상담자는 '내담자의 실현경향성(actualizing tendency: 모든 생명체가 번영하기 위하여 성장하고 적응하고 차별화하려고 하는 경향)'을 촉진하는 전문가로 보았다. 온전한 존재로서 내담자의 발전에 초점을 맞추는 관점으로 인하여 내담자중심에서 '인간중심치료', 혹은 더 광범위한 표현으로 인간중심접근으로 이름을 변경하게 되었다.

그러나 1960년대와 1970년대에 Carl Rogers의 학생과 Gene(Eugene의 애칭) Gendlin, David Wexler와 Laura Rice를 포함한 동료들(예: Wexler & Rice, 1974)은 내담자가 치료 동안 경험하는 과정과 치료자가 생산적인 내담자 과정을 촉진할 수 있는 구체적인 방법에 관하여 더 심도 있게 관찰하였다. 이는 Gendlin의 포커싱(Focusing, 1981)과 Miller와 Rollnick의 동기강화상담(Motivational interviewing, 2012)을 포함하며 넓은 의미에서 인간중심 접근의 한 종류로 볼 수 있는 경험적 치료로 발전되었다. 또한 EFC의 창시자 중 한 명인 Laura Rice는 내담자와 치료자가 생생한 비유적 언어와

1) 역자 주: 국내에서는 『진정한 사람되기: 칼 로저스 상담의 원리와 실제』(학지사, 2009)라는 제목으로 번역 · 출판됨.

적극적인 태도를 활용하는 '환기적 기능(evocative function)'에 관하여 관찰하기 시작하였다(Rice, 1974). 1970년대 초에 Rice는 캐나다 토론토의 요크대학으로 옮겨온 후, 당시 지도 학생이었던 Les(Leslie의 애칭) Greenberg와 함께 인지 과학에서 나온 전문적인 문제 해결에 관한 작업에서 언급된 '치료적 과업'이라는 이름의 특수한 치료적 작업을 상담에 활용하여 내담자에 대한 이해를 심화시키기 시작하였다. 그들은 내담자들이 상담 회기에서 혼란스러운 개인적 반응이나 내적 갈등에 대해 이해하는 것과 같은 다양한 치료적 작업을 성공적으로 해내는 방법에 대해 연구함으로써, 내담자들이 자신의 경험에 대한 전문가라는 생각을 더 진지하게 받아들이게 되었다. 이는 정서중심 접근이 성장해 나가는 씨앗이 되었다.

넓은 의미의 인본주의 심리학 전통에서 인간중심 접근의 발전과 함께 사이코드라마(Moreno & Moreno, 1959)와 게슈탈트 치료(Perls, 1969; Perls et al., 1951)는 드라마를 활용한 심리치료 및 상담 기법을 발전시켜 왔다. Jacob Moreno와 Fritz Perls 같은 다양하고 영향력 있는 심리치료자들은 자기나 주요 타자의 부분들을 생생하게 실연(enactment)할 때, 언어만 사용하는 것보다 내담자의 경험에 생동감을 더하고 깊이 있는 치료적 작업을 할 수 있다는 것을 발견하였다. 1970년대 초 Les는 토론토에서 게슈탈트 치료 교육을 받았고, Fritz Perls가 활용한 의자 작업의 축어록을 연구하기 시작하였으며, 그때 그와 Rice는 내담자가 상담에서 다음의 두 가지 종류의 치료적 작업을 해내는 단계를 기술하는 연구 방법인 '치료적 과업 분석(therapeutic task analysis)'을 개발하였다. 연구에 활용한 치료적 작업은 첫째, 컵을 넘어뜨린 어린 자녀에게 예상치 못했던 분노와 같은 구체적인 상황에서 혼란스러운 반응을 보인 이유에 관하여 이해하기, 둘째, 강하지 못한 자신을 비판하는 것과 같은 내적 갈등 해결하기였다. 이러한 연구들은 이후 EFT의 핵심 요소들을 제시하기 위하여 펴낸 책 『변화의 패턴들(Patterns of change)』(Rice & Greenberg, 1984)에 담겼다.

1975년에 Les는 브리티시컬럼비아대학으로 갔고, 그 당시 자신의 학생이었던 Jeremy Safran과 함께 EFC의 근간이 되는 정서 이론을 개발하기 시작하였다. 그들은 함께 중요한 논문들을 출판하였고(예: Greenberg & Safran, 1984), 이후 1987년에 『심리치료에서의 정서(Emotion in psychotherapy)』라는 책을 출판하기에 이르렀다. Les

는 커플 치료에 관심을 갖기 시작하였고, 그 당시 그의 학생이었던 Sue Johnson과 함께 정서중심치료(Emotionally-focused therapy for couples, Greenberg & Johnson, 1988; Johnson & Greenberg, 1985)를 개발하였고, 이는 EFC의 주된 부분이 되었다.

EFC의 세 번째 창시자인 Robert Elliott은 1976년에 Laura Rice와 Les Greenberg를 만났다. 그는 캘리포니아대학교 로스앤젤레스 캠퍼스(UCLA)에서 Jerry Goodman으로부터 교육을 받으며 인간중심상담에 대해 배우게 되었다. 그의 초기 연구는 상담자 반응 양식과 그 배후의 의도에 관한 것이었다. Laura와 Les가 1977년에 위스콘신 학회에서 치료적 과업에 관한 그들의 작업에 관하여 발표한 것을 듣고 그는 즉시 내담자의 혼란스러운 반응과 내적 갈등에 대한 그들의 접근을 자신의 상담에 결합하기 시작하였으며, 이어서 Laura와 Les의 과업 분석 틀에 잘 맞는 Gendlin의 포커싱도 포함시켰다.

1985년에 Greenberg(Les), Rice와 Elliott은 넓은 의미에서 인본주의 전통의 다양한 요소들을 통합하는 통합된 심리치료 양식을 Greenberg와 Safran이 그 당시 만든 정서 이론에 기반하여 새롭고 근거에 기반한 접근으로 발전시키려는 작업을 시작하였다. 처음에 그들은 이러한 접근을 '경험적 상담(experiential)', 이후에는 '과정-경험적 상담(process-experiential)'이라고 불렀다. 그러나 이는 Greenberg와 Paivio(1997)를 시작으로 '정서중심'이라는 이름으로 불리게 되었다. Greenberg, Rice와 Elliott은 그들이 내담자와 상담하는 방식을 결정하는 원칙들을 기술하기 시작하였고, 이후 여섯 개의 상담 원칙으로 다듬어졌다(구체적인 내용은 뒤에 실린 장에서 설명할 것이다). 이후에는 다음과 같은 기본적인 치료적 과업에 대하여 설명할 것이다. '체계적인 환기적 전개'(5장 참조), '공감적 인정'(8장 참조)은 인간중심상담에 기반하고 있다. '두 의자 작업'(6장), '빈 의자 작업'(7장)은 사이코드라마와 게슈탈트 치료에 기반하고 있다. '포커싱'은 Gendlin(1981)과 Cornell(1996)의 저술에서 가져와 적용하였다. Elliott은 우울감을 호소하는 내담자를 대상으로 한 통합적인 정서중심 개인상담에 관한 연구를 1980년대 후반에 진행하였다(Elliott et al., 1990).

정서중심상담의 실무: 시작 전 점검 목록

많은 사람들이 EFC는 배워야 할 내용이 많다고 생각하기 때문에, 어느 정도 준비해야 할 것들을 정리하였다. EFC를 잘하기 위해서는 다음에서 살펴볼 여섯 가지를 준비할 필요가 있다고 생각한다. 이 핵심 역량들은 Roth, Hill과 Pilling(2009)이 제시한 인본주의 상담에서 필요한 역량들을 발전시킨 것으로 우울증을 위한 인간중심 경험적 상담 모델에 사용된 것이다(Murphy, 2019).

(1) EFC의 정서 이론에 대해 이해하고 활용하기 우선, 상담자는 정서가 근본적으로 어떻게 적응적인지와 정서의 네 가지 기본적 측면을 포함한 EFC의 정서 이론(Greenberg, 2015; Greenberg & Paivio, 1997; Greenberg & Safran, 1987)을 파악하는 것이 중요하다. 정서의 네 가지 측면은 구체적으로 (ㄱ) 정서의 종류(슬픔, 분노, 수치심 등), (ㄴ) 정서의 양상(신체적, 상황적 등) (ㄷ) 정서 반응의 종류(적응적, 반응적 이차 등), (ㄹ) 정서조절의 단계(차단, 압도, 작업)이다. '이해'라는 표현은 추상적인 개념을 지적으로 이해하는 것을 의미하는 것이 아니라, 실제로 살아보고 체험하여 자기와 타자의 정서 경험의 깊이와 넓이를 이해하는 것을 의미한다(EFC의 정서 이론은 2장과 3장에서 자세히 설명할 것임).

(2) 인간중심뿐만 아니라 과정을 안내하는 관계적 입장(process-guiding relational stance)을 취하기 둘째로 EFC는 내담자와 의사소통을 하기 위한 특별한 방식을 활용한다. 상담자는 '존재(being)'와 '행위(doing)'를 통합하며, 그로 인하여 '따라가기'와 '안내하기' 사이에서 끊임없이 균형을 맞추고 그 둘을 통합하는 방식을 형성하게 된다. Rogers(1951)가 설명한 바와 같이, 상담자는 내담자의 내적 경험을 '따라가며' 매 순간 내담자에게 공감적으로 조율하는 것에서 내담자의 즉각적인 내적 경험에 관해 의사소통을 하는 것으로 발전해나간다. 동시에 상담자는 적극적으로 상담 과정을 촉진한다. 안내한다는 것은 내담자에게 설명을 하거나 충고나 통찰을 제공하거나 내담

자를 통제하거나 압력을 넣거나 조종한다는 것이 아니라, 내담자가 자신이 원하는 것을 작업할 수 있는 잠재적으로 유용한 방법들을 간단히 제공한다는 의미이다. 상담자는 주제 영역과 정서적 과정에 대하여 알고 있는, 체험적인 안내자 혹은 코치이다. '과정안내'는 상담자가 내담자에게 자신이 성취하기를 바라는 것을 향하여 작업할 수 있는 기회를 제공하기 위해 하는 행동을 묘사할 때 우리가 선호하는 용어이다. 그러나 이 말의 다른 의미는 상담자와 내담자가 서로 동의하지 않을 때나 목표가 다를 때 상담자는 내담자 자신이 자신의 경험에 대한 전문가임을 알게 하고, 심지어(특히!) 상담자와 내담자의 관점이 다를지라도 상담자는 내담자의 경험에 대하여 존중을 표현하는 행동을 한다는 것이다.

(3) 다정한 호기심이 드러나도록 적극적이고 탐색하는 방식으로 내담자에게 반응하는 방식을 습득하기 구체적으로, EFC 상담자들은 차별화된 특징을 보이는 구체적인 상담 회기 내 반응 양식을 활용하여 이러한 관계적 입장을 표현하며, 그중 일부는 인간중심의 '공감적 이해 반응'과 유사하다.

> Bethany: 네, 지금 전 좀 걱정이 되는 것 같아요.
> Robert: 네, 걱정되고 여기에서 무슨 일이 일어나게 될지 좀 신경이 쓰이는군요.

물론 EFC는 상담자의 적극성과 내담자가 이미 말한 것과 아직 말하지 않았지만 아마도 회기 내에서 경험하고 있는 것을 반영하는 정도에 따라 상당히 달라질 수 있다.

> Bethany: 어디 출신이세요?
> Robert: 당신은 나에 대해 조금 알기 원하시는군요.

EFC에서는 온전히 비지시적인 접근보다는 더 다양한 범위의 반응을 활용한다. 확실한 것 중 하나는 '탐색적 질문'이 EFC에서 꽤 중요하다는 것이다. 예를 들어, 다음과 같은 질문을 할 수 있다.

지금 어떤 경험을 하고 있나요?

그것을 듣고 나서 지금 내면에서 무엇이 일어나고 있나요?

오늘은 어떤 주제에 대해 다루는 것이 중요하게 느껴지나요?

당신의 눈물이 말을 할 수 있다면 뭐라고 말하는 것 같나요?

오늘 이것이 당신에게 어땠나요?

EFC에서 질문을 하는 것도 좋지만 내담자의 답을 반영하는 것이 중요하다. 동시에 어떤 것도 확정하지 않는 '탐색적 반영'을 자주 활용하는 것이 중요하다. 예를 들어,

Bethany(**망설이며**): 모르겠어요. 목에서 느낌이, 좀 답답한가?

Robert: 혹시 답답한 느낌인가요? 그런 느낌에 가까워지나요, 아니면…?

여기에서 중요한 것은 내담자에게 친근하면서도 비판단적이고 편안하게 그들이 관여하는 방식, 특히 막 무엇인가가 떠오르기 시작하여 충분히 알아차리지 못한다는 느낌을 갖는 것에 대하여 진심어린 호기심을 가지는 방식으로 반응을 보이는 것이다.

(4) 생산적인 치료적 작업을 할 수 있는 기회를 내담자에게 제공하기 위하여 표식(marker)을 알아차리는 방법을 배우기 EFC에서는 표식을 따라간다. 오랫동안 EFC에서는 다양한 내담자들이 회기 내에서 보이는 정서에 기반한 '문제 상태'를 드러내는 주요 신호를 발견해 왔다. 이와 같은 표식들은 상담자로 하여금 내담자가 작업하고자 하는 회기 내의 즉각적인 목표가 있으며, 작업할 준비가 된 문제 상태에 관하여 작업하기를 원한다는 것을 알 수 있게 한다. 이와 같은 회기 내 목표와 그 목표를 달성하기 위한 치료적 작업은 전문가의 문제 해결에 관한 연구에서 유래한 용어인 과업으로 연결된다(Greenberg, 1984b; 이러한 경우에 내담자가 바로 전문가인 것이다!). 그러므로 상담은 다양한 종류의 정서와 문제를 드러내는 표식을 발견하도록 돕는 '인식적 기술'과 상담자가 그 기회를 잘 활용할 수 있도록 돕기 위하여 활용하는 '과업 기술'을 중심으로 진행된다. 그러므로 상담에는 "이것을 시도해 봅시다,"라고 한 다음에 "당신의 경

험은 어떠했나요?"라고 묻는 방식을 필수적으로 포함하는 치료적 '실험'을 제안하는 것이 한 부분을 차지한다.

EFC 상담자와 연구자들은 해결이 어떤 모습인지, 내담자가 어떻게 해결에 도달할 수 있는지 가능한 한 명확하게 알려주기 위해 각 과업을 오랜 시간에 걸쳐 깊이 있게 연구했다(현재 EFC 과업 목록은 4장 및 〈표 5-1〉 참조). 하지만 EFC 과업을 배울 때는 한 번에 모두 배울 수는 없으며, 보통 다음 순서대로 한 번에 조금씩 배워야 한다.

- 첫째, 주요 표식(예: 자기비판)을 알아차리는 방법을 배운다.
- 둘째, 내담자가 작업을 하도록 돕기 위해 할 수 있는 일반적인 방법을 배운다(예: 두 의자 작업).
- 셋째, 그런 다음, 과업 속에서 내담자가 해결을 향해 변화하기 시작하는 지점(예: 비판적인 부분이 누그러지면서 자기연민이나 후회를 드러낼 때), 즉 주된 변화 지점을 배운다(내담자의 과정을 방해하지 않기 위하여 중요한 점임).
- 넷째, 내담자가 문제 표식에서 해결로(예: 비판을 받은 부분이 비판자에게 동의할 때 대처하는 방법을 배우기) 어떻게 변화하는지에 관한 구체적인 내용을 내담자와 작업하며 시간에 걸쳐 점차 배우게 될 것이다(EFC 슈퍼바이저의 도움을 받으며).

이와 같은 과정에는 인내, 끈기, 내담자로부터 배우겠다는 의지가 요구된다.

(5) 상담은 상담자에 관한 것이 아니며 내담자의 개인적인 주체성에 달려 있다는 점을 깨닫기 상담자, 특히 초심상담자들은 자신의 경험, 특히 자신의 역량, 상담, 해야 하는 것에 대한 불안감에 사로잡히는 경향이 있다. 당연히 상담자는 회기 내에서 자신의 주체성, 무엇을 하고 무슨 말을 해야 할지를 가장 의식하고 있다. 그 점도 이해하지만, 중요한 부분은 내담자 개인의 자율성에 주의를 기울여 그들이 적극적인 변화의 주체라는 것임을 강조하고자 한다. 근본적으로 EFC 상담자는 내담자도 다음의 특성을 가진, 상담자 자신과 같은 사람이라는 점을 알아차리기 때문에 그들의 경험을 따라가려고 노력한다. 즉, 내담자들은 자신이 아는 한 최선으로 행동하는 진정성 있는

인간이며, 목표를 성취하고 사람들과 관계 맺기 위하여 의미를 만들어 나가는 적극적인 주체이다. 상담자는 내담자가 자신의 상황을 이해하거나 문제를 해결하기 위하여 적극적으로 시도하는 것을 높이 평가한다. 상담자는 내담자가 상담에 오게 된 이유와 특히 오늘 상담 회기에 가져온 걱정 및 어려움에 주의를 기울임으로써 이를 실행한다.

Robert: 오늘 어떤 것에 주의를 기울이면 좋을까요?

Bethany: 오늘 여기 오는 길에 선생님이 그 질문을 하실 거라는 생각을 하면서 떠올려 봤어요. 근데 뭐가 가장 좋을지는 모르겠어요.

Robert: 네, 오늘 다루고 싶은 주제가 뭔지 잘 모르는군요.

Bethany(약간 긴장하며): 네, 뭐가 좋을지 모르겠어요.

Robert: 음, 잠시 시간을 들여서 오늘 어떤 주제를 다루는 게 가장 좋을지 찾아볼 수 있도록 도와드릴게요.

이러한 상황에서 상담자는 내담자에게 주제를 제안하기보다, 내담자의 첫 과업이 오늘 상담에서 생산적인 주제를 발견하는 것이라는 점을 알아차리고 내담자가 이를 다룰 수 있도록 공간 비우기 과업을 제공한다(더 자세한 내용은 4장 참조).

(6) 자기와 타자의 강렬하고 고통스러운 정서에 접촉하고 머무르기 위한 개인적인 회복탄력성과 용기를 기르기 마지막으로, EFC를 하기 위해서는 강렬하고 고통스러운 정서를 견디고 심지어 그 안으로 뛰어들 수 있는 능력이 필수적이다. 걱정, 짜증, 향수, 약한 수준의 민망함뿐만 아니라, 공포, 격노, 깊은 수준의 애도와 수치심까지도 다룰 수 있어야 한다. EFC에서는 가장 강렬한 정서부터 가장 미묘한 정서까지, 가장 기분을 고양시키는 정서부터 가장 받아들이기 어려운 정서까지 인간 정서의 전 범위를 포용한다. 당신에게는 내담자의 정서 중에 공감하기가 쉽고 친근하게 느껴지는 특정한 정서가 있을지도 모른다. 마찬가지로, 당신에게는 싫고, 반대하고 싶고, 심지어 두려운 정서들도 있을 것이다. EFC에서는 당신과 내담자에게 있는 가장 어렵고

고통스러운 정서를 견디고 심지어 환영할 수 있는 능력과 그 정서들 안에서 길을 잃지 않으면서도 공감과 자비로 그 감정을 안고 있을 수 있는 개발하도록 요구한다. 이러한 종류의 정서적 투지(grit)를 개발하기 위해서 당신 개인의 정서적 회복탄력성과 용기를 가꿔야 하며, 이는 EFC 슈퍼비전의 중요한 요소가 된다.

정서중심상담의 실무 원리

앞에서 언급한 바와 같이, Greenberg, Rice와 Elliott은 상담자의 관계적 위치와 행동에 관한 여섯 가지 원칙을 제시하여 EFC를 개발하는 과정을 시작하였다(Elliott, Watson, Goldman, & Greenberg, 2004; Greenberg, Rice, & Elliott, 1993; 〈표 1-1〉 참조).

EFC의 모든 것은 궁극적으로 이러한 원리들에서 비롯되었다. 처음의 세 개 원리는 상담자가 내담자와 형성해야 하는 관계의 종류에 관하여 정의한 것이며, 내담자가 정서적 어려움을 해결할 수 있도록 상담자가 치료의 과정을 어떻게 안내할지 설명하는

표 1-1 정서중심상담의 실무 원리

A. 관계 원리: 안전하고 생산적인 치료적 관계 촉진
1. **공감적 조율**: 내담자의 즉각적이고 발전해 나가는 경험으로 들어가서 주의를 기울이고 따라가기(이것이 시작 지점이며, 언제나 여기로 돌아온다). 2. **치료적 유대**: 공감적이고 돌봄을 제공하는 방식으로 현존하기(동맹의 정서적 유대 측면). 3. **과업을 다루기 위한 적극적인 협력**: 치료적 작업을 제안하고 내담자도 관여하도록 촉진하기(목표와 과업).
B. 과업 원리: 구체적인 치료적 과업을 다루기 위한 작업 촉진
4. **치료자의 반응**: 중요한 내담자의 과정에 주의 깊고 다양한 수준으로 집중하기(과업들, 과업 내에서 단계들, 내담자의 미세 과정과 정서처리 양식들). 5. **심화를 통한 정서 변화(transformation)**: 내담자가 주된 치료적 과업을 활용하고 정서적으로 심화하는 과정을 통하여 문제성 정서에서 적응적인 정서로 옮겨가도록 돕기. 6. **내담자 개인의 주체성과 성장**: 내담자가 새로운 정서적 의미와 개인적 권력감을 발전시키고 자신의 삶에서 앞으로 나아갈 수 있도록 돕기.

나머지 세 개의 원리보다 더 중요하다.

관계 원리

EFC에서는 진심으로 공감적 관계를 중요하게 여기고 내담자의 경험에 대하여 상담자가 충분히 현존하고(present) 존중하며 민감하게 반응하는 것이 중요한 토대가 된다. 관계 원리에는 과업을 중심으로 하는 안전한 치료적 관계, 즉 내담자가 자신의 주된 어려움과 정서적 고통을 표현하고 탐색할 수 있도록 충분히 안전하고 집중할 수 있는 관계 안에서 함께 협업하도록 촉진하는 것이 포함된다.

1. 공감적 조율: 상담자는 내담자의 즉각적이고 발전해 나가는 경험의 경로에 들어가서 거기에 주의를 기울인다. 공감은 근거 기반 치료 과정(Elliott, Bohart, Watson, & Murphy, 2018)이며, EFC의 토대이다. 겉으로 보기에 단순해 보일지라도, 공감은 풍부하고 복잡하며 다양한 층위의 과정과 경로로 발생한다. 치료자의 관점에서 공감적 조율은 치료자의 현존과 내담자의 경험하기에 관한 기본적 호기심으로부터 생긴다. 상담자는 내담자에 관해 이미 형성된 생각들을 내려놓고, 내담자의 세계에 적극적으로 동참하며, 내담자의 경험에 공명하고, 구체적인 순간에 대한 가장 중요하거나 가슴 아픈 감정을 느끼고 그 의미를 파악하는 등의 내적 행동이 필요하다(Greenberg & Elliott, 1997 참조). 상담자는 항상 공감적 조율에서 시작해서 거기로 돌아가야 한다(여기에 관해서는 4장의 공감적 조율에서 다시 설명할 것임).
2. 치료적 유대: 상담자는 내담자에 대한 공감, 관심과 현존하고 있음을 전달하기 위해 노력한다. EFC에서는 내담자와 상담자 관계가 직접적이고도 생산적인 치료적 작업을 위한 기반을 제공하는 방식으로 변화 과정에 핵심적인 요소로 작용한다고 이해한다. 이와 같이, 상담자는 Rogers(1957)가 설명한 서로 얽혀 있는 세 가지 관계적 요소들(이해/공감, 수용/인정[prizing], 현존/진정성)을 포함하는 내담자와의 강한 정서적 유대를 발전시키려고 노력한다. 이러한 조건들은 언어적이거나 비언어적인 방식을 포함하여 다양한 방법으로 표현할 수 있으나, EFC에서는 근본적으로 호

기심, 애정, 연민(compassion)이 섞인 정서적 상태로 이해한다. 이해/공감에 더하여 수용은 내담자의 모든 면에 대하여 일관되고 진정성 있으며, 무비판적인 관심과 관용을 가지는 일반적인 태도이며, 인정은 수용 그 이상으로서 특히 내담자가 취약해진 그 순간에도 상담자가 같은 인간으로서 내담자를 돌보고 긍정하며 있는 그대로 이해하고자 하는 즉각적이고 적극적인 감각이다. 치료자가 내담자와 함께하는 진정성 있는 현존(Geller & Greenberg, 2012) 역시 필수적이고, 여기에는 내담자와 정서적인 접촉을 하고 진솔한 방식을 취하며(자기와 조화를 이루고 전인적인), 이 장의 시작 부분에 있는 예시("저는 한동안 상담을 해 왔지만, 새로운 사람과 만나기 시작할 때 조금 긴장되는 것은 어쩔 수가 없네요.")와 같이 관계에서 적절하게 투명하거나 개방하는 것(Lietaer, 1993)이 포함된다.

3. 과업을 위한 협력: EFC에서, 효과적인 상담 관계를 위하여 상담에 대한 전반적인 목표와 즉각적인 회기 내 치료적 작업 모두에서 내담자와 상담자의 적극적인 파트너십이 필요하다. 그러므로 EFC 회기 초반부에 상담자는 주 호소문제에 대한 내담자의 관점을 이해하고, 내담자의 주요하고 일반적인 상담 목표에 대하여 명확하게 하기 위해 작업한다. 일반적으로 상담자는 내담자가 원하는 폭넓은 상담 목표와 구체적인 회기 내 과업을 수용하고, 내담자가 영향을 받는 정서적인 과정을 탐색하도록 돕기 위하여 적극적으로 작업한다. 또한 상담자는 내담자가 정서 작업의 중요성을 이해할 수 있도록 하고, 두 의자 작업과 같이 구체적인 치료적 활동에 대한 근거를 제공하는 등 내담자에게 정서와 상담 과정에 대한 정보를 제공한다. 예를 들어, 1회기 마지막쯤, Robert는 사회불안을 호소하는 내담자들이 흔히 겪는 핵심 결함감(core sense of defectiveness)이라는 핵심 감각과 관련된 주제에 대하여 '경험적 교육'의 주요 부분을 제공하였다.

상담자: 사회불안을 겪으면 언제나 나한테 무엇인가가 잘못되었다는 느낌이 들고, 그래서 다른 사람을 두려워하게 돼요. 남들이 내가 잘못되었다는 것을 알아볼까 봐 무서워서 숨고 위축되는 거지요. (내담자: 네에.) 하지만 사람들은 각자 자신만의 방식으로 이것을 표현해요. (내담자: 네.) 자신

이 가장 수치스러운 것으로요. 당신에게도 이걸 표현할 수 있는 단어가 있나요? (멈춤) 표현하기 어렵지요. 제 이야기가 이해되시나요? (내담자: 네.)

과업 원리

과업 원리는 내담자가 제시하는 치료적 작업을 따라가는 세 가지 원리와 연결된다. 세 가지 원리는 내담자가 개인적 목표 및 회기 내 과업과 관련된 작업을 하며 내적인 정서 관련 문제들을 해결하도록 조력하는 치료자의 시도를 통하여 표현된다. 이러한 원리들은 수년의 시간이 흐르면서 약간의 변화가 있었지만, 핵심적인 내용은 동일하다.

4. 치료자 반응: EFC 상담자는 중요하고 다양한 내담자 과정에 면밀하고 반응적으로 주의를 기울인다. 이와 같은 내담자 과정에는 치료적 과업을 시작하는 표식(예: 치료적 동맹에서 어려움, 모호한 감정들, 상황에 대한 혼란스러운 개인적 반응, 해결되지 않은 관계; 개요를 위해 5장 참조), 과업 내의 단계들(도입, 심화, 변화 지점, 해소; 5~8장), 정서 처리 양식(예: 외적인 스토리텔링, 주의를 내면으로 돌리기; 2, 3장), 정서적 생산성/조절 수준(조절되지 않은, 제한된, 기능적인, 변화하는; 3장). 그 외, 가슴 아픈 부분(poignancy)이나 취약성(Elliott et al., 2004)과 같은 미세 표식이 포함된다.
5. 정서적 변화: EFC에서 상담자는 내담자가 치료적 과업을 활용하여 정서 심화 과정을 통해 문제성 정서에서 적응적 정서로 나아가도록 돕는다. EFC에서는 일반적으로 주된 과업이 한 회기에 마무리되지 않는다. 그러므로 상담자는 내담자가 자신의 삶에서 발생한 정서적 고통의 주된 원천을 발견하고, 여러 회기에 걸쳐서 이와 관련된 작업을 하도록 돕는다. 상담자는 무엇을 반영할지 선택할 수 있기 때문에, 내담자에게 핵심적인 상담 과업에 머무를 수 있는 기회를 반복적으로 제공함으로써 이와 같은 정서적 고통의 주된 원천과 관련된 경험을 강조한다. 그렇게 함으로써, 치료자에게 수치심에 대한 반응적 분노나 압도당하는 감정 및 죄책감에 대한

불안과 같은 정서에 대한 이차 정서, 또는 가장 상처가 되지만 벗어나지 못하는 부적응적 정서들(자세한 내용은 3장 참조)을 포함해서 내담자가 일반적으로 거치는 정서적 심화 과정에 대한 지식이 상담을 할 때 중요한 지표 중 일부가 된다.

EFC 상담자에게는 각각의 치료적 과업의 구체적 단계뿐만 아니라 정서적 심화 과정에 대한 지식이 중요한 지표가 된다. 그러나 이러한 것들은 반드시 지켜야 할 법칙 같은 것이 아니라 내담자의 발전을 따라가고, 내담자가 앞으로 나아갈 수 있도록 하거나 최소한 내담자의 패턴에서 벗어나 보도록 하는 기회를 제공하기 위한 대략적인 개요일 뿐이다(이와 관련된 두 개의 과업에 대해서 6장과 7장에서 자세히 다룰 것임).

6. 내담자의 자기발달: EFC 상담자는 내담자의 성장, 권한강화(empowerment) 및 선택을 촉진하기 위하여 지속적으로 노력한다. 상담자는 내담자가 상담 밖에서뿐만 아니라 상담에서도 자신의 행동을 선택할 수 있는 자유의 중요성을 강조한다. 내담자를 자신의 삶에 대한 전문가로 대하는 일반적인 입장을 넘어서, 상담자는 내담자가 자기 결정권, 성숙한 상호의존성, 숙달(mastery), 개인의 권력을 향상시키는 것(Timulak & Elliott, 2003)을 포함한 자기 발달에 대한 동기와 잠재력를 지지한다. 내담자의 성장은 그들에게 귀를 기울이고, 그들의 경험에서 성장의 가능성을 탐색하도록 돕는 것을 통하여 일부분 촉진된다. 예를 들어, 상담자는 어떤 내담자의 우울한 정서에서 주장적 화를 발견하고 이를 반영해 줄 수도 있다. 선택은 이와는 다른 방식으로, 예를 들어 상담자가 내담자에게 치료적 목표, 과업, 활동에 대한 대안적인 방법을 제시하는 것과 같은 방식으로 촉진할 수 있다. 그러므로 상담자가 어떤 회기에서는 주저하는 내담자에게 고통스러운 주제를 즉각적으로 탐색하지 않도록 선택권을 줄 수도 있다. 우리는 내담자들이 자신에게 필요한 만큼 상담을 안전하게 만들 수 있는 자유가 있다고 느낄 때 더 기꺼이 위험을 감수하려고 하는 것을 봐왔다.

정서중심상담에 대한 일반적인 우려 사항

EFC 이론과 상담에 대한 구체적인 설명으로 들어가기 전에, 사람들이 흔히 우려하는 내용에 대하여 먼저 다루는 것이 필요해 보인다. 이런 걱정들은 특히 스스로를 '비지시적인' 혹은 '전통적인' 인간중심 상담자라고 스스로를 일컫는 특정 상담자나 치료자(예: Grant, 1990; Sommerbeck, 2012)로부터 듣게 되는 편이다. 이러한 걱정들은 EFC를 배우려고 하는 사람들을 가로막는 장애물이 되고 잠재적으로 문제를 드러낸다는 점에서 우리도 여기에 동조한다. 따라서 가장 중요해 보이는 세 가지 걱정을 다음과 같이 제시하였다(만일 당신이 이미 다양한 종류의 내담자 과정을 분류할 수 있고 적극적으로 과정을 안내하는 상담자라면 다음 부분은 읽지 않아도 좋지만, 대신 재미있는 부분을 놓치게 될 것이다).

지시성(directiveness): 내담자가 거치게 되는 과정을 상담자가 안내한다면, 상담자가 강력한 전문가가 되어 내담자의 힘을 빼앗게 되는 것이 아닌가? 이 주제는 EFC와 인간중심 상담의 비지시적 집단(Brodley, 1990) 간에 있었던 오래된 논쟁이기 때문에 먼저 다루고자 한다. 우리는 EFC에서 내담자는 자신의 경험에 대한 전문가로 여기고, 상담자는 상담에서 내담자에게 도움이 되는 다양한 작업 방식에 대해 알고 있다고 여긴다. EFC에서 상담자는 내적 갈등을 가진 내담자에게 두 의자 작업을 제시하고, 상담을 시작하는 경험에 대해 의문을 갖는 내담자에게는 포커싱을 시도함으로써(이 장의 첫 부분에 제시한 예시에서 볼 수 있듯이) 이와 같은 과정에 대한 전문성을 실천한다. 과거에는 이와 같이 과정을 이끄는 것에 대하여 비지시적 상담자들은(예: Brodley, 1990) EFC 상담자들이 자신의 권력을 잘못 사용하고 있으며 내담자들 앞에서 더 많은 권력을 갖도록 상황을 만드는 것이라고 비판하였다. 과정을 이끄는 것은 지시적이기 때문에 내담자의 개인적인 주도권을 훼손하고 무조건적인 긍정적 존중을 표현하는 방식이 아니라는 것이다.

이러한 걱정에 대해서는 다음과 같은 답을 한다: 상담자가 하는 '모든 것'은 내담자가 다음에 무엇을 할지 영향을 미친다(예: Sachse, 1990). 따라서 과정을 이끌지 않는 것은 불가능하다. 여기에서 중요한 것은 어떻게 그리고 언제 그 권력을 사용할 것인가이다. 내담자가 불안하고 어찌해야 할 줄 몰라 상담자에게 조언을 구하고 싶어 애원하는 표정을 짓는 앞에서도 비지시적인 상담자들이 침묵을 유지함으로써 내담자가 조언을 구하지 못하도록 미묘하게 영향을 미치는 것을 본 적이 있다. 이것이야말로 내담자의 행동에 강력하게 영향을 미치는 것이 아닌가! EFC에서는 그 대신, 내담자가 속도를 늦추고 내면을 바라보거나(포커싱) 혹은 내면의 비판자와 대화를 할 수 있도록(두 의자 작업) 하여 과정에 대한 전문성을 가볍고도 협력적인 방식으로 드러낸다. 만일 내담자가 무슨 이유로든지 그 기회를 받아들이기를 원치 않는다면, 상담자는 이러한 반응을 내담자의 개인적인 주체성과 거절할 수 있는 권력을 사용한 것으로 보고, 기쁘게 수용한다. 물론 상담자는 내담자가 상담자의 제안을 거절한 경험에 관하여 호기심을 가지고 그들의 걱정이나 양가적인 태도를 탐색하도록 도울 수 있다. 그러나 상담자는 내담자를 설득하려고 하지는 않는다.

활동 수준: EFC 상담자는 이야기를 너무 많이 하는가? EFC에 관하여 빈번하게 제기되는 비판 중 하나는 상담자가 내담자의 말을 공감적으로 면밀히 따라가고, 때로는 내담자와 동시에 말을 하거나 자신이 내담자인 것같이 이야기를 하는 등('일인칭 시점의 반영') 과도한 적극성에 관한 것이다. 앞에서도 설명한 바와 같이 EFC 상담자는 진솔하게 내담자에 대하여 알고자 하고, 내담자의 매 순간의 경험에 적극적으로 동참한다. Les가 만든 비디오 자료에서 가져온 두 의자 작업의 예시를 제시하고자 한다(과정을 이끄는 것에 관한 내용도 해당됨)(Greenberg, 2007).

Les: [당신의 다른 부분에게] 뭐라고 하시겠어요?

Marcy: 그냥 내 뒤로 와. 나는 그냥, (0.5초 이하의 침묵)

Les: 내 뒤로 와. (0초)

Marcy: 내 뒤로 와. (Les: 네, 네.) 내가 널 보호해 줄게. 그[내담자의 남편]는 더 이상 너를 해칠 수 없어. 너만이 그가 계속 너에게 하던 것들을 할 수 있도록 허락할 수 있어 (Les: 네.) 너는 멈출 수 있어. 그냥 놓아줘. 놓아줘. 그를 보내줘. (0.5초 이하의 침묵)

Les: 네, 그를 보내줘. (0.5초 이하의 침묵)

Marcy: 너를 해치는 누구든지, 그냥 보내줘. (0.5초 이하)

Les: 그래, 그냥 내* 뒤로 와

Marcy: (*에서 끼어들며) 내 뒤로 와, 내가 널 보호해 줄게. (0.5초 이하)

Les: 맞아, 맞아, 맞아. (Marcy: 알잖아.) 그러면 그로부터* 널 보호해 줄 거야.

Marcy: (*에서 끼어들며) 우리는 (목소리가 부드러워지며) 다른 누구도 필요하지 않아. (5초 이하)

Les: (부드럽게) 다시 한번 그 말을 해 주세요. (0.5초 이하)

Marcy: 우리에게는 다른 누구도 필요하지 않아. (Les: 네.) 우리만 있으면 돼. (0.5초)

Les: 우리만 있으면 돼. (0.5초)

Marcy: 나랑. (긴장한 듯 웃으며) 너만 있으면 돼. (0.5초 이하)

Les: 나와 너만 있으면 돼.* 좋습니다.

Marcy: 네, 혼자 있고 싶어요. 그와 함께 있고 싶지 않고, 나 혼자 (Les: 네.) 모든 것을 겪어내야 할 때, 나 혼자 있고 싶다고 말해요. (Les: 네.) 가끔은 아이들이 필요해서 아이들과 함께 있을 때도 있고 그러지 않을 때도 있어요. (0.5초)

Les: 네, 네. 그러니까 내 뒤로 와. (Marcy: 맞아요.) 너를 안전하게 지켜줄 거고, 그들로부터 보호해 줄게. (1초)

Marcy: (부드럽게) 네. (0.5초)

Les: 맞아요. 그래서 네가 그냥 나랑만 있을 수 있도록. (0.5초)

Marcy: 네.

이 장면은 EFC에서 상담자가 개입하는 수준과 활동에 대하여 잘 보여 준다. 이 부분을 읽으면서 어떤 반응이 마음에서 떠올랐는가? 어떤 상담자들, 특히 내담자에게 비지시적이고 느긋한 방식으로 대하는 것이 익숙한 상담자들은 이렇게 적극적인 방식을 침범적이거나 심지어 짜증스럽다고 인식할 수 있다.

하지만 이 부분에서 Les와 Marcy가 무엇을 했는지 더 자세히 살펴보자. 우선, Les는 Marcy가 한두 마디 할 때마다(직접 세어보기 바란다!) '네' 혹은 '맞아요'(공감적 따라가기 반응) 같은 일상적인 언어적 표현을 써서 Marcy가 길게 이야기하지 못하도록 했다. 둘째, 그는 Marcy가 새로운 경험을 할 때마다 하는 말을 그대로 반복하였다(공감적 반복). 셋째, 침묵이 없었으며, Marcy가 말을 하는 사이를 길게 잡지 않았고, 이 장면의 마지막쯤 Marcy의 목소리에서 감정이 드러났을 때 말하는 속도를 늦췄다. 전반적으로 Les가 그녀의 경험이 충분히 형성될 때까지 기다리거나 말을 충분히 마칠 때까지 기다리지 않는 것을 보았을 것이다. 그 대신, 그와 Marcy는 가까운 친구 사이에 한동안 못 보고 지내다가 오랜만에 다시 만나서 열심히 이야기를 나누는 것처럼 말을 주고받는다. 그러므로 그는 내담자와의 대화에 에너지를 많이 들여서 그녀의 경험이 떠오르고 강렬해지며 정교하게(그리고 고통스럽게) 정의되는 과정에서 그녀의 경험에 대해 함께 적극적으로 이해해 나간다.

비록 이 예시에 대하여 강한 반응이 없었다 할지라도 내담자를 방해하거나 과도한 짐을 떠맡지 않는 방식으로 적극적으로 개입할 수 있을지에 관하여 의문을 가질 수도 있다. 그러나 여기에서 Les는 그 자신으로서 적극적으로 개입하는 것이 아니라, Marcy의 경험에 대하여 진실로 호기심을 가지는 것에서부터 시작하였다. 그는 그녀의 고유한 경험이 때로는 그의 경험과 공명하기도 하지만 때로는 그를 놀라게 할 수도 있다는 것을 알고 있다. 그는 그들이 함께 그녀에게 가장 가슴에 사무치고 특별하고도 중요한 것에 함께 접촉하면서 진정으로 서로를 만나게 되는 방식으로 그녀를 알게 되는 즐거운 시간을 기대한다. 요약하자면, 그는 그녀와 함께 작업을 하고 그녀가 자신과 동등한 정도로 작업에 참여하는 것을 경험할 것이라고 기분 좋은 기대를 하기 때문에 적극적인 것이다. Marcy에 대하여 다른 내담자보다 더 많은 관심을 가지고 있기 때문이 아니며, 오히려 그는 Marcy가 그 자신이나 다른 누구와 마찬가지로 존재 자체로 관심을 받을 권리가 있다고 가정한다. 이러한 모든 것이 상담자의 태도에 담겨 있다.

과정 분화: 분석하거나 내담자에 대한 공감에만 머무는 것을 넘어서 EFC의 다양한 정서와 과정을 어떻게 알아보고 따라갈 수 있는가? Robert는 자신의 비지시적 동료에게 공

감에는 적어도 여덟 가지 이상의 유형이 있다고 이야기하는 실수를 저지른 적이 있다(공감 반응의 종류에 대해서는 4장 참조). 그녀는 "나한테는 한 가지의 공감만 있을 뿐이야!"라고 대답하였고, 혼란과 불편감을 느끼는 것 같았다. 사실 EFC는 간단하고도 복잡하다. 핵심은 정서적으로 깊어지는 내담자와 공감적으로 관계를 맺는 것에 관한 것이다. 우리는 늘 여기에서 시작해서 여기로 돌아온다. 마찬가지로 이러한 공감은 내담자 경험에서 매우 복잡하고 끊임없이 변화하는 측면으로 우리를 이끌며, 우리는 내담자가 유용하게 구분할 수 있는 언어로 상징화할 수 있도록 돕기 위해 노력한다. 어떤 종류의 분노 혹은 슬픔인가? 어떤 종류의 내면의 비판적 목소리가 무엇 때문에 우리를 함부로 대하는가? EFC에서는 우리의 가슴과 머리를 모두 활용한다. 가슴에서는 공감을 느끼고, 고통을 따라 가장 중요한 곳에 다다르면, 그때 머리와 성찰적인 능력을 사용하여 내담자가 자신의 경험에서 의미를 만들 수 있도록 함께 작업하며, 내담자와 함께 길잡이가 되어줄 이야기를 협력적으로 구성해 나간다. 우리는 개념적인 도구를 먼저 사용해서 내담자의 경험을 이해하려고 하지 않는다. 이는 잘못된 길이다! 그 대신 감정에서 시작해서 우리 자신과 내담자의 삶에 관하여 감정이 일으키는 감각을 발견한다.

다른 방식으로 설명할 수도 있다. 당신이 상담실에 들어갈 때, 상징적으로나 실제로나 이 책은 밖에 놓아두길 바란다. 내담자가 떠난 후에 이 책을 다시 펼쳐서 무슨 일이 있어난 것인지 이해할 수 있도록 분류하고 정리해 보기 바란다. 상담 회기 중에 머릿속에 갇혀서 내담자에 대한 공감을 하지 못한다면, 그건 보통 우리 내면의 비판자나 코치가 방해하기 때문이다(예: '뭘 기다리고 있는 거야?! 지금쯤이면 의자를 활용한 작업을 하는 방법을 알고 있어야지!'). 일반적으로 이러한 내면의 목소리는 우리를 불안하게 만들고, 불안해지면 우리는 생각하게 되어 공감을 하지 못하게 된다. 이러한 방해 신호가 있을 때에는 이 책을 (그리고 슈퍼바이저를) 잠시 제쳐두고, 내담자가 현재 어떤 경험을 하고 있는지 그냥 물어봄으로써 그들의 즉각적인 경험에 다시 집중하는 유용한 기회로 삼을 수 있다. EFC의 많은 개념과 전문 용어들은 미리 프로그램을 설계하는 도구라기보다는, 사후 성찰을 돕는 보조 수단일 뿐이다.

접근의 성과에 관한 근거

지난 30년간 우리는 인본주의 경험적 심리치료의 효과에 관한 연구를 수집해 왔다. EFC는 특히 우울증과 복합외상을 포함한 대인관계 어려움에서 뛰어난 효과를 보였다. EFC 효과에 관한 두 개의 주요한 연구가 있다. 첫 번째는(Elliott et al., 2013; Elliott & Greenberg, 2016 참조) 1990년부터 2008년까지의 연구를 다루고 있으며 개인 상담이나 커플 상담에 온 1,000명의 내담자에 대한 자료를 활용한 34개의 EFC 연구에서 발견한 결과를 포함하고 있다. 최근에는 Elliott, Sharbanee, Timulak과 Watson(2019; Elliott et al., 출판 예정 참조)이 2009년과 2018년 사이에 나온 450명의 내담자 자료가 포함된 18개의 추가 연구를 검토하였다. 관계적 갈등과 고통이 주요 주제였으나, 섭식장애와 만성적인 의학적 상태에 관한 대처 연구도 있었다.

이러한 두 편의 메타연구(연구에 관한 연구)에서는 다음과 같이 EFC에 대한 근거를 세 가지 종류로 요약해서 제시하였다.

첫 번째는 EFC로 상담받은 내담자들이 상담을 통하여 경험한 변화가 얼마나 큰지 CORE 성과 척도(CORE Outcome Measure)(Barkham et al., 2001)의 점수를 상담 전후로 비교하여 연구한 것이다. EFC의 내담자들은 사전-사후 변화에서 큰 점수 차이를 보였고, 최근 연구에서는 훨씬 더 큰 변화를 보였다. 이러한 변화는 상담이 종결되고 나서 최소 1년 후까지 유지되었다.

두 번째는 EFC로 상담받은 내담자와 상담 및 심리치료를 받지 않은 경우 혹은 상담 대기 중인 사람들을 비교하는 것이다. 두 편의 메타연구를 보면 18개의 통제 집단을 활용한 연구에서 400명 이상의 내담자가 EFC로 상담을 받았다. 여기에서도 내담자들은 치료를 받지 않는 통제 집단과 비교하여 매우 큰 성과를 보였다. 이와 같은 통제 집단을 사용한 연구에서는 EFC와 내담자 변화 사이에 인과관계가 있다는 결론을 내릴 수 있다. 더 정확하게 설명하자면, 그리고 우리가 선호하는 방식으로 이야기하자면, EFC 내담자들은 상담을 활용하여 변화를 이루어 낸 것이다!

세 번째는 EFC의 내담자들을 인본주의 접근 이외의 다른 유형의 치료(예를 들어, 심리교육이나 인지행동치료)를 받은 내담자들과 비교한 것이다. 이러한 비교 연구를 통하여 EFC가 다른 접근들과 비교해서 효과가 큰지 작은지 여부를 비교할 수 있다. 14편의 연구에서 250명의 EFC 내담자들의 결과를 인본주의 치료가 아닌 다양한 방식의 내담자들의 결과와 비교하였다. 두 편의 메타 연구에서 EFC 내담자들은 인본주의 접근이 아닌 다른 상담을 받은 내담자들보다 상당히 좋아졌다. 그러나 이러한 결과 비교 연구들은 모두 EFC를 지지하는 사람들에 의하여 이루어졌다는 점에서 한계가 있다. 따라서 상담 성과 연구는 흔히 발생할 수 있는 편향을 야기하는 연구자의 충성(allegiance) 효과에 취약하다. 다시 설명하자면, 연구자가 EFC이든 인지행동치료든 어떤 이론적 지향을 가지는가가 연구자에게 큰 영향을 끼쳐서, 보통 자신들이 선호하는 접근을 지지하는 결과를 발견하고 보고하게 된다.

일반적으로 기존의 EFC 효과에 대한 근거를 살펴보면 EFC가 현재의 관계적 고통이나 해결되지 않은 관계적 상처에 가장 효과가 크다고 한다. 또한 우울, 불안(사회불안과 범불안), 섭식 문제, 만성적인 의료적 상태에 대처하는 경우에도 효과가 크다는 근거가 있다.

구체적으로 매뉴얼화되어 있는 EFC의 경우, 무선할당을 사용한 임상 실험에서 개인 상담과 커플 상담 모두 효과가 있었다(Elliott et al., 2013; Johnson, Hunsley, Greenberg, & Schlindler, 1999). 우울증 치료를 위한 매뉴얼화된 EFC에서는 공감적 관계 안에서 표식을 따라 과정을 안내하는 개입이 사용되며, 세 편의 논문에서 효과가 크다는 결과를 발표하였다(Goldman, Greenberg, & Angus, 2006; Greenberg & Watson, 1998; Watson, Gordon, Stermac, Kalogerakos, & Steckley, 2003). 예를 들어, Goldman 등(2006)은 EFC가 인간중심상담보다 더 효과적이라고 하였고, Watson 등(2003)은 EFC가 적어도 인지행동치료만큼 효과적이라고 하였다. 이러한 연구에서 발견한 재미있는 결과들이 있다. EFC는 대인관계 어려움을 감소시키는 데 인간중심상담이나 인지행동치료보다 더욱 효과가 있었다. EFC는 인간중심상담보다 증상 감소에서 더 큰 변화를 촉진하였으며, 재발을 방지하는 데 큰 효과가 있었다(77%의 비재발율; Ellison, Greenberg, Goldman, & Angus, 2009).

10장에서 EFC의 연구 결과를 다시 다루고, 과정 연구에 관하여 간략하게 설명할 것이다.

학습 과정을 돕기 위한 제안들

우리는 당신의 학습 과정을 촉진하기 위한 몇 가지 제안을 하며 이 장을 마무리하려고 한다. 우선 이 책을 읽는 것은 시작에 지나지 않는다. 책을 읽는 것만으로는 상담에 대하여 제대로 배울 수 없다! 인내심을 가지기를 바란다. 복잡한 상담 기술을 배워서 능숙하게 사용할 정도로 성장하기 위해서는 수년간의 경험이 필요하고, 그 시간 동안 부족하다고 느끼거나 자신을 과도하게 의식하게 될 것이다. 반면 책을 읽음으로써, 쉽게 시작 지점에 들어설 수 있다. 우리는 이 책에서 가능한 한 EFC를 생생하고 명확하게 설명하기 위하여 노력할 것이다.

둘째, EFC를 배우는 가장 효과적인 방법은 다른 종류의 학습을 동반하는 것이다. 더 경험이 많은 EFC 상담자가 상담을 하는 영상(이 장의 마지막에서 찾아볼 수 있다)이나 라이브 실연을 볼 수 있다. 상담 기술을 안전하게 연습하면서, 특히 내담자 역할을 해 볼 수 있다. 당신의 내담자에게 적용해 볼 수도 있다. 개인적으로 슈퍼비전을 받으며 당신이 진행한 상담의 비디오나 오디오 녹화를 검토할 수 있다. 당신이 무엇을 배웠고, 어디에서 어려움을 겪고 있는지 스스로 성찰해 보는 개인적인 성장 작업도 할 수 있다.

셋째, EFC를 한 번에 습득하려고 기대하기보다 처음에는 과업이나 치료 원리에 대하여 단순하고 전체적으로 이해하는 것에 초점을 맞춘 이후에 점진적으로 더 복잡하고 구체화된 방식으로 이해해 나가는 방식을 취할 때 스트레스를 덜 받을 수 있다.

넷째, 실패를 피하려고 하지 말고 시도하는 것에 초점을 맞춘다면 더욱 빨리 배우게 될 것이다. 실수를 저지르지 않는 데에만 집중하고 있다면 머뭇거리게 되고 나아갈 수 없다. 우리는 역설적으로 더 빨리 실수하라고 조언한다! 이 말의 의미는 두 의자 작업을 시도해 보고 내담자가 어떻게 반응하는지 보라는 것이다. 내담자로부터(혹은 기법 연습을 하는 경우라면 내담자 역할을 하는 사람으로부터) 배우는 방법을 배우게 된다면 도움이 될 것이다.

다섯째, 정신역동이나 인지행동치료와 같이 다른 상담 이론들로 훈련을 받고 있다면, 당신의 첫 반응을 억압하려고 하지 말기를 바란다. 억압할 때 감정이 마비되고 시도하는 것을 회피하게 될 가능성이 높다. 자연스러운 반응에서 시작할 때, 그런 치료에서 배운 것을 EFC의 작업에 점차 적용하여 더 잘 배워나갈 수 있다. 만일 당신이 내담자를 해석하고 있거나 문제 해결에 집중하고 있다는 것을 발견하면, 우선 내용과 관련된 지시적인 개입에 내담자가 어떻게 반응하고 있는지 집중해서 살펴보기 바란다(내담자는 비록 예의 바르게 상담자에게 동의할 수는 있겠지만, 대부분의 경우 이러한 개입들을 결코 받아들이지 않는다는 점을 참고할 수 있을 것이다). 그 후에 스스로에게 내용에 집중하고 지시적으로 만드는 부분에 주의를 기울이고, 그 부분에서 무엇을 걱정하고 있는지 떠올려 본다.

여섯째, 우리는 상담자들이 자신에게 맞지 않는 치료 방법을 무리하여 사용하지 않는 것이 중요하다고 생각한다. EFC는 많은 내담자에게 강력한 효과가 있지만, 모든 내담자에게 도움이 되는 것은 아닌 것처럼, 모든 상담자가 아닌 일부의 상담자에게 잘 맞는다는 점을 알고 있다. 근거가 되는 연구는 없지만, EFC는 자신의 정서로부터 완전히 차단되지는 않았고 내용에 관한 전문가인 상담자가 필요 없는 적극적이고 강력한 상담 경험을 추구하는 내담자들에게 효과가 클 가능성이 높다. EFC는 자신의 가치관이나 지각된 욕구와 충돌하는 내담자에게 사용되면 안 된다. 같은 방식으로, 상담자의 기술이나 선호 및 세계관이 EFC에 잘 맞는 상담자가 아닌 경우에도, 예를 들어 자신의 전문성을 활용하고자 하는 강한 필요를 느끼거나 단순히 다른 상담 이론을 더 흥미롭게 느끼는 상담자에게도 EFC를 강요해서는 안 된다. 우리에게는 선호하는 특정 가치관이 있음에도 불구하고, 이론과 임상적 다원주의를 굳게 지지하며 '수많은 꽃들이 다양하게 피어나도록' 할 것이다.

마지막으로, 내담자가 당신에게 무슨 말을 하고 있는지 귀를 기울이는 방법을 배운다면 결국은 내담자가 최고의 스승이 되어준다는 것을 기억하기 바란다. 이는 EFC를 포함한 모든 상담 접근에 해당하는 내용이다. 따라서 공감적 조율이 EFC의 핵심이 되는 것이다. 내담자의 매 순간의 경험에 들어가는 방식으로 시작한다면 당신이 그들에게 제공하는 것을 그들이 어떻게 받아들이는지 보고 듣게 될 것이고 거기에서부터 배우고 또 배워나가게 될 것이다. 우리 두 저자들은 거의 50년 동안 심리치료를 해왔고 여전히 새로운 내담자로부터 배우고 있다. 그것이 바로 EFC의 모험인 것이다.

상담 사례 소개

이 책에서 우리는 두 명의 내담자 예시를 지속적으로 사용하여 EFC의 구체적인 모습과 그것이 시간이 흘러감에 따라 어떻게 펼쳐지는지 보여 줄 것이다. 각 내담자들의 이름과 구체적인 사항은 그들의 신변 보호를 위하여 변경하였다.

Bethany 이 장의 초반에서 이미 Bethany의 이름이 등장했다. 그녀는 33세의 스코틀랜드인이며 결혼해서 2세 딸이 있다. 그녀는 다른 사람들에 대한 공포(사회불안)로 사회적 상황과 가까운 관계에서 어려움을 겪고 있어서 상담에 왔다. 그녀는 상담을 시작하기 전에 연구 프로젝트의 일환으로 연구자를 만났고 개인화된 효과 측정 도구인 개인 질문지(Personal Questionnaire)를 작성하였다. 이 척도에서 Bethany는 상담에서 다루고자 하는 9개의 문제들을 다음과 같이 작성하였다. 이 목록은 중요도에 따라 작성하기 때문에 그녀가 현재 겪고 있는 어려움들을 잘 보여 준다.

1. 불안하다.
2. 새로운 사람을 만나는 것이 상당히 힘들다.
3. 다른 사람들이 나에 대해 뭐라고 생각할지 걱정을 많이 한다.
4. 잘못된 행동을 해서 부끄러워하게 될까 봐 두렵다.
5. 내 불안에 압도된다.
6. 친구들을 믿고 개인적인 이야기를 꺼내는 것이 힘들다.
7. 사람들을 집으로 초대하는 것이 힘들다.
8. 쉽게 방어적인 태도를 취한다.

9. 자신을 처벌하려고 하거나 지나치게 엄격하게 대한다.

Bethany는 유럽계 미국인이자 현재 스코틀랜드에 살고 있는 상담자인 65세의 Robert를 만나서 19회기의 EFC를 진행하였다.

Jonah Jonah는 40세의 유럽계 캐나다인으로 16회기의 상담을 마쳤다. 그는 결혼해서 아들이 하나 있으며, 상담에 와서 최근의 재정 문제로 인한 우울증을 없애고 싶다고 하였다. 그는 우울증이 더 악화되고 있으며 일과 관계에 부정적인 영향을 주고 있어 걱정하였다. 그는 다른 사람들의 도움을 받지 않는 편이며 잠으로 우울증을 해결하고 있다고 하였다. 그는 46세의 유럽계 캐나다 여성 심리학자이며 현재 Les에게 슈퍼비전을 받고 있는 Margaret에게 상담을 받았다.

추가 탐구

읽을거리

Elliott, R. (2012). Emotion-focused therapy. In P. Sanders (Ed.), *The tribes of the personcentred nation: An introduction to the schools of therapy related to the person-centred approach* (2nd ed., pp. 103-130). Ross-on-Wye, UK: PCCS Books.

볼거리

Elliott, R., (2016). *How Robert Elliott came to Emotion-focused Therapy*. Counselling Channel. www.youtube.com/watch?v=uTJh8PQKNco에서 이용 가능

Greenberg, L. S. (2016). *Interview Juliette Becking and Les Greenberg about EFT*. APANTA/Eduseries. https://vimeo.com/157982795/2a8c8b3251에서 이용 가능

성찰하기

1. 정서중심 접근에서 처음에 관심을 가지게 된 내용은 무엇인가? 이 장을 읽고 나서는 어떤 부분에 관심이 가는가?
2. 이 장에서 다룬 흔한 걱정에 대해서 어떻게 생각하는가? 동의가 되는 내용이 있는가?
3. 당신 자기와 타자들이 느끼는 격분, 공포, 깊은 애도와 같은 강렬한 감정에 대하여 당신은 어떤 반응을 보이는가? 그 반응이 내담자와 작업할 때 어떻게 영향을 미칠 수 있을까?

정서중심상담에서의 정서 이론 02

개요

정서의 정의와 중요성

정서도식: 정서는 무엇으로 구성되는가

정서 강도와 정서조절

정서 범주: 어떤 종류의 정서가 있는가

정서 반응 유형

추가 탐구

정서의 정의와 중요성

정서중심상담(Emotion-Focused Counselling: EFC)에서 내담자를 상담하는 방법에 대해 더 자세하게 탐색하기 전에, 정서가 무엇이고 어떻게 작동하는지에 대해 먼저 이야기하고자 한다. EFC가 기반하고 있는 기본 이론을 학습하는 것은 어려울 수 있어서, 그림과 상자, 표를 사용하여 가능한 한 분명한 방식으로 이론을 보여 주고, 개념에 대해 사례를 예시로 들어 설명할 것이다.

정서란 무언가 일어나고 있는 일에 대한 느낌이다(Damasio, 1999). 정서는 부분의 합보다 크고 우리의 경험에 질, 강도, 의미를 제공하는 창발성(emergent property)이다. 간단히 말해, 정서는 다음과 같이 창발적이고 전체적인 과정으로 정의할 수 있다.

- 삶의 상황에서 무엇이 중요한지를 보여 주는 과정
- 각 상황에서 유용한 행동을 하도록 준비시키는 과정
- 신체에서 경험되는 과정
- 단어나 심상으로 유용하게 표상될 수 있는 과정
- 자기를 조직하고 우리가 누구인지를 알려주는 과정

우리는 의식적이고 직접적으로 몸소 정서를 경험할 수도 있고, 다른 사람에게서 정서가 암묵적으로 작동하는 것을 관찰할 수도 있다.

정서와 유기체적 가치 Rogers(1959)는 실현 경향성(actualizing tendency)의 핵심에서 '근본적인 유기체적 가치조건화(organismic valuing process)' 과정에 주목했다. 유사하게, Perls(1969)는 자기실현의 과정과 유기체의 지혜에 주목했다. 그는 이것이 우리를 우리가 아닌 것이 되려고 노력하는 것보다 정말로 우리가 되도록 인도한다고 보았다. 그러나 EFC의 관점에서 볼 때, Rogers와 Perls는 유기체적 가치조건화, 지혜와 실현의 기본적인 과정을 할 수 있는 만큼 충분히 상세하게 설명하지 않았다. 게다가, 이 접근들은 정서를 좁은 의미로 사용했고 실현화 경향성과 유기체적 가치조건화 과정의 부차적인 것으로 정서를 격하시켰다.

EFC에서 정서는 인간 경험의 근본적인 개념이며, Rogers의 유기체적 가치조건화 과정과 어느 정도 겹친다. 대부분의 정서 이론가들에 의해 정서는 욕구와 관련된 상황들에 대한 자동적인 평가로부터 일어나는 것으로 정의되었다(Ekman & Davidson, 1994; Frijda, 1986). 정서는 우리에게 무엇이 좋고 나쁜지에 대한 순간순간마다의 느낌이며, 우리의 가장 근본적인 지침으로 기능한다(Zajonc, 1980). 요컨대, 정서는 우리에게 일이 뜻대로 되고 있는지 알려주고 우리가 상황들에 효과적으로 대응하도록 준비시킨다. 이 설명은 유기체적 가치조건화 과정의 개념과 매우 유사하다.

EFC는 유기체적 가치조건화 과정이 정서가 실행될 때 해체될 수 있다고 주장하며, 자기실현 과정에 연료를 공급하는 것이 정서라고 보고 있다. 게다가, EFC의 관점에서 정서는 Rogers와 Perls의 유기체적 지혜의 기초이며, 우리가 가장 근본적으로 누구인지에 대한 기초를 제공해 준다. 우리는 이 장에서 정말로 집중해서 듣기만 한다면, 두려움, 분노, 슬픔 등과 같은 서로 다른 종류의 정서들은 우리에게 일어난 일에 대해 서로 다른 종류의 신체적 지혜라는 점을 주장하고자 한다. 정서는 무언가 제대로 되지 않는다고 스스로에게 말하는 매우 미묘한 느낌이기도 하다. 예를 들어, Bethany의 상담 2회기 초반에서 그녀의 상담자는 그녀의 기분을 좋지 않게 하는 모든 것들의 리스트를 만들고 확보하게 하였다. 그녀는 현재 고통의 근원 네 가지를 확인하고 명확히 한 후에, 다음과 같이 말했다.

Bethany: [약간 망설임:] 전… 그게 다인 것 같아요.

Robert: 그럼 확인하기 위해 스스로에게 말해 보세요, '만약 그 네 가지가 아니었다면, 어디 보자, 시어머니, 낭비한 시간, 사소한 일에 대해 화나는 걸 걱정하기, 그리고 부모님 찾아뵙기가 있네. 만약 그 네 가지가 아니었다면, 난 기분 좋았을 거야.' (Bethany가 웃었다.) 스스로에게 말하고, 무슨 일이 일어나는지 보세요.

Bethany: 만약 이 모든 네 가지가 아니었다면, 전, 기분이, 좋았을 거예요.

Robert: 그렇게 말했을 때 무슨 일이 일어났나요?

Bethany: 전 별로 안 믿는 것 같아요.

Robert: 당신은 안 믿고 있네요, 무언가가 있다는 걸! (웃으면서) 좋아요, 그래요. 그래서 거기 뭐가 더 있나요? (잠시 침묵) 내가 좋은 기분을 느끼지 못하도록 무엇이 방해하고 있나요? (침묵)

Bethany: 저는 대체로 스스로에 대해 행복하지 않은 것 같아요.

여기 이 간단한 예시에서 우리는 다음의 여러 방식으로 활성화된 정서라는 신체적 지혜를 볼 수 있다. 첫째, 그녀를 괴롭히는 네 가지를 확인하는 방식으로, 둘째, 정서 상태에 대한 설명('기분 좋음')이 그녀의 경험에 부합하는지 아닌지, 그리고 마침내 이전에 알지 못했던 고통이 무엇인지에 대해 쉽게 체크할 수 있는 방식으로 볼 수 있다.

사실 우리는 여기서 각각의 다른 종류의 정서들이 그만의 특별한 지혜의 일종이라는 점을 주장하고 있다. 예를 들어, 두려움은 우리가 피하거나 줄이기 위한 준비를 함으로써 위험을 인식하고 극복하는 것의 지혜이다. 분노는 우리의 경계가 침범당했을 때 알아차리는 것과 그 경계를 유지하기 위해 조치를 취하는 지혜이다(물론 우리가 정교하게 설명할 것이지만, 모든 두려움이나 분노가 현명한 것은 아니다. 핵심은 어느 것이 어느 것인지 구별해서 아는 것이다).

정서의 중요성 핵심적으로 정서는 건강한 것이며, 우리의 생존과 번영을 돕기 위해 진화된 적응적 체계이다. 정서는 가장 필수적인 욕구와 연결되어 있다. 정서는 웰빙에 있어 중요한 상황을 즉각적으로 알리고 일이 우리 뜻대로 잘 가고 있는지 아닌지에 대해 알려준다(Greenberg, 2010). 앞 문단에서 언급한 두려움 예시에 대해 좀 더 자세히 설명하자면, 우리가 위험에 처할 때 정서체계는 위험의 단서를 찾고 적응적인 행동, 즉 안전욕구를 충족하는 방향으로 행동할 수 있도록 안내하며, 공포 처리과정(fear processing)을 작동시킨다. 정서는 또한 생각('인지')으로 이끌어, 그 결과 우리는 두려운 생각을 의식적으로 인식하기 시작한다.

최상의 상태에서 정서는 건강하며 우리가 생존하고 번창하도록 돕는다. 정서는 삶에 의미를, 관계에 강렬함을 부여한다. 정서는 환경에 적응적으로 익숙해지게 하고, 다른 사람들과 의미 있는 유대를 쌓도록 한다. 정서는 우리가 위험을 피하고 옳은 것을 지지하고 필요할 때 안정을 추구하고 어려운 사람을 도울 수 있게 한다. 최악의 상태에서 정서는 다음과 같이 부적응적으로 된다. 충분하지 못하다고 느끼며, 다른 사람들과 멀어지게 하고, 일어나지 않을 것 같은 일에 공황을 가져오고, 또는 이 세상에 혼자이거나 거부당한 존재 같은 기분을 유발한다. 또한 최악의 상태에서 정서는 과도하게 순종적이거나 비위 맞추는 사람이 되는 것, 또는 우리 자신과 우리가 사랑하는 사람들을 아프게 하는 위험하거나 파괴적인 행동에 관여하는 것과 같이 파괴적인 행동을 야기할 수 있다.

이 장에서 우리는 정서에 대해 요약한다. 특히, 풍부함과 가변성을 보여 주는 네 가지의 기본적인 차원으로 구성된 인간 정서 모델을 제시할 것이다.

I. 정서도식 구성요소 (예: 상황적-인식적)
II. 정서 강도 (정서조절의 수준; 예: 압도적)
III. 정서 범주 (예: 행복한, 슬픈)
IV. 정서 반응 유형 (적응력; 예: 이차 반응적)

내담자의 정서를 효과적으로 작업하기 위해 우리는 이 모든 네 가지 차원에 집중해야 한다. 3장에서는 EFC 상담자들이 내담자가 순차적인 정서의 심화 과정을 통해 정서를 변화하도록 돕기 위해 이 모두를 어떻게 종합하는지에 대한 최신의 설명을 제공할 것이다.

정서도식: 정서는 무엇으로 구성되는가

인간 정서의 기초 아이들은 슬픔, 분노, 그리고 두려움을 포함한 다양한 정서에 대한 선천적 프로그램을 지니고 세상에 온다. 우리는 그들에게 어떻게 분노하고, 슬퍼하고, 또는 두려워하는지를 가르치지 않는다. 그러나 아이들이 화내거나 슬퍼하거나 두려워하는 것은 경험을 통해 발전한다. 정서도식은 생생한 경험에 대한 내적 표상이다. 정서도식은 해당 정서의 생생한 경험과 결합된 선천적 정서반응에 기반한다. 즉, 정서도식은 발달에 따라 사고와 신념을 포함하면서 보다 복잡한 내면 조직을 형성해 간다. 예를 들어, 당신은 어머니로부터의 거절, 어린 시절에 당한 놀림, 축구경기에서의 실패, 학교에서 인기 없음, 선생님에게 굴욕감을 느꼈던 일들이 수치스러운 경험 및 비판의 내면화로부터 형성된 신념과 짝을 이루면서, 이러한 것들이 합쳐진 수치심에 기반한 정서도식을 가졌을지 모른다. 이러한 정서 기반 도식들이 당신의 작업에서 비판에 의해 활성화될 때, 이 도식들은 급속히 자동적으로 느껴지는 경험(felt experience) 및 행위 경향성을 생산하며, 스스로 무가치하다고 느끼고 자주 수치감으로 반응하는 자기의 근원을 형성한다.

선도적인 뇌신경과학자 Damasio(1999)는 그의 책『일어나는 일에 대한 감정(The feeling of what happens)』[1]에서 인간의 의식이 우리가 언어를 발달시키기 이전에 언어화되지 않은 느낌의 형태로 먼저 나타난다고 하였다. Damasio는 알아차림이 외부 대상이 우리 신체 상태에 주는 영향의 이야기 안에서 존재하게 된다고 주장했다. 앎(knowing)은 먼저 우리 몸에 발생한 일에 대한 느낌으로 일어난다. 예를 들어, 발에 걸린 장난감 때문에 넘어지고 마음이 상하거나 혹은 젖을 주는 엄마의 가슴 때문에 기분이 좋아진다. 이런 경험들을 이해하면서 근본적으로 우리는 '그 일이 발생했을 때 나에게 이렇게 경험되고, 이런 방식으로 나의 신체 상태에 영향을 줬다.'라고 추론한다. 이 경험은 정서도식에 대한 기초를 형성한다. 이 경험들은 우리가 말할 수 있기 오래전에 우리가 이해하는 무언의 내러티브로 입력된다. 이후 이 도식들이 언어로 다듬어졌을 때, 그것들은 우리 자신의 인생 경험을 이해하게 만드는 아주 초기의 의식적인 내러티브가 된다. 이런 방식으로 조상들은 사물, 사건, 그리고 사람들이 그들의 신체감각에 주는 영향을 함께 연결 짓는 능력을 점점 더 발달시켰다. 결국 우리는 이러한 정서도식을 제스처와 언어의 형태로 상징화하는 능력을 발달시켰으며, 그래서 우리는 그것들을 내러티브의 형태로 다른 사람들에게 전달할 수 있으며, 이 내러티브는 시작, 중간, 끝이 있고 주체, 객체, 의도를 가리며, 모두 시간의 순서로 연결되어 무엇이 무엇을 야기하는지에 대한 우리의 이해를 전달한다.

EFC의 확장된 정서의 개념 앞서 언급했던 것처럼 EFC는 Rogers와 다른 학자들이 의미했던 것 이상으로 정서의 개념을 확장한다. 정서도식은 그 자체로 무의식적이고 자동적이라서 바로 알 수 없다. 그러나 정서도식은 그것들이 생산한 경험을 통해서

---

1) 역자 주: 국내에서는『느낌의 발견: 의식을 만들어내는 몸과 정서』(아르테 출판사, 2023)로 번역 · 출판됨.

확인될 수 있다. 경험은 알아차림에 접근할 수 있으며, 활성화, 주의 및 성찰 과정을 통해 주의를 기울이고 탐색하며 이해할 수 있다. 신체감각에 집중하는 것은 자동적인 정서 정보를 기억할 수 있는 분명하고 언어화된 경험으로 가져오는 데에 매우 유용하다. 우리가 상황에 처해 있는 방식, 즉 무슨 일이 일어났는지에 대한 느낌은(예를 들어, 가라앉거나 자신 있거나 부끄러운 느낌) 활성화되고 신체감각으로 드러나는 하나 이상의 정서도식으로부터 나온다. 암묵적인 정서 상태는 먼저 그것에 집중하고 나서 의식으로 상징화하고, 그것을 반영하고 설명할 수 있는 내러티브로 만듦으로써 의식적으로 느끼는 것이 될 수 있다. 그 과정에서 우리는 그 순간에 우리가 되는 자기(the self)를 창조한다(Greenberg & Pascual-Leone, 1995). 따라서 우리는 자신이 누구인지를 동시에 발견하고 창조하는 지속적인 과정 속에 있다.

정서도식은, 특히 정서 일화에 대한 기억 속에 깊이 간직될 때, 경험의 연관된 구성요소들의 네트워크처럼 보일 수 있다. 정서도식 내의 다섯 가지 측면 혹은 영역을 구분 짓는 것이 유용하다([그림 2-1] 참조).

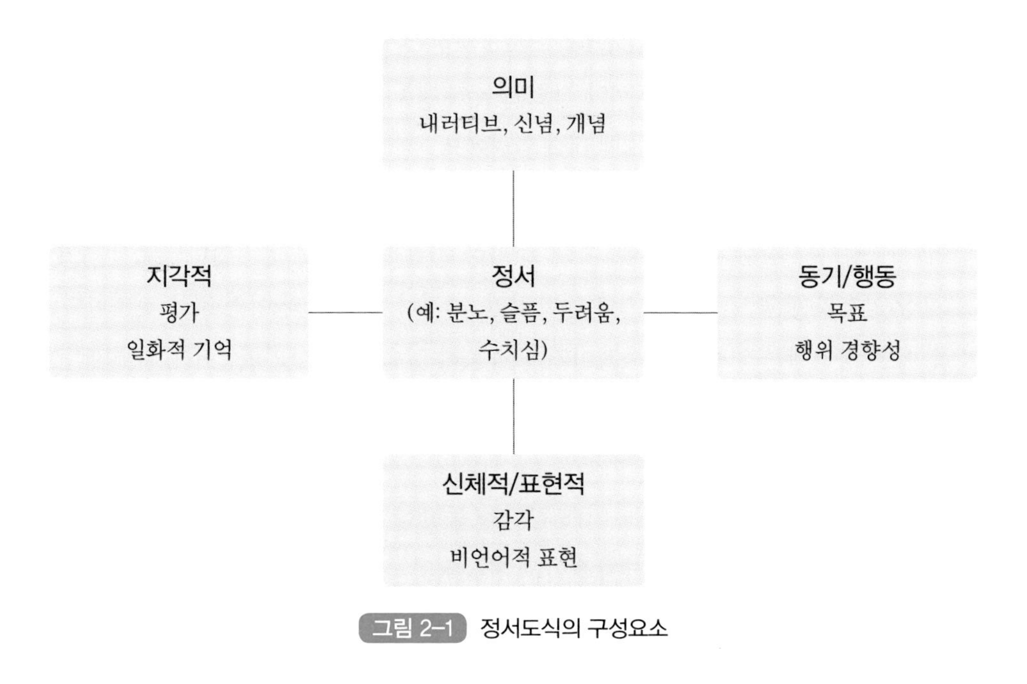

그림 2-1 정서도식의 구성요소

- 우리가 어떻게 현재 상황을 '지각'하고 과거 상황을 '기억'하는지
- 우리가 무엇을 '신체'에서 경험하고 그것을 통해 표현하는지
- (단어, 비유, 정체성, 내러티브) 사물의 의미나 '상징적 표현'
- 욕구와 행위 경향성
- 암시적이거나 경험된 '느낌' 그 자체

(1) '지각적/일화적' 구성요소는 사람의 과거나 현재의 환경들을 나타내고 현재 상황에 대한 즉각적인 인식을 포함한다. 우리가 사물을 보는 방법은 구체적인 사건의 기억이나 감각상의 기억을 포함할 수 있다. 그러므로 인간은 기억을 불러일으키는 소리를 듣거나 물체를 볼 수 있고, 또는 아빠가 떠났을 때 자신을 데리러 오길 기다리면서 예쁜 드레스를 입고 문 앞에서 남겨졌던 것 같이 정서가 담긴 일화를 기억할 수 있다. 예를 들어, Robert의 내담자 Bethany가 1회기에서 그녀가 상담을 시작하는 것에 대해 염려가 된다고 보고했을 때, 그는 그녀에게 다음과 같이 물었다.

Robert: 염려가 무엇에 대한 것이고 무엇을 뜻하는지 알고 있나요?
Bethany: 네, 사람들에게 정서나 그런 것들에 대해 말하는 게 어려워요. 그래서 무슨 일이 일어날지에 대한 염려예요.

이것은 정서가 항상 어떤 것에 '대한' 것이라고 말하는 다른 방식이다. 즉, 그것들은 항상 인간의 상황, 즉각적이거나 일반적인, 과거나 현재 안의 어떤 것을 의미한다. 비록 어떤 경우에는 역사가 암묵적이거나 파묻혀 있을 수도 있지만 ('이야기되지 않은 정서들'; Angus & Greenberg, 2011), 우리의 느낌은 항상 역사나 내러티브의 일부이다 (Sarbin, 1989).

(2) 신체적/표현적 구성요소는 어깨 긴장을 동반한 장이 막힌 느낌이나 속이 울렁거리고 제한적인 숨쉬기 같은 즉각적이고 자동적인 신체감각뿐만 아니라 얼굴 찡그림이나 손과 팔을 반사적으로 밀어내기 같은 정서의 비언어적인 표현을 포함한다. 예를 들어, Bethany는 상담을 시작하는 것에 대한 자신의 염려에 동반된 신체감각을

목구멍이 막힌 듯한 것으로 설명했다.

정서는 언어가 발달하기 훨씬 전에 우리 조상들이 접했던 다양한 상황에 대한 독특한 신체 반응으로 표현된다. 심장은 밤에 불쑥 나타난 물체나 뱀, 기어가는 곤충이나 거대한 움직이는 그림자를 봤을 때, 또는 다가오는 동료의 비명이나 큰 소음을 들었을 때 뛰기 쉽다. 이런 상황에서 발생한 심장의 두근거림과 다른 생리적 변화는 전체적으로 위험 탐지기로서 도움이 된다. 그것들은 이러한 조건 아래서 발생한다. 이 반응의 일부는 선천적이고, 다른 일부는 학습된다. 정서가 활성화되었을 때, 이는 적절한 생리적 변화를 만든다. 생리적 과정이 정서를 촉진할 뿐만 아니라, 정서도 생리적 과정에 영향을 준다. 예를 들어, 우리는 이제 사람들이 '스트레스'라고 부르는 것이 분노, 두려움, 슬픔과 수치스러움같이 해결되지 않은 정서와 다르지 않은 신체적 경험이라는 것을 알고 있다. 정서는 또한 면역체계와 생리기능에 분명하게 연결되어 있다(Pennebaker & Seagal, 1999).

(3) '의미' 구성요소는 '만약 그렇게 하는 게 좋다면, 완벽하게 하는 게 좋겠어요.' 같은 언어적 표현과 '코일처럼 팽팽하게 감겨 있어요.' 같은 비유적 특성이나 심상, '난 실패자야.' 또는 '난 피해자야.' 같은 정체감에 대한 신념 또는 '난 내 모든 관계를 망쳤고 외롭게 인생을 끝내게 될 거야.' 같은 내러티브를 포함하는 의미 있는 뜻을 전달한다. Robert가 Bethany에게 염려에 대한 심상이나 비유를 생각해 낼 수 있는지 물었을 때, 그녀는 다음과 같이 말했다.

> Bethany: 좋아요. 전 이게 폭탄처럼 느껴져요. 염려는 보통 불안의 전조증상이란 거 아시죠.

정서조절을 둘러싸고 조직화된 전 언어적(pre-verbal) 정서 체계 외에도, 우리는 2차 일반체계(general system)인 상징과 언어에 기반을 둔 의미 구성 체계를 가지고 있다. 내러티브는 의미를 구성하는 주요 방법이고, 우리는 모두 내러티브와 의미를 만들고자 하는 의지를 갖는다(Angus & Greenberg, 2011). Frankl(1946/2006)은 의미를 만들고자 하는 의지가 존재한다고 제안하였고, 살아가야 할 이유가 있는 사람들이 거의 모든 상황을 견디는 방법을 우리에게 보여 주었다. 우리는 거꾸로 우리를 안내하는 내러티브를 창조함으로써 우리 현실을 구성하는 타고난 의미 제작자(meaning makers)이다(Bruner, 1991). 의미를 만들지 않는 것은 불가능하다. 전언어적 정서조절 체계와 의미 창조 체계 사이 상호작용은 경험을 결정짓는다. 우리가 창조한 의미로 우리가 살아가는 동안, 정서는 우리를 움직인다.

(4) '욕구/행위 경향성' 구성요소는 편안함과 안정감 또는 경계 보호를 얻기 위한 정서의 목표나 목적과 더불어서 접근하거나 도망치거나 주장하는 행위 경향성을 포함한다.

> Robert: 그 염려는 당신이 무엇을 원하게 만드나요?
>
> Bethany: 네, 음, 떠나기 (웃음)
>
> Robert: 떠나기! 그래요, '저리 치워버려!' '여긴 안전하지 않아'라고 말하는 것처럼. 어디로 가고 싶어요? 그게 무슨 말을 해 주나요?
>
> Bethany: (어깨 으쓱거림) 그냥 방을 떠나거나, 아니면 만약 제 남편이 여기 있었다면 저는 그가 (웃음) 모든 걸 말하게 했을 거예요.

많은 사람들(정서 이론가 Frijda(1986)를 포함해서)은 기본적인 인간의 욕구가 정서를 추동한다(drive)고 믿는다(유사하게 Rogers(1959)는 실현 경향성이 정서를 추동한다고 말했다). 그러나 정서중심 관점에서 정서는 다른 방식들보다 욕구를 발생시킨다. 즉, 욕구보다 정서가 우리를 이런저런 방향으로 추동하는 가치나 선호를 제공하는 기본 심리 단위이다. 따라서 애착과 자율성, 의미의 창조 또는 통제와 같은 일련의 동기를 기본적인 것으로 앞세우기보다 EFC에서는 욕구가 타고난 기본적인 정서반응으로부터 구성되었으며 다른 사람들과 상호작용하는 경험에서 비롯된다고 보고 있다.

(5) 마지막으로 '의식적으로 경험되는 정서 혹은 암묵적인 정서'는 다른 정서도식 요소들의 통합된 합이며 일어나고 있는 일에 느낌을 제공한다. 즉, 앞에서 언급했던 것처럼, 정서는 부분의 합 이상이며 경험에 질, 강도, 의미를 제공하는 창발성이다. Bethany 사례에서, 새롭게 출현한 염려라는 정서가 먼저 경험된 후, 그런 후 그녀는

'포커싱 과업'(5장 참조)을 활용할 수 있었다. 포커싱 과업은 그녀로 하여금 상담을 시작할 때 무엇이 일어나고 있는지에 대한 느낌으로 구성된 정서도식 요소를 상세하게 하도록 제안한다.

따라서 정서도식의 역할을 요약하면, 환경과 신체 내부 모두에서 오는 감각을 통해 전해지는 정보로부터 우리는 의미를 지속적으로 해석하고 변형하고 도출한다. 이후 우리는 이 외부와 내부 감각을 해석하고 그것들을 다른 감각에 붙이며, 더 큰 의미를 형성한다. 그런 다음 우리는 환경의 요구와 기대와의 조화뿐만 아니라 내부 만족을 목표로 하는 반응을 찾는다. 우리의 뇌와 신경계의 결과적인 행동은 정서도식 구조가 되며, 이러한 정서도식 구조는 활성화될 때 경험의 흐름을 창조한다. 정서를 느끼는 것은 과거 정서적 경험에 의해 형성된 자극이 되는 대상 또는 상황에 대한 반응으로 신체 변화 경험을 포함한다. 이것이 Rogers(1959)의 유기체적 가치 평가 과정에 대한 EFC의 설명이다.

이러한 구조에 의해 산출되는 정서 경험은 보다 기본적이고 생물학적인 기반의 정서반응(예를 들어, 분노, 두려움, 슬픔 등)을 제공할 뿐 아니라, 보다 고차적인 감정(세상의 최고가 되거나 쓰레기 더미에 처박히는 듯한 기분)과 사물에 대한 감각(위험 혹은 매력에 대한 감각) 또한 제공한다(Damasio, 1999; Greenberg & Safran, 1987). 이러한 정서반응들은 경험에 의해 정보를 얻으며, 학습으로부터 유익을 얻어 왔다. 성인의 자동적인 많은 정서경험은 고차원적인 것으로, 학습되어 온 독특한 정서도식에 의해 발생하게 되는데 이러한 정서도식은 미래 일어날 결과에 대한 예상을 통해 의사결정에 영향을 미치게 된다.

이러한 2차적이고 고차원적이며 더 지적으로 복잡한 정서 유형의 예시는 예기치 않게 전 연인을 마주쳤을 때 경험할 수 있는 가슴 깊은 곳에서부터 올라오는 정서가 될 수 있다. 유발 사건이 명백하게 주어지지만, 그 과정은 여전히 자동적이고 종종 언어화되지 않는다. 그 경험이 '뒤이어서' 완전히 말로 표현될 수 있는지 아닌지와 상관없이, 암묵적으로 형성된 경험은 우리에게 영향을 미친다. 이러한 기억 기반 정서도식은 평가를 안내하고, 결정에 편향을 주며, 신체적 각성과 행동의 청사진으로 작용한다. 또한 우리가 자주 참조해야 하는 중요한 지침의 역할을 하며, 우리가 이유를 이해하고 결정을 내리는 데 도움을 준다. 따라서 이 지각적/신체적/인지적/동기적 정서도식은 EFC의 중심적인 초점이다. 정서도식에 문제가 있을 때 우리가 이 장의 후반에서 설명한 것처럼 그것들은 치료적 작업의 중요한 목표가 된다(Greenberg & Paivio, 1997).

생물학과 문화의 통합 언제 어디서 태어났는지와 상관없이 모든 사람은 인류의 기반이 되는 진화적으로 적응하는 동일한 정서 체계를 가지고 세상에 온다. 우리의 문화를 포함하여 개인의 경험은 정서에 지울 수 없는 도장을 남기고, 때때로는 심지어 그것을 우리나 다른 사람들이 더 이상 기억하지 않는 것으로 비틀고 왜곡한다. 문화와 경험은 정서를 숨기거나 독특한 방식으로 표현하도록 훈련시킨다. 각각의 가족이나 문화가 자연적이거나 받아들일 수 있는 것으로 보는가에 따라서, 그들은 꿋꿋이 버티는 것이나 사순절 전날 동안 길에서 즐겁게 춤추는 것처럼 자기 자신을 표현할 수 있다. 그러나 다양한 경험과 훈련에도 불구하고 우리는 모두 거의 비슷하다. 나의 가족은 정서를 약하고 탐탁치 않은 것으로 보는 반면에, 당신의 가족은 정서의 중요성을 믿을지 모른다. 유사하게 당신의 가족은 뻔뻔스러운 자기주장을 높이 평가하는 반면에, 나의 문화는 자기를 내세우지 않는 겸손함을 매우 가치 있게 여길 수 있다.

서로 다른 문화는 종종 정서 표현에 대해 다른 규칙을 갖기 때문에, 문화적으로 민감한 상담자들은 다양한 정서에 대해, 또 정서가 억압되거나 중단되는 것과 반대로 언제/어떻게 표현되어야 하는지에 대해 자기와 타자의 문화적 관점을 알아차릴 필요가 있다. 문화적으로 민감한 상담자가 된다는 것은 먼저 자신의 문화를 인식하고 이해하며, 그것이 내담자와의 관계에 어떻게 영향을 미치는지 알며, 다른 문화를 존중하고 이해하며 반응하는 것이다. 그러나 언제, 어디에서, 얼마나 많은 다양한 정서를 표현해야 하는지 대한 다양한 규칙 이면에는, 문화나 인종, 소수집단, 성별, 성적 성향이나 장애와 상관없이 동료 인간으로서 우리가 서로를 이해할 수 있게 하는 정서적 인간성이라는 공통의 핵심이 있다.

정서와 뇌 정서와 신체는 서로 떼어놓을 수 없다. 특히 우리는 변연계(모든 포유류가 가지고 있는 중간뇌의 부분)가 공포와 같은 기본적 정서처리를 책임지고 있다는 걸 알고 있다(LeDoux, 1996). 변연계는 면역체계와 가장 중요한 신체 기관을 포함한 많은 신체의 생리적 과정을 통제함으로써 신체적 건강에 영향을 준다. LeDoux(1996)는 정서를 만드는 다음의 두 경로가 있다는 것을 발견했다. (1) 더 빠른 '낮은' 경로는 편도체(변연계의 핵심 부분)가 위험을 감지하고 뇌와 신체에 긴급 고통 신호를 보내는 경로를 의미한다. (2) 더 느린 '높은' 경로는 동일한 정보가 신피질(생각을 담당하는 뇌의 새로운 바깥 부분)에서 더 천천히 처리되는 방식을 말한다. 짧은 변연계 경로가 신피질 경로보다 두 배 이상 빠르게 신호를 전달하기 때문에 우리는 빠르게 세상에 적응하고 자동적으로 생존 적응 행동을 취할 준비를 한다. 이 모든 것이 우리가 생각하기 전에 일어나고, 사고하는 뇌는 종종 이 정서적 반응을 멈추기 위해 제때 끼어들 수 없다. 따라서 뱀으로부터 펄쩍 멀리 뛰거나, 배우자에게 욕을 하거나 장례식장에서 울거나 하는 등의 자동적인 정서 반응은 우리가 그것을 멈출 수 있기 전에 일어난다. 어떤 상황에서는 빠르게 반응하는 것이 분명히 적응적인 반면, 더 나은 기능은 반성을 거친 정서의 안내를 통해 나온 결과이다. 이는 정서에 인지를 가져오는 것이며 이성과 정서를 통합하는 것이다.

정서 강도와 정서조절

정서적 경험의 두 번째 차원은 정서적 강도이다. 정서는 넓은 스펙트럼을 따라 매우 미묘하고 가볍거나 빠른 것부터 매우 격하고 강하거나 넓은 것까지 다양하다. 이 정서의 범위는 우리가 다양한 개인 상황을 마주하도록 하는 것에서 큰 가치가 있다. 약간의 만족스러움과 강렬한 즐거움 모두 그들의 자리가 있다. 그럼에도 불구하고, 일반적으로 정서는 너무 차갑지도 않고 너무 뜨겁지도 않은 중간이나 '딱 좋은' 범위에 있을 때 가장 유용한 경향이 있다.

한편으로 너무 약한 정서는 우리의 주의를 끄는 데 어려움이 있을 수 있다. 즉, 우리는 우리에게 전달하려고 하는 가치 있는 정보를 받는 데 문제를 겪을 수 있다. 유사하게 우리는 정서를 멀리 밀어버리거나 느끼지 못하게 하거나 스스로를 무감각하게 만듦으로써 정서를 느끼는 것으로부터 스스로 멈추게(정서를 '과도하게 조절') 할 수도 있다(EFC에서 우리는 이 정서의 자기차단을 '자기방해(self-interruption)'라고 칭한다). 정서를 전혀 알아차리지 못하거나 신체로 무엇을 느끼는지를 감지하지 못하는 것은 탐색과 문제해결을 주지적으로 만든다. 거기에는 우리를 상황에 적응시키거나 욕구를 충족하거나 우리의 목표를 획득하기 위해 행동하도록 하는 정서적 정보가 없다. 게다가 정서적 알아차림의 결핍은 일종의 폭발 증후군을 가져올 수 있는데, 이는 표현되지 않다가 갑자기 분노나 슬픔을 폭발시키는 것으로 가는 것이다.

다른 한편, 너무 강렬한 정서는 우리를 압도할 것 같고 '과소조절(underregulated)' 될 수 있다. 이는 다음과 같은 다양한 형태를 취할 수 있다.

- 너무 많은 걱정들로 인해 혼란스럽거나 흩어지는
- 공황으로 혼란에 빠지는
- 격노로 걷잡을 수 없는
- 끝없는 슬픔에 잠긴
- 수치심에 꼼짝 못 하는

하지만 정서가 너무 강할 때 우리는 정서가 말하려고 하는 것을 듣지 못할 수 있다. 즉, 마치 정서가 너무 크게 소리쳐서 우리가 메시지를 듣는 게 어려운 것처럼 말이다. 우리가 정서를 갖는 대신에 정서가 우리를 가진 것 같다(Greenberg, 2002). 집의 전기 시스템이 과부하에 걸려서 회로 차단기를 내리거나 퓨즈를 태워버리는 것처럼 종종 우리는 과소한 조절과 과도한 조절 사이를 휙 뒤집으며 쉽게 차단한다.

이런 상황 속에서 정서를 조절할 방법을 찾을 필요가 있다. 정서가 차단되거나 너무 경미할 때, 우리는 정서를 활성화하여 적정 범위로 가져오기를 원한다. 그 적정 범위에서 유용한 반응 방식을 찾기 위해 이에 도움이 되는 정보를 활용할 수 있다. 정서가 너무 강할 때, 우리는 정서를 완화시켜서 정서가 말하는 것을 들을 수 있도록 계속 접촉하며 머물기 원할 것이다.

정서 조절은 EFC에서 주요한 과정이다. 즉, 다양한 정서를 관리하여 정서가 우리의 이로움을 위해 작동하고 욕구를 충족할 수 있게 돕는다. 그래서 우리는 소중한 사람들을 향한 사랑, 즐거운 일들에 대한 기쁨, 새롭거나 흔하지 않은 것들에 대한 호기심, 또는 성취에 대한 자부심 같은 즐거운 정서들을 강화시키려고 노력한다. 종종 우리는 위험에 대한 두려움, 상실에 대한 슬픔, 부정에 대한 분노, 또는 실패에 대한 부끄러움 같은 기쁘지 않은 정서들을 감소시키려고 노력하는 자신을 발견한다. 이와 반대로, 정서조절은 단순히 즐거운 감정을 증가시키고 고통스럽거나 불쾌한 감정을 줄이는 것만이 아니다. 결국 불쾌한 정서의 기능은 당면한 상황에서 중요한 어려움에 주의를 환기시켜 위험을 억제하거나 피하고, 잃어버린 것을 회복하고, 불의를 바로잡고, 다음에는 성공할 수 있도록 더 열심히 노력하도록 동기를 부여함으로써 적절하게 대처할 수 있도록 하는 것이다. 적응적인 행동으로 어려운 상황에 대처하는 데 성공하면, 고통스러운 정서는 사라지고 우리는 기분이 더 나아진다. 이것이 정서조절이다!

우리는 부모나 주 양육자로부터 정서 조절을 처음 배운다. 이상적으로 그들은 우리가 화났을 때 우리를 위로하고, 우리가 졸리거나 의욕이 없을 때 우리를 즐겁게 한다. 시간이 지나면서 우리는 그들의 예시를 내면화했고, 스스로 우리의 정서를 조절하기 시작했다. 안타깝게도 많은 경우에 주 양육자가 과하게 기운찬 것에 대해 꾸짖거나, 우리가 슬퍼할 때 '우는 아기'나 '징징거림'으로 창피를 주고, 우리가 성취한 것에 대한 자부심을 보여 주었을 때 단호하게 우리에게 경고하면서 우리의 정서를 과도하게 조절하였다. 그 결과 우리는 정서를 과도하게 조절하는 것을 배웠다.

예를 들어, 1장에서 소개했던 Jonah는 그녀가 십 대 때부터 기분이 가라앉았고 주로 잠자는 것으로 울적한 기분을 다루어 왔다. 그에게는 자신을 항상 비판하는 매우 가혹한 어머니가 있었고, 이 때문에 그는 어머니와의 불화를 피하기 위해 갈등에서 철수하고 순종적이 되었으며, 그는 이제 아내와의 관계에서 똑같은 방식을 반복하고 있다. 그래서 Jonah는 자신의 정서 대부분을, 특히 분노와 슬픔을 과도하게 통제하는 것을 학습했다. 그 결과 그는 자기 자신을 차단하고 체념하고 우울해졌다.

정서조절의 주요 문제는 정서가 얼마나 강렬한지의 문제가 아니라 정서를 안전하게 느끼는지 여부이다. 만약 우리가 통제를 벗어났다고 느끼면, 우리는 강한 정서가 우리를 어디로 데려갈지, 그리고 우리에게 무슨 짓을 할지 두려울 수 있다. 이럴 때 우리는 그것들을 견디거나 차단시키려고 노력한다. 우리는 정서가 우리에게 말하려고 하는 정보에 귀 기울이는 것을 멈추고, 대신에 그 정서를 제거하는 데 초점을 맞춘다. 어떤 상황에서는 이런 방식이 필요하다. 그러나 그것은 정서 조절 장애, 즉 과도한 조절의 다른 형태가 되기 쉽다. 우리는 3장에서 정서조절의 문제로 다시 돌아올 것이다.

정서 범주: 어떤 종류의 정서가 있는가

세 번째 정서의 차원은 정서의 종류나 범주이다. 정서 이론가들은 정서의 종류에 대한 목록이나 체계를 세우는 걸 좋아한다. 수십 수백 년 동안(Gendron & Barrett, 2009) 정서를 분류하기 위한 범주(예: Ekman, 1992)나 차원(Plutchik, 1991)의 최적의 체계를 고안하려고 노력해 왔다. 우리가 아는 한, 얼마나 많은 그리고 어떤 종류의 정서들이 있는지에 대한 질문에 확정적으로 대답하는 것은 불가능하다. 실용적인 영혼인 EFC 상담자들은 정서의 주요한 목록을 고안하는 데 별로 관심이 없고, 단순히 다른 사람들이 그들의 정서적 어려움을 해결할 수 있도록 하는 데 더 관심이 있다. EFC의 목표를 위해 우리가 말할 수 있는 것은 내담자와 작업하는 데 중요한 것으로 밝혀진 너무 길지 않은 정서의 목록이 있다는 점이다.

EFC에서 가장 자주 발생하고 중요한 정서들에 대한 최신 항목들은 다음에서 논의되고 〈표 2-1〉에 요약되어 있다.

표 2-1 EFC에서 주요 정서

상황	정서	욕구: 적응적인 행동
중요한 인물이나 어떤 것의 상실	슬픔	위로: 마음을 표현하기(대안: 분리하기)
침해(자기나 가족, 소유물, 목표, 가치관에 대한 공격)	분노	경계 지킴 또는 자기격려: 주장하기, 독립하기
위험(가능한 위험에 대한 걱정)	공포/불안	안정감: 도망가기, 얼어붙기, 보호책 찾기(불안: 관찰하기, 준비하기)
부적절하게 행동하거나 사회적 결함을 드러냄	수치심	사회적 지위를 보호하거나 복구, 다른 사람들과 교류: 숨기, 바로잡기, 부적절한 행동의 알아차림을 표현하기
소중한 사람에게 피해를 줌	죄책감	피해의 복구: 사과하기, 배상하기
모욕적, 불쾌한, 이해하기 어려운 물체나 사람	혐오	유해한 물체나 사람을 거부: 쫓아내기, 피하기
심리적 손상	정서적 고통	더 이상의 손상을 예방하기 위해 벗어남: 가능하다면 회복하기 위해 자기 안으로 침잠하기
새로운, 알려지지 않은, 기대하지 못한 자극제	흥미/호기심	탐구, 이해: 주의 기울이기, 접근하기, 관여하기, 몰두하기
목표, 과업, 욕구나 연결의 달성	기쁨/행복	만끽과 공유: 감사하기, 다른 사람들에게 알리기, 관계를 강화하기
취약한 사람의 고통	연민	돌봄 제공: 위로하기, 달래기, 지지하기, 인정하기

주: Greenberg & Pavio(1997)를 참고하여 적용함

슬픔은 상실이 있을 때 위로를 찾는다 슬픔은 애착 신호이다. 즉, 슬픔은 우리가 중요한 사람이나 사물을 잃었다는 것을 우리에게 알려준다. 이는 부모, 배우자, 자녀, 또는 친구가 될 수도 있고, 희망이나 꿈, 가능성의 상실이 될 수도 있다. 슬픔은 비통이나 슬픔의 형태가 될 수도 있을 뿐만 아니라 실망, 절망이나 희망 없음의 형태가 될 수도 있다. 슬픔을 경험할 때, 우리는 울거나 어떤 방식으로든 연락을 취해서 다른 사람들에게 이겨내는 데 도움이 되는 위로와 지지에 대한 욕구를 알리는 것이 필요하다

는 점을 느낄 수 있다. 반대로, 우리는 조용하거나 무기력해지고 다른 사람들로부터 철수할 수도 있다(EFC에서 우리는 이것들이 슬픔의 다른 두 종류, 즉 슬픔을 연결하는 것과 슬픔을 해소하는 것이라는 점을 인식하고 있다).

분노는 침범이 있을 때 자기주장을 한다 분노는 경계의 침범 신호이다. 즉, 분노는 우리에게 개인적 경계의 어떤 종류가 침범당하고 있고, 원하지 않는 침범의 어떤 종류가 진행 중이라는 것을 알려준다. 이는 우리가 무언가 성취하는 것을 가로막는 어떤 것(= 목표나 주체성의 침해)을 포함할 수 있고, 부당함(= 공정함이나 중요한 가치의 침해)도 포함하며, 우리 자신이나 우리가 좋아하는 다른 사람들이 부당하게 대우당하고 있다는 것을 우리에게 알려준다. 화가 날 때, 사람들은 종종 강하고 더 힘차다고 느끼고, 그리고 자기를 주장하거나 심지어는 독립하고 싶은 충동을 느낀다. 분노를 보여주는 것을 통해 사람들은 경계 보호의 욕구를 채우거나 방해물을 극복하기 위해 자기 자신에게 힘을 준다. 분노는 고착(stuckness)이나 절망감에서 벗어나도록 우리를 움직일 수 있다.

공포/불안은 위험이 있을 때 안전감을 추구한다 공포/불안은 위험 신호이다. 즉, 공포/불안은 누군가 혹은 무엇인가가 우리나 우리가 사랑하는 어떤 사람을 위협하고 있다는 것을 우리에게 알려준다. 이는 위험한 사람, 동물, 상황이나 질병이 될 수 있다. 만약 위험이 지금 당장에 있는 것이면 이것을 공포라고 부르고, 만약 위험이 미래에나 가능성이 있는 것이면 이를 불안이라고 부른다. 우리는 종종 이 정서를 짧은 한숨과 쿵쾅거리는 심장, 답답한 가슴과 함께 느끼며, 때때로 얼어붙기도 한다. 특히 '공포'는 우리가 위협으로부터 도망치거나 주의를 끌지 못하도록 얼어붙거나 다른 사람들로부터 보호책을 찾도록 우리에게 동기를 부여하는데, 이와 달리 '불안'은 위험이나 재앙을 스스로 피하거나 준비하기 위한 사전주의를 갖도록 우리에게 동기를 부여한다. 공포/불안은 우리에게 안전감의 욕구를 충족할 수 있도록 한다. 이 정서는 주 양육자에게 애착된 정서와 강하게 연결되어 있고, 그 연대감이 위협받을 때(= 분리 불안) 활성화된다.

수치심은 우리가 사회적 기준을 침범했을 때 우리의 지위/연대감을 보호하려고 한다 인간은 사회적 동물이며, 그래서 우리는 수치심을 포함한 사회적 정서를 발달시켜 왔다. 수치심은 사회적 지위가 손상됨을 알려주는 신호이다. 즉, 수치심은 우리가 부적절하게 행동해 왔거나 어떤 방식으로든 사회적으로 결함이 있다는 걸 알려준다. 표현될 때, 이것은 우리가 기준 침범을 알아차렸다는 것을 다른 사람들에게 말해 준다(그렇게 하는 걸 알지 못한 채로 기준을 침범하는 것은—'수치심을 느끼지 못함'—가벼운 기준 침범보다 더 나쁜 침범이다). 수치심의 경험은 가족, 친구들 또는 일반적인 사회 구성원같이 우리에게 중요한 다른 사람들의 눈에 가치 없거나 좋은 사람이 아니라는 느낌이다. 또한 수치심은 다른 사람들에 의해 모욕당하거나 우리에게 무언가 정말로 잘못됐다는 느낌에 대한 반응이 될 수도 있다. 우리는 전형적으로 수치심을 숨기거나 보이고 싶지 않은 충동으로 느낀다. 그러나 이는 또한 우리가 부적절성이나 결함을 수정하거나 복구하고, 우리의 손상된 사회적 지위와 다른 사람들과의 관계를 개선하기 위해 노력하도록 동기를 부여한다. '표현된 수치심'은 이런 복구 과정의 부분이다. 다른 사람들에게 수치심을 보여 줌으로써 우리는 더 잘하고 싶은 소망과 능력을 전한다. 이에 기초하여 우리는 그 집단에 다시 초대되어 우리가 거기에 속해 있다는 것을 다시금 느낄 수 있도록 요청하고 있는 것이다. 근본적인 욕구는 받아들여지고 인정받는 것이며, 최소한 거부되고 부정적으로 평가되지 않는 것이다.

죄책감은 상처를 주었거나 속상하게 한 소중한 사람의 피해를 복구하려고 한다 이와 관련된 사회적 정서는 죄책감이다. 죄책감은 중요한 다른 사람에게 어떤 방식으로든 피해를 주었다는 것을 우리에게 알려주는 관계적 상처의 신호이다. 보통 그 대상은 부모나 배우자, 자녀나 우리 자신과 같이 가까운 사람이지만, 동료나 내담자, 또 우리가 모르는 사람들(난민이나 우리 자손들 같이)과 심지어 신이나 국가나 자연같이 추상적인 독립체들도 포함할 수 있다. 죄책감에 대한 즉각적인 필요는 사과하고 보상하려고 노력함으로써 우리가 입힌 피해를 복구하는 것이다. 근본적인 욕구는 우리 자신이 좋은 사람이라는 이미지를 회복하는 것이다.

혐오는 우리에게 나쁜 것을 거부한다 혐오는 유해한 자극 신호이다. 즉, 혐오는 우리에게서 밀어내고 우리 몸으로 들어오게 하면 안 되는 유해하거나 나쁜 무언가가 있다는 것을 알려준다. 유해한 냄새나 물체에 노출되면 머리를 냄새로부터 멀리하고 알아챌 수 있는 혐오의 표정을 나타내며 자동적으로 반응한다(Ekman & Friesen, 1969). 유해한 입력 요소는 더럽거나 이해하기 어려운 물체가 될 수도 있고, 모욕적이거나 폭력적인, 또 해로운 사람도 포함될 수 있다. 욕구는 혐오스러운 물체나 경험을 거부하고 피하거나 쫓아내는 것이다.

정서적 고통은 추가적인 상처를 예방하기 위해 철수한다 우리는 가장 기본적인 것으로 고통스러운 감정 목록을 완성한다. 정서적 고통은 명확하지 않은 심리적 손상의 신호이다. 즉, 그것은 우리 안에 무언가가 손상되었고, 우리가 내적으로 부서졌으며, 관심을 필요로 한다고 알려준다. 이는 매우 미분화된 정서이다. 이것은 명확한 초점이 없는 강한 고통이다. 즉, 우리가 아는 유일한 것은 우리 안에서 무언가 망가진 느낌이다(Bolger, 1999). 정서적 고통은 신체적 고통 느낌뿐만 아니라, 분명하지 않은 신체적 상처나 질병도 있다. 배가 아프거나 심장이 부서진 것처럼 느껴질 수 있고, 때때로 절대 잘 낫지 않는 오래된 상처 같은 통증의 종류가 몸에 남겨진다. 여기에서 욕구는 세계로부터 철수하기 위해서 자기 안으로 물러나는 것이다. 이는 의심의 여지없이 고대의 진화적 반응이다. 우리는 자원을 보존할 수 있는 안전한 어딘가에 숨기 위해 기어가는 고양이나 다른 상처 입은 동물처럼 느낀다. 즉, 그저 몸을 낮추고, 치유되든지 죽든지 그동안 안전하게 있기만 하면 된다. 정서적 고통은 다른 정서, 특히 슬픔과 수치스러움에 영향을 미치고, 철수하거나 물러나려는 행위 경향성을 강화하지만, 정서적 고통은 독특한 정서의 질을 가지며 종종 내담자가 상담에서 우리에게 처음 보여 주는 것이다.

지금까지 고통스러운 정서에 대해 이야기했다. 우리는 그것들을 '부정적인 정서'라고 부르지 않는데, 왜냐하면 EFC에서는 그것을 부정적인 시각보다 긍정적인 시각으로 보기 때문이다. 그것은 생존을 위해 가치 있고 심지어 필수적이며, 그것이 우리에게 주목이 필요한 무언가가 잘못되었다는 걸 알려주기 때문이다. 이는 내담자들이 상담에 가져오는 정서들이다. 그러나 특히 상담이 진행되면서는, 다른, 더 즐거운 정서들이 나타나며 내담자들에게 가치 있는 자원을 제공하기 시작한다.

흥미/호기심은 새롭거나 흔하지 않은 것을 탐색한다 흥미/호기심은 새로움의 신호이다. 즉, 흥미/호기심은 새롭고 기대하지 않았거나 흔하지 않으며 가능한 자원으로써 우리가 탐색하도록 동기를 부여하는 무언가가 우리 앞에 있다는 것을 알려준다. 결국에 우리는 종종 주변 가장자리에 있는 미지의 환경에서 발견된 수렵-채집인들의 후손이며, 그들은 지속적으로 음식이나 다른 자원들을 찾아야 했다. 흥미/호기심은 우리의 관심을 넓히는 개방과 관련이 있다. 거기에는 새로움에 접근하고 탐색하려는 충동이 있다. 이것은 새로운 어떤 것을 발견하고 무언가를 알기 위해 배우고, 취미나 과업에 몰두하고, 또는 다른 사람에게 접근하는 것일 수 있다. 우리는 이 정서를 일종의 기대감이나 흥분 또는 집중으로 경험하며, 이는 우리가 다음과 같이 접근하도록 한다. 즉, 저기에 무엇이 있을까? 저건 무엇일까? 저건 누구일까? 내가 저것으로 무엇을 할 수 있을까? 욕구는 탐색하고 몰두하여 무언가를 만들기 위한 음식이나 재료뿐만 아니라 배우자나 지식, 자아실현 같은 자원을 얻는 것이다.

기쁨/행복은 욕구의 충족을 만끽하고 공유한다 기쁨/행복은 욕구 만족의 신호이다. 즉, 기쁨/행복은 좋은 무언가가 일어났거나 중요한 어떤 것을 성취했다는 걸 우리에게 알려준다. 예를 들어, 우리를 인정하고 우리가 잘되길 바라는 좋은 친구들과 함께하는 것이나 마침내 삶의 힘든 기간을 이겨내는 것, 위협 후에 안정감을 다시 느끼는 것, 아끼는 누군가가 잘하고 있는 걸 보는 것 등이 있다. 이는 안녕감과 함께 오는 것일 수 있다. 즉, 우리는 거기에 있는지조차 몰랐던 긴장이 풀리는 것을 느끼거나 갑자기 웃거나 웃고 싶은 충동을 느낄 수 있다. 우리는 이것을 다른 사람들에게 표현하여 우리가 기분이 좋고 그들과 함께 하는 것을 즐기고 있음을 알릴 수 있다. 이와 같이, 기쁨/행복은 또한 친밀감과 소속감을 촉진하며, 음미하고 공유될 필요가 있다.

연민은 약한 사람들을 돌본다 연민은 돌봄의 신호이다. 즉, 연민은 다른 취약한 사람이 고통받고 있고 그들을 돌봐야 한다는 걸 우리에게 알려준다. 인간은 스스로 돌보기에는 너무나 취약한 유아를 낳으며, 다른 포유류나 동물들에 비해 너무 연약해서 확장된 돌봄을 필요로 한다(Portmann, 1897/1990). 이에 대응하기 위해 새로 태어난 아기같이 작고 연약한 창조물을 위한 매우 높은 연민을 발전시켰다(Goetz, Keltner, & Simon-Thomas, 2010). 더욱이 이 연민은 다른 연약함의 범위까지 확장하고, 슬픔과 두려움 같은 정서적 연약함을 포함한다. 특히 취약함을 느낄 때 우리는 종종 스스로에게 연민을 제공한다. 연민 안에 있는 욕구는 돌봄이나 위로, 달램, 지지를 제공하는 데 있다.

정서의 복잡성 그러나 당신이 치료적으로 중요한 정서 목록을 읽고, 정서들이 모두 비교적 간단하다는 것을 깨달았을지도 모른다. 즉, 상황 → 정서 → 욕구/적응적 반응이다. 이는 모두 간단한 정서들이며, 비교적 간단한 구조의 기본적인 정서적 요소들이다. 대조적으로 더 어려운 정서들은 일반적으로 그것보다 더 얽히거나 섞이거나 쌓여서 훨씬 더 혼란스럽게 느껴진다. 정서적인 연속(sequence)과 층(layer)들에 대해 이 장의 다음 절과 다음 장에서 더 이야기하겠지만, 현재로서는 EFC에서 정서 이론에 대해 언급하고자 한다. 즉, 독특한 정서적 특징이 있는 많은 혼합물들이나 더 구체적인 정서의 변종이 있다는 데 주목할 것이다. EFC 상담자는 단순한 정서 이상을 이해할 수 있게 됨으로써 그들의 지식을 얻는다. 즉, 대부분의 경우 우리는 내담자가 이러한 더 복잡하거나 미묘한 감정에 접근하고 말을 할 수 있도록 도움을 주려고 노력한다.

정서 반응 유형

정서는 역사적으로 이성이나 사고와 대조되어 왔기 때문에, 학자들은 정서를 이성과 대조하는 목적으로 정서를 단일한 종류의 사안으로 취급해 왔다. 그러나 모든 정서는 똑같지 않다. 첫 번째로 비록 각각의 정서(예: 분노)는 특별한 형태와 기능을 가지더라도, 많은 변형을 가지고 있다. 앞서 말했던 것처럼, 분노 안의 행위 경향성은 사람들이 경계를 설정하기 위해 확장하고 앞으로 나아가게 한다. 그러나 분노 그 자체는 단일한 것이 아니라 매우 다양하다. 분노가 몇 분간만 지속될 수도 있고 며칠 동안(심지어는 몇 년) 들끓을 수 있으며, 뜨겁고 폭발적일 수도 있고 차갑고 거부적일 수도 있다. 모든 정서가 그렇다. 각각의 정서는 많은 변주를 갖는 주제이며, 이 변주들은 중요하다. 단순한 한 단어의 정서 이름만으로는 정서가 우리에게 상황에 대해서 말하려고 하는 것이나 무엇이 가장 유용한지에 대해 완전히 이해하는 것은 절대로 충분하지 않다.

적응적 일차 정서 반응 그러나 가장 중요한 차별점은 각 정서 반응 유형의 서로 다른 기능들에 있다. 예를 들어, 분노는 침범당한 것에 대해 힘을 실어주는 적응적인 반응일 수도 있고, 또는 고통을 느끼는 것에 대한 반응적인 비판 반응일 수도 있다. 정서 반응의 첫 번째 유형은 우리가 '적응적 일차(primary adaptive)'라 부르는 본능적인 반응이다. 여기서 '일차(primary)'는 첫 번째를 의미하며, 반드시 가장 중요하다는 것은 아니다. 또한 '적응적(adaptive)'은 유용함을 의미한다. 적응적 일차 정서 반응은 우리의 현재 상황에 대한 첫 번째 본능적인 반응이고, 우리가 적절한 행동을 취하도록 돕는다. 우리는 이전의 부분에서 이것들의 넓은 범위를 묘사했었다. 그것들은 현재 상황에 대응하도록 돕고, 그것을 생산하는 상황이 다루어졌거나 사라지면 희미해진다. 빠르게 도착하고 빠르게 떠난다. 모든 초기의 정서적 반응들은 일차 정서이지만, 우리가 곧 볼 것처럼 모든 일차 정서들이 적응적인 것은 아니다.

반응적 이차 정서 반응 우리가 말했던 것처럼 분노의 다른 종류는 근본적으로 수치심에 의해 유발되는 현재 상황을 비판하는 과잉 반응일 수도 있다. 비록 분노가 우리의 즉각적인 반응이 될 수도 있지만, 그것은 종종 근본적이고, 이전에 있었던, 그리고 때로는 암묵적인 정서에 대한 이차 반응으로 종종 나타난다. 우리는 많은 문화에서 남성들이 전형적으로 반응적 이차 분노를 표현한다는 것을 우리의 관습 속에서 봤다. 그들은 실제로 수치심이나 두려움을 느꼈을 수 있지만, 두려워하는 것은 남자답지 못하다고 믿기 때문에 화내는 것으로 대신 반응할 수 있다. 이런 방식으로 정서가 정서를 덮었을 때, 우리는 이것을 '반응적 이차 정서 반응(secondary reactive emotion responses)'이라고 (줄여서 이차 정서) 부른다. 이차 정서는 일차 정서에 대한 반응이거나 일차 정서에 대한 느낌, 즉 느낌에 대한 느낌이다. 그래서 아픔을 느끼는 것에 대한 반응으로 화가 나거나, 또는 누군가에게 화가 났기 때문에 죄책감을 느낄 수도 있다. 우리의 이차 정서는 고통스러운 일차 정서를 느끼는 것으로부터 우리를 보호하는 기능을 한다. 만약 어떤 것이 우리를 슬프게 만들어서 화가 났다면, 우리는 다른 사람을 밀어냄으로써 슬픔에 대해 질문 받는 것을 피할 수 있다. 그러나 안전감에 대한 욕구는 여전히 거기에 있다. 따라서 이차 정서에 대한 중요한 부분은 이차 정서가 보호적이지만 우리가 필요한 것을 얻지 못하게 한다는 점이다. 만약 슬픔을 느끼지만 분노를 대신 보여 준다면, 우리는 위로와 지지를 얻지 못할 것이다. 만약 분노를 느끼지만 슬픔을 보여 준다면, 사람들은 우리의 경계를 계속해서 침범할 수도 있다.

도구적 정서 반응 동정심을 얻기 위해 우는 것과 같이, 자신이 원하는 결과를 얻기 위해 의도적으로 혹은 의도하지 않고 정서를 표현한다. 이는 우리가 실제로 그것을 느꼈는지 여부와 별개로, 종종 다른 사람들이 우리에게 집중하거나 우리를 인정하도록 하기 위해, 이들에게 영향을 미치려는 의도와 함께 표현된 정서이다. 흔한 예시로는 '악어의 눈물'(도구적 슬픔)과 '울부짖는 늑대'(도구적 두려움), 위협 과시(도구적 분노), 그리고 그렇게 느끼지 않는데도 가짜의 무조건적 긍정적 존중(도구적 동정심)이 있다. 이것들은 때때로 다른 사람에게 영향을 미치거나 조작하기 위해 사용하는 학습된 표현적인 행동이나 경험이다. 이 의도는 의식적이거나 무의식적일 수 있다. 그래서 David가 배우자의 분노를 피하기 위해 의도적으로 울었을 수 있고, 또는 Leo가 자신과 친밀해지려고 애쓰는 Penny를 겁주기 위해 그가 이렇게 하고 있다는 걸 인식하지 못한 채 자동적으로 투덜거릴 수도 있다. 이는 그의 어린 시절에서 학습된 패턴으로부터 나온 것일 수도 있고 그렇지 않을 수도 있다.

부적응적 일차 정서 반응 이것은 불안정함이나 위험에 대한 습관적 두려움이나 무능에 대한 습관적 수치심, 고독한 유기의 습관적 슬픔을 포함하며, 또한 사람의 우선적이고 자동적인 상황에 대한 반응이다. 현존하는 이런 반응들은 이전의 외상경험들이나 주 양육자가 정서조절을 돕지 못한 실패들, 유기나 무시, 유기 경험들에 기초하여 과거부터 과도하게 학습된 반응들이다. 이 정서적 반응들은 원래 상황에서는 적응적이었을 수 있지만, 현재에는 더 이상 도움이 되지 못한다. 예를 들면, 내담자들은 부모의 거부나 학대로 인해 상처받은 과거 때문에 사랑하는 배우자가 가까이 다가왔을 때 두려움을 느낄 수 있다. 따라서 이 정서적 반응들은 현존하는 상황에 대한 반응보다 과거의 미해결된 문제에 대한 반영이며, 개인이 현재에 적응적인 행동을 하도록 준비시켜 주지 않는다. 이 정서들은 여전히 우리의 가장 근본적인 '진짜' 느낌이지만, 더 이상 '건강한' 느낌이 아닌 핵심적인 정서적 상처들이다. 쇠약하게 하는 두려움과 기본적인 불안정함, 고독한 유기의 슬픔, 스며드는 수치심과 굴욕감, 파괴적인 격노, 해결되지 않은 큰 슬픔은 이 범주에 속한 정서의 가장 흔한 예시들 중 일부이다.

부적응적 정서는 우리가 잘 아는 오래된 친숙한 느낌들이다. 그것들은 우리에게 해로운 오래된 좋은 친구와 같다. 우리는 그것들로부터 많은 고통과 혼란을 겪으며, 이 정서들에 갇힌 것처럼 느낀다. 그 안으로 빠져들 때마다, 우리는 이전처럼 기분이 나빠진다. 그것들은 유발되었던 상황 후에도 오래 지속되며, 치료되지 않은 상처로 수년간 우리와 함께할 수 있다. 이 상처받은 상태가 나타날 때, 그것들은 그 자체가 생각을 가진 것처럼 보인다. 그것들이 불러일으켜질 때, 우리는 설명이 어렵고 무력한 방식으로 그 안에 빠져든다. 이는 오래된, 결핍의 친숙한 느낌, 불안한 고립감, 무가치한 느낌, 부족함, 또는 설명할 수 없는 분노와 비판의 느낌일 수 있다. 이들은 우리를 포로로 잡고, 우리가 매우 필사적으로 도망치길 원하는 좋지 않은 정서들이다. 그런 정서들은 대개 혼란스럽다. 그것들은 명백한 방향 감각을 제시하지 않는다. 전형적으로 그것들은 상황보다 우리에 대해 더 많이 보여 준다.

이 정서의 유형에 대한 예시는 3회기에서 Jonah가 자신의 어려움에 대해 상사와 이야기하고 있을 때 "제가 상사의 사무실에 들어서자마자 배 안에서 가라앉는 듯한 느낌이 들었어요."라고 말하는 데서 나타난다. 엄마의 비판에 대한 두려움에 관련된 기억에 기반한 정서도식은 상사의 못마땅함에 대한 그의 과거 경험과 결합하여 평가를 유도하고, 결정을 편향시키며, 그의 신체적 각성과 도망치길 원하는 행위 경향성을 생성한다. 이 정서 체계들은 어렸을 때는 적응적이었던 반면에, 지금은 그에게 부적응적이다. Jonah의 배에 가라앉는 느낌을 생성한 공포에 기반한 도식과 같이 정서도식이 문제가 될 때, 그것들은 치료적 작업의 중요한 목표가 된다(Greenberg & Paivio, 1997).

부적응적인 정서들은 두려움이나 공포같이 기본적인 것들, 또는 Jonah의 아직 표현되지 못한 가라앉는 느낌이나 공허한 고립감이나 외로운 소외의 느낌 같이 그가 가지고 있을 수도 있는 다른 정서들처럼 더 복잡한 것들이 될 수 있다. 일반적인 상담 집단에서 발견한 가장 흔하고 중요한 부적응적인 기본 정서들은 공포/불안과 슬픔, 수치심이다. 여기 부적응적인 공포/불안의 다른 두 개 유형을 주목하는 것이 도움이 된다. 위험에 대한 공포에서 비롯되어 위험으로부터 도망치게 만드는 외상성 두려움과 두려움의 근원을 향해 달려가게 만드는 버림받음에 대한 두려움(애착불안)이 그것이다. 각각은 핵심적인 상처가 될 수 있다. 특정 정서는 외상적 학습(traumatic learning)을 통해 부적응적인 경향이 있는데, 전투에서 총소리에 대한 공포가 적절한 것같이 적응적인 정서가 우리의 정신에 깊게 새겨져 더 이상 위험하지 않은 상황으로 일반화되어 위험이 현존하지 않는 상황에서도 위험에 대한 경보를 울리게 되는 것이다. 예를 들어, 우리는 자동차가 역주행할 때마다 몸을 숨기고 끔찍한 전쟁 장면을 떠올릴 수 있다. 이 경우, 과거의 정서들이 현재에 분명히 침입하고 있는 것이다. 종종 이러한 정서는 더 미묘하게 신뢰 부족이나 부적절한 느낌으로 이어지기도 한다. 그것이 무엇이든 친밀한 관계를 방해하고 우리의 자존감을 파괴한다.

따라서 상담자는 내담자가 특정 상황과 일반적인 상황에서 어떤 종류의 정서 반응이 작동하고 있는지 파악할 수 있도록 작업하는 방법을 배워야 한다. 이러한 종류의 공유된 정서 평가를 다음 장에서 설명할 것이며, 이는 EFC에서 협력적 사례개념화(case formulation)[2)]의 기초가 되며, 이는 다시 내담자와 상담자가 작업해야 할 내용으로 이끌어 준다.

추가 탐구

… 읽을거리

Elliott, R., Watson, J. C., Goldman, R. N., & Greenberg, L. S. (2013). 정서중심치료의 이해: 변화를 위한 과정-경험적 접근[*Learning emotion-focused therapy: The process-experiential approach to change*]. (신성만, 정명희, 황혜리, 김혜정, 김현정, 이은경 역). 서울: 학지사(원전은 2004에 출판). [2장 참조]

Greenberg, L. S. (2019). Theory of functioning in emotion-focused therapy. In L. S. Greenberg & R. N. Goldman (Eds.), *Clinical handbook of emotion-focused therapy* (pp. 37-59). Washington, DC: American Psychological Association.

Greenberg, L. S., Rice, L. N., & Elliott, R. (1993). *Facilitating emotional change: The moment-by-moment process*. New York: Guilford Press.

… 볼거리

Elliott, R. (2016). Emotional Deepening Process. The Counselling Channel. Online video available at: www.youtube.com/watch?v=kNRg2DFtgOw

Greenberg, L. S. (2016). *Leslie Greenberg on Emotion-Focused Therapy: From Certainty through Chaos to Complexity*. Psychotherapy Expert Talks. Online video available at: www.youtube.com/watch?v=rYvcLJcpghY&list=PLvSprSnWnWIf2di3o7DMZaNwTdhXprEqk&index=2&t=91s

Norwegian Institute of Emotion Focused Therapy (2015). *Alfred and Shadow: A Short Story about Emotions*.

2) 역자 주: 정서중심상담(EFC)/정서중심치료(EFT)에서 '사례개념화(case conceptualization)'라는 용어보다 주로 '사례공식화(case formulation)'라는 용어를 더 많이 쓰기는 하나, 두 용어 모두 동일한 의미로 쓰이기에 본 역서에서는 두 용어를 모두 '사례개념화'로 통일하여 번역함.

성찰하기

1. 감정에 갇혔을 때, 감정에서 벗어나지 못하고 계속해서 감정을 가지고 빙빙 돌았던 때를 생각할 수 있는가? 그것은 무엇이었는가?
2. 이제, 정서가 당신의 삶에서 앞으로 나가게 도왔던 때(다른 말로 하면, 정서가 당신이 갇히지 않게 도왔던 때)를 생각해 볼 수 있는가? 무엇이었는가?
3. 최근에 당신이 강하거나 강렬한 정서적 반응을 경험했던 때를 생각해 보라. 이제, 정서도식 모델을 이 경험의 다섯 가지 구성요소를 설명하기 위해 사용할 수 있는지 보라(도움이 필요하다면 pp. 47-53과 〈표 2-1〉을 참조).
4. 네 가지 주요 정서 반응 유형의 예시를 당신 경험에서 찾아보라. 각각에 대해 간략한 설명을 작성하라(pp. 64-68 참조).

정서의 심화와 변화 03

개요

정서 변화와 정서 심화 모델

변화 과정 진입

EFC에서의 정서 심화 모델

결론

추가 탐구

정서 변화와 정서 심화 모델

그렇다면 정서중심상담(Emotion-Focused Counselling: EFC) 상담자는 내담자들이 문제가 있는 정서를 유용한 정서로 전환하도록 돕기 위해서 앞 장에서 제시했던 정서 이론을 어떻게 활용하면서 시작할까? EFC의 목적은 문제와 관련된 정서들을 부드럽게 활성화하여 내담자 자신의 정서를 이해하고 변화시키도록 돕는 것이다. 이러한 변화 과정은 다양한 방식으로 생각할 수 있다.

- 정서를 또 다른 정서로 변화시키기(예를 들면, 연민은 슬픔을 변화시키고, 분노는 두려움을 변화시킨다; Greenberg, 2015)
- 새로운 정서 경험을 촉발하기 위해, 생각과 정서를 포함한 인간의 여러 모습 속에 나타나는 상호작용(변증법이라고 부르기도 함)을 다루기(Elliott & Greenberg, 1997; Greenberg et al., 1993).
- 피상적이고 비생산적인 정서에서 더 깊고 생산적인 정서로 이어지는 일련의 단계를 통해 정서를 심화시키기(아래 참조)

우리가 정서 변화를 어떻게 이해하는지와 상관없이(Greenberg, 2015, 출판 중), 우리는 항상 어딘가에서 시작해야 하며, 시작점이 필요하다.

변화 과정 진입

정서에 대해 말하는 것과 정서를 직접 경험하는 것 사이에는 중요한 차이가 있다는 것을 아는 것이 중요한 시작점이다. 17세기 프랑스 철학자 René Descartes는 '나는 생각한다. 그러므로 나는 존재한다.'라고 말했고, EFC에서는 '나는 느낀다. 그러므로 나는 존재한다.'라고 말한다. 중요한 개인적 경험에서, 감정을 먼저 느끼고, 그 뒤에 생각하고, 때로는 훨씬 이후에 생각하기도 한다. EFC에서는 감정이 상황과 반응하는 방식에 있어서 중요하고 유용한 정보를 제공하기 때문에 지성보다 더 현명하다고 본다.

EFC에서의 주요 시작점은 (1) 치료자가 내담자의 정서에 공감적으로 조율할 때, (2) 내담자의 주의를 신체 느낌에 포커싱하도록 할 때, (3) 심상과 사이코드라마를 활용해서 정서를 직접 인식하고 정서 자극을 실험할 때이다. 이 모든 것들은 정서에 초점을 맞추기 위해 사용된다. 그래서 EFC 상담자들은 내담자들이 아직 상징화하지 않은 정서 경험에 관심을 집중할 수 있도록 도와주는 구체적 방법들을 학습한다. 이를 통해 내담자가 자신의 감정을 언어로 표현할 수 있도록 도와주고 내담자 자신의 경험을 생생하게 해줌으로써 정서가 말하고자 하는 바를 이해할 수 있도록 한다. 일단 내담자가 자신의 정서에 도달하면 정서를 안내자로 활용하거나 또는 정서가 고통스럽거나 더 이상 좋은 안내자가 되지 않는 막힌 정서일지라도 새로운 정서적 경험으로 변화시킬 수 있다.

정서에 포커싱하려는 이런 구체적인 방법은 내담자를 고치거나 수정하도록 개입하는 것이 아니라 내담자와 관계를 맺는 다양한 방법을 포함하고 있다. 경험을 심화하는 방법은 내담자가 자신의 정서와 정서에 내재한 유기체적 지혜에 접근할 수 있도록 돕고, 정서가 더 이상 좋은 안내자가 되지 못할 때 이를 변화시킬 수 있도록 촉진적 관계를 맺는 것이다. 자신의 경험에서는 내담자가 전문가이기 때문에 상담자는 내담자 스스로 정서에 다다를 수 있도록 도와주려고 한다. Rogers가 "어디가 아픈지 아는 사람은 내담자뿐이다."(1961: 11)라고 말한 것과 같이, 내담자는 무엇이 고통스럽고 무엇을 허용할 수 없는지 알고 있다. 그러므로 내담자에게 정서에 접근하고 받아들이도록 하면 자신에게 필요한 것이 무엇인지, 회복하기 위해 어떤 방향으로 나아가야 하는지를 파악하는 데 도움이 될 수 있다는 것을 발견했다. 내담자는 경험에 대한 전문가이며, 지성만 활용할 때보다 훨씬 현명하다. 또한 상담자는 정서에 접근하고 처리하는 과정을 촉진하는 전문가라 할 수 있다.

더욱이 EFC에서는 도움이 되지 않는다고 느껴지는 정서, 즉 어렵고, 고통스러우며, 막힌 정서에 대해서도 이 원리를 적용한다. EFC는 정서를 받아들이는 것뿐만 아니라, 정서에 도달하기 전에는 어떠한 장소(또는 정서)도 떠날 수 없다는 원칙으로, 내담자가 그 정서를 받아들이고 정서가 제공하는 정보에 귀를 기울이도록 한다. 그러나 일단 그러한 정서에 도달한 다음에는, 특정 형태의 막힌 두려움, 슬픔, 수치심처럼 고통스럽거나 더 이상 유용하지 않은 정서들은 새로운 정서에 접근하도록 해서 변화시킬 필요가 있다.

이성에 호소하고, 인지적이고, 심리교육적인 방법은 이성이 침투할 수 없는 곳에서는 잘 기능하지 않기 때문에 정서적인 변화 과정이 필요하다. 공포와 같이 편도체에 기반한 정서 영역을 변화시키기 위해서는 오래 막힌 정서를 자각하고 변화시키는 것이 둘 다 필요하다. 자각은 정서에 주의를 기울이고, 그것을 고조시키고, 언어로 상징화하고, 그것을 촉발하는 일들을 인식함으로써 활성화된다. 변화는 정서적 심화 과정을 통해 문제가 있는 부적응 정서를 활성화하고, 새로운 정서를 경험하고, 대립적인 행동을 만들어 냄으로써 이루어진다. 이를 통해 내담자들은 새로운 내러티브의 의미를 만들어 내고 그것을 공고하게 변화시킨다.

EFC에서의 정서 심화 모델

EFC에서 정서 심화와 변화 과정에 대한 일반 모델이 등장한 지 20년이 되었다(예: Greenberg, 2015; Pascual-Leone & Greenberg, 2007; Timulak, 2015). 이 모델은 우리가 이번 장과 이전 장에서 말해 왔던 것의 상당 부분을 통합하였고, 〈표 3-1〉에 요약되어 있다.

여기에 소개된 이 모델의 최신 버전은 사전 심화 작업, 주요 심화 및 사후 심화 작업의 세 단계로 구성되어 있다.

A. 사전 심화 작업 정서 심화 작업을 위해서는 상담 관계와 내담자 모두 안전해야 한다. 도구적 정서 반응을 다루고 압도되어 있는 조절 장애를 다루는 두 가지 유형의 사전 심화 작업을 구분하는 것이 유용하다.

A-1. 도구적 우선, 내담자는 상담자가 자신을 어떻게 생각할지 너무 걱정한다거나, 또는 상담자의 욕구를 충족시키기 위해서 무언가를 해야 한다고 느끼면, 자신의 정서에 접근하기 어렵다. 이런 상황에서 내담자들은 상담이 필요하다는 인상을 심어주거나, 상담자가 자신을 안쓰럽게 여기거나 좋은 사람으로 보이게 하려고 정서를 도구적으로 사용하는 데 집중한다. 때때로, 상담자에게 겁을 주거나 죄책감을 느끼게 할 수도 있다. 이와 같은 과정으로 인해 상담에 상당히 방해되거나 짜증 나고 죄책감을 느낄 때, 상담자는 다른 일보다 먼저 이 문제에 주의를 기울일 필요가 있다. 보통은 내담자와 상담이 어떻게 진행되는지, 특별히 이 과정은 내담자가 기대하는 것이 무엇인지, 그리고 상담에 방해될 수 있는 것에 대하여 내담자와 대화함으로써 이루어진다(EFC에서, 이것은 '관계적 대화[relational dialogue]'라고 부르는 과업이다; 5장 〈표

표 3-1 정서 변화: EFC에서의 정서 심화 모델

정서 과정/ 단계	상담자가 일반적으로 하는 작업
A. 사전 심화 작업	(주요 심화 작업으로 넘어가기 전에 문제 해결하기)
A-1. 도구적('가짜' 정서)	상담 작업에 문제가 발생하면, '가짜' 정서 이면에 숨어 있는 대인관계적 의도를 파악하기 위해서 문제 탐색하기
A-2. 압도된-조절 불가능한	조절하도록 돕기: 공감적 이해와 공감적 확인을 제공, 짧거나 긴 형태의 정서조절 작업을 활용하기
B. 주요 심화 과정	(대부분의 상담이 여기에 포함됨)
B-1. 중단된-멈춘-제한된	자기방해 과정과 정서를 제한하는 다른 방식들(외재화, 신체 증상에 집착하기, 머릿속으로 빠져들기, 충동적 행동화로 뛰어들기)을 탐색하고 해결하도록 돕기
B-2. 미분화된/불분명한 정서 ['나쁜']	내담자가 구별할 수 있도록 수용하고, 탐색하고, 돕기
B-3. 정서 증상 제시: 반응적 이차	공감해 주고, 이전/이면에 오는 암묵적 일차 정서를 찾기 위해 탐색하도록 돕기
B-4. 오래된 막힌 나쁜 감정 부적응적 일차 1	공감해 주고, (가장 상처받는) 핵심 고통을 알아내기 위해 탐색하고 심화하도록 돕기
B-5. 핵심 고통: 부적응적 일차 2 → 충족되지 못한 욕구	핵심 고통과 그것에 필요한 것이 무엇인지 타당화하고 공감적으로 확인하도록 돕기
B-6. 적응적 일차: 슬픔, 주장적 화, 자기연민을 연결하기	새롭게 떠오르는 유용한 정서와 그 정서에 담긴 유용한 정보에 머물고, 받아들이며, 감사하도록 돕기
C. 사후 심화 작업	(주로 작업 또는 상담 회기가 끝날 때 발생)
의미 관점 만들기	내담자가 한 걸음 물러나 수행해 온 정서 작업을 성찰하도록 돕기. 새로운 내러티브 의미를 만들고 머리와 마음 연결하기

5-1〉 참조).

A-2. 압도된-조절 불가능한 앞서 2장에서 논의한 바와 같이, 내담자와 사전 심화 작업을 해야 할 때에는 정서적으로 압도된 느낌으로 정서조절이 힘든 경우이다. EFC에서 정서 조절은 메타과업(meta-task)으로 다양한 상담 내 치료 작업을 아우르는 중요한 과업이다. 〈표 3-2〉에서는 EFC의 다양한 정서조절 작업의 예를 볼 수 있

으며 순차적인 과정을 안내하고 있다. 공황상태가 심하거나 심하게 압도된 내담자와 작업을 할 경우, 상담자는 여러 가지 다른 정서조절 전략을 혼합하여 제공할 수 있다.

표 3-2 EFC에서의 정서조절 작업 예시

지지와 공감:

- 상담자는 진정한 공감적 이해와 무조건적 긍정적 존중 제공하기
- 공감적 인정/지지적인 음성(부드럽게: "당신이 얼마나 힘들었을지 알 것 같아요.")

고통스러운 정서를 상징화하기:

- 내담자의 고통스러운 경험을 말이나 이미지로 표현하기(예: "몸 한가운데에 구멍이 뚫린 것 같고 바닥이 보이지 않네요.")

언어/이미지 담아내기:

- 반응에 대해 요약하기/개념화하기("그것들이 여기 있는 주요 문제네요.")
- '그것' 또는 '무엇'('당신을 아프게 하는 무엇')을 사용하여 반영하기

정서조절 작업의 간단한 방법:

- 내담자가 유용한 작업 거리를 확보할 수 있도록 돕기("지금 아들에 대한 고통을 꺼내서 당신에게서 멀어지게 하는 것을 상상해 볼 수 있나요?")
- 내담자가 안전한 공간을 상상할 수 있도록 돕기("당신이 안전하다고 느끼는 장소를 상상해 볼 수 있나요? 아마도 가장 좋아하는 장소일 것입니다. 이제, 안전한 공간에 와 있다는 느낌을 상상해 볼 수 있나요?")
- 그라운딩/마음챙김 작업("당신 안에 겁나는 무언가에게 인사해 볼까요?")

정서조절을 위한 치료적 과업(5장 〈표 5-1〉 참조):

- 공간 비우기(일종의 포커싱)
- 취약성에 대한 공감적 인정
- 의미 있는 저항을 위한 의미 생성
- 고통에 대한 자비로운 자기진정
- 해리, 공황 또는 정신병 상태에 대한 심리적 접촉

B. 주요 심화 과정 태양을 포함한 대부분의 항성들이 항성 진화의 공통된 경로를 따르는 것처럼, 대부분의 EFC에서는 내담자들의 정서 상태를 피상적이고 덜 생산적인 수준에서 더 깊고 유용한 수준까지 이동하도록 돕는다. 〈표 3-1〉의 중간 부분에서는 정서를 제한하는 단계에서부터 적응적 일차 단계에 이르는 6단계를 설명한다.

B-1. 중단된-멈춘-제한된 내담자는 종종 자신의 정서를 상당히 차단하거나 제한한 채 상담을 시작한다. 우울한 상태에 있는 내담자는 일반적으로 차단되어 있거나 꼼짝할 수 없다고 느낀다. 외상을 경험한 내담자는 공포와 같이 외상과 관련된 정서뿐만 아니라 모든 정서에서조차 단절되고 무감각해진다. 앞서 2장에서 언급했듯이 이러한 내담자들은 정서 조절의 어려움을 겪는다. 즉, 정서가 과도하게 조절되는 것이다. 이러한 과잉 조절은 습관적으로 자신의 정서에서 벗어나 외부 사건, 신체 불만, 주지화 또는 행동화에 집중하게 해서 전반적인 정서를 제한하는 패턴의 형태로 나타날 수 있다. 또는 자신이 뭔가를 느끼기 시작했다가 스스로 멈추는 일종의 내적 갈등인 '자기방해(self-interruption)'의 형태로 상담 회기에 나타날 수도 있다(더 많은 내적 갈등의 종류와 자기방해를 다루는 방법에 대한 자세한 내용은 6장 참조). 분명한 것은 내담자가 자기를 차단하거나 정서를 제한하고 있다면 상담 진행이 어려울 것이기 때문에 상담자는 더 진행하기 전에 이 과정에 먼저 주의를 기울여야 한다(복합외상과 정서적 상처가 있는 내담자와의 작업에서 자기방해를 다룬 유용하고 자세한 설명은 Greenberg & Woldarsky Meneses, 2019; Paivio & Pascual-Leone, 2010 참조).

B-2. 미분화된/불분명한 정서 내담자가 정서적 제약이나 자기방해 상태에서 상담을 시작하지 않더라도 미분화되거나 불분명한 정서로 상담을 시작하기도 한다. 내담자들에게 무엇을 느끼고 있는지를 물어보면, 그들은 '기분 나쁘다' '스트레스를 받는다' '짜증 난다'고 말한다. 이런 일이 일어날 때, 우리는 미분화된 경험을 받아들여서, 내담자가 그 감정을 탐색하고 설명하도록 돕는다. '기분 나쁘다… 그냥 내면에서 나쁘게 느껴진다… 좀 더 말해 줄 수 있나요? … 어떤 종류의 '기분 나쁜' 느낌인가요?' 또는 '무엇 때문에 기분이 나쁜가요?' 내담자가 '슬프다' '화난다'와 같은 간단한 한 단어의 정서를 표현할 때에도 마찬가지이다. 상담자는 내담자에게 어떤 종류의 슬픔이나 화를 느끼는지 구체적으로 설명해 달라고 요청한다. EFC는 한 단어로 표현된 정

서만으로 우리가 느끼는 것을 적절하게 설명하고 이해하는 것이 충분하지 않다고 생각한다.

B-3. 정서 증상 제시: 반응성 이차 일단 정서가 분화되면, 내담자가 처음에 느끼는 정서 증상(예: 우울, 걱정, 사회불안, 분노 폭발)이 더 구체적으로 나타나며, 이전 장에서 설명했듯이 이것이 반응적 이차 정서임이 종종 밝혀진다. 즉, 절망감은 공포(분노와 수치심도 마찬가지다)와 같은 또 다른 일차 정서에 대한 반응이다. 이차 정서라 하더라도, 그것은 여전히 내담자가 느끼는 감정이기 때문에 이러한 이차 정서에 공감하는 것이 중요하다. EFC에서는 '정서에서 벗어나기 전에 정서에 도달해야 한다.'라는 말이 있다. 내담자가 정서를 탐색하는 것을 도와주다 보면, 첫째, 상황과 정서가 불일치하는 것, 둘째, 현재 정서 증상의 이면 또는 이전에 또 다른 정서에 대한 힌트를 알게 된다. 이것은 또 다른 이차 정서일 수도 있고, 이러한 반응의 긴 사슬의 일부일 수도 있다. 그러나 대부분의 경우 숨어있는 정서는 상황에 대한 당사자의 직접적인 첫 반응이며, 일차적이다.

B-4. 오래된 막힌 나쁜 감정: 부적응적 일차 때때로 내담자들의 현재 어려움은 반복적인 학대 경험에 따른 만성적인 분노 또는 무시 또는 버림받은 경험으로 인한 우울증과 같은 익숙한 부적응적 일차 정서 반응이다. 그러나 내담자들과 함께하는 대부분의 시간 동안 우리는 그들의 이차적인 정서 증상을 먼저 탐색한 후에야 오래되고 익숙해진 막힌 정서에 도달한다. 예를 들면, 다음과 같다.

- 우울 이면의 부모에 대한 해결되지 않은 원망
- 타인을 두려워하게 하는 결함(=사회불안)에 대한 기저의 수치심. 두 사례에서 발견할 수 있는데, 하나는 어머니의 학대로 인한 Jonah의 사례이고, 다른 하나는 부모 모두에게 해를 끼치는 사람으로 취급받아 온 Bethany의 사례이다.
- 죄책감으로 인한 과도한 책임감은 재앙을 방지하기 위해 항상 걱정하게 만드는데, 이는 대개 불안정한 아동기 때문에 생긴 범불안 장애가 있는 내담자들에게서 흔히 나타난다(Timulak & McElvaney, 2017; Watson & Greenberg, 2017 참조).

내담자에게 부적응적 일차 정서를 이해할 수 있도록 돕는 것은 내담자에게는 중요한 진전이 될 수 있지만, 그렇다고 해서 일반적으로 기분이 나아지진 않는다. 사실, 그들이 느끼지 못하도록 지켜왔던 고통을 느끼기 때문에 기분이 더 나빠질 수 있고, 그들이 어떻게 그리고 왜 그렇게 꼼짝 못 하게 갇혔는지 알게 된다. 내담자가 이러한 오래된 막힌 나쁜 정서를 탐색할 수 있도록 공감하면서 돕는 것이 중요하지만, 그렇다고 해서 막혀 있는 정서에서 벗어나 앞으로 나아가기에 충분한 것은 아니다. 오히려 필요한 것은 부적응적 일차 정서가 여러 층으로 존재한다는 것을 깨닫는 것이다. 내담자가 부적응적 일차 정서를 변화시키도록 돕는 데 심화라는 필수적인 또 다른 단계가 있다. 치료자는 내담자가 막힌 정서에서 벗어나 앞으로 나아갈 수 있도록 '이 모든 것에서 무엇이 가장 아프십니까?' 또는 '아빠에 대해 생각할 때, 무엇이 가장 그립습니까?'(또는 무엇에 대해서 가장 원망스럽거나 죄책감을 느낍니까?)라는 질문을 함으로써 내담자가 정서 나침반(빈 의자 작업, 7장 참조)을 사용할 수 있도록 돕는다. 이러한 질문은 내담자를 핵심적인 상처로 데려가기 때문에, 내담자가 고통스러워하는 정서를 구별하고 강화하는 데 도움이 된다.

B-5. 핵심 고통: 부적응적 일차 2 　내담자가 핵심 고통에 온전히 도달할 수 있도록 돕는 것은 EFC의 중요한 전환점이며, 5~8장에서 살펴볼 수 있는 것처럼 다양한 치료 과업에서 발생한다. 이러한 상황이 발생할 때, 우리는 내담자의 핵심 고통과 관련된 깊은 취약성에 공감적으로 공명하는 것이 중요하다. 이는 내담자에게 진정한 연민을 느끼게 해 준다. 인위적인 연민은 충분하지 않을 것이다. 대부분의 내담자는 그것이 조작된 것이라는 것을 알 수 있다. 우리는 내담자의 고통을 진심으로 공감하고, 연민을 느끼고, 연민으로 전달함으로써 공감적으로 인정하고, 가장 깊은 수준에서 타당화해야 한다. 핵심 고통에 대해 질문함으로써 우리는 내담자가 보편적이고 실존적인 인간의 진실, 즉 취약성, 연약함, 외로움, 버려짐에 대한 두려움, 자기와 타자에 대한 가치의 불확실성에 관한 부적응적 일차 정서 반응의 고착을 극복하도록 돕는다. 우리는 그들의 삶에서 가장 중요한 것이 무엇인지 묻는다. 그런 다음, 내담자가 정말로 바닥을 쳤다는 것을 확신하고, 우리가 그들과 함께 있다는 것을 솔직하면서도 직접 알게 한 다음, 핵심 고통과 관련된 욕구에 대해서 '가장 아픈 이 정서가… 필요로

하는 것은 무엇입니까?'라고 질문할 수 있다.

B-6. 적응적 일차 핵심 고통이 무엇을 필요로 하는지에 대한 해답은 공감, 인정, 타당화, 연결, 보호, 연민과 같이 우리 모두에게 필요한 인간의 보편적인 욕구다. 우리는 그것을 필요로 할 뿐만 아니라, 심지어 그것이 없을 때조차 그것을 받을 자격이 있다. 그것은 우리의 인간적이고 진화론적으로 타고난 권리의 일부이다. 상담자의 연민과 타당화를 경험하는 것은 내담자가 그들의 핵심 고통이 필요로 하는 것을 실제 타당한 것으로 경험하게 도와주고, 이러한 타자와 자기의 타당화는 부적응적 일차 핵심 고통을 가장 일반적인 슬픔, 주장적 화, 또는 자기 연민과 같은 적응적 정서로 연결시켜 준다. 이런 일이 일어날 때, 상담자는 내담자가 새롭게 떠오르는 적응적 일차 정서와 그것이 담고 있는 유용한 정보에 머무르고 감사하도록 한다. 이 새로운 정서는 주장적 화가 수치심을 변화시키고, 내담자가 자부심이나 가치감을 느끼게 되는 것처럼 기존의 정서를 변화시킨다.

C. 사후 심화 작업: 의미 관점 만들기 앞서 말했듯이 정서 작업은 내담자가 강렬한 정서에서 한 발짝 물러나 성찰할 수 있을 때까지 완결되지 않는다. 내담자와 상담자가 협력하여 내담자의 진행 과정이 어떻게 작동하고 어디로 이끄는지, 새로운 내러티브나 이야기를 통해 의미 관점을 만드는 시점이 바로 이 지점부터 이루어진다. 나중에 설명하겠지만, 이 공식은 또한 상담의 다음 단계 또는 그 너머로 나아갈 길을 가리킨다.

결론

EFC의 심화 및 변화 과정은 복잡하기에, EFC 작동방식을 설명하는 데 도움이 되는 단계별 모델을 여기에 제시했다. 물론, 사람과 과정은 복잡하고 다면적이므로 이러한 시도는 인간 복잡성을 단순화하려는 시도일 것이다. 그러나 이것은 변화 과정의 단계 또는 단계를 파악하는 데 도움이 되는 안내이다. 다음 장을 읽으면서 이 내용을 구체화하고 이 모든 과정이 어떻게 작동하는지 이해하는 데 도움이 되길 바란다. 〈표 3-3〉에 제시된 주요 핵심 내용에는 내담자가 이해하기 쉬운 언어로 작성되어 있고, 우리가 가장 좋아하는 EFC 격언 몇 가지를 함께 제공하고 있다. 이러한 핵심 사항을 인쇄하여 내담자가 가져가도록 제공할 수도 있다.

표 3-3 내담자를 위한 정서중심상담에 대한 정보

정서가 중요한 이유와 우리가 정서에 갇히는 방식
• 정서가 중요한 세 가지 이유: 1. 우리에게 중요한 것이 무엇인지 알려준다. 2. 필요하거나 원하는 것을 알려준다. 이는 무엇을 해야 할지를 파악하는 데 도움이 된다. 3. 일관성과 전체성을 제공한다.
• 정서에 갇히는 네 가지 주요 방식: 1. 정서가 균형을 잃게 하라: 때때로 정서의 수준이 너무 높거나 너무 낮다. 2. 가장 유용한 정서를 숨기기 위해 다른 정서를 활용하라: 가장 중요하거나 도움이 되는 정서는 때때로 가장 명백한 정서 이면에 존재한다. 3. 정서의 중요한 측면을 무시하라: 때때로 우리는 정서의 중요한 부분을 놓치기 때문에 정서에 갇힌다. 4. 이전의 나쁜 경험에서 남은 정서에 사로잡혀라: 때때로 현재 상황에 대한 우리의 반응은 과거에 일어난 일들에 대한 것일 수 있다.
• EFC 격언 몇 가지: –정서에서 벗어나려면 정서에 도달해야 한다. –가장 많이 상처받는 일은 무엇이 가장 중요한지를 알려준다. –머리와 심장은 서로를 필요로 한다. –정서는 우리를 서로 연결해 준다. –모든 감정에는 욕구가 있고, 모든 욕구는 행동의 방향이 있다.

추가 탐구

… 읽을거리

Goldman, R., & Greenberg, L. S. (2018). **정서중심치료 사례개념화: 변화촉진 임상 청사진 함께 창조하기**[*Case formulation in emotion-focused therapy*]. (김현진, 에스더 박, 양명희, 소피아 박, 김은지 역). 서울: 학지사(원전은 2014에 출판).

Greenberg, L. S. (2023). **정서중심치료**[*Emotion focused therapy: Theory and practice* (2nd ed.)]. (한기백 역). 서울: 학지사(원전은 2016에 출판).

Greenberg, L. S., & Goldman R. (2019). Theory of practice. In L. S. Greenberg & R. N. Goldman (Eds.), *Clinical handbook of emotion-focused therapy* (pp. 61-90). Washington, DC: American Psychological Association.

Timulak, L. (2015). *Transforming emotional pain in psychotherapy: An emotion-focused approach*. Hove, East Sussex: Routledge.

… 볼거리

Elliott, R. (2016). *Understanding Emotion-Focused Therapy with Robert Elliott*. Counselling Channel Videos, Glastonbury, UK.

Greenberg, L. S. (2020). *Six Principles for Working with Emotions*. Counselling Channel, Glastonbury, UK.

Timulak, L. (2020). *Transforming Emotional Pain: An Illustration of Emotion-Focused Therapy*. Counselling Channel, Glastonbury, UK.

… 성찰하기

1. 어떤 정서를 느꼈다가 바뀌었던 때를 생각해 보라. 무슨 일이 일어났는가?
2. 토론을 위해서 질문한다. 내담자가 부적응적인 정서를 심화하고 변화시키는 방법에 대한 모델을 가지고 있다면, 그것이 상담자들에게 시사하는 바는 무엇인가? 내담자의 정서를 심화시키기 위해 상담자들이 얼마나 도와주어야 한다고 생각하는가?

3. 과거의 고통스러운 기억에 집중할 수 있는지 알아보라.
    - 당신이 기억하고 있는 대로 시간을 충분히 가지고, 몸에서 일어나는 일에 집중해 보라. 그 느낌이 떠오르면 그것에 이름을 붙여줄 수 있는지 살펴보라.
    - 어떤 감정이 가장 아픈지 자문해 보라. 무슨 일이 일어나는지 보라.
    - 이후에, 가장 아팠던 정서와 관련하여 그 상황에서 필요한 것이 무엇인지 물어보라.
    - 이러한 필요성에 비추어 지금 어떤 느낌이 드는지 살펴보라. 그것이 지금 느끼는 정서를 변화시키는 데 도움이 되는 새롭고 건강한 정서인가?

정서중심상담의 시작: 관계 형성 및 작업의 시작 04

개요

정서중심상담의 시작 단계

EFC에서 정서에 대한 공감적 조율 및 공감적 반응의 유형

치료적 현존 확립하기

내담자와 적극적으로 협력하기 및 공유 사례개념화 발달 시작하기

초기 내러티브 작업: 내담자가 자신의 이야기를 하도록 돕기

Jonah가 상담을 시작하다

추가 탐구

정서중심상담의 시작 단계

이 장에서 우리는 내담자와 상담자가 서로 알아가고 그들의 치료적 여정을 시작하는 정서중심상담(Emotion-Focused Counselling: EFC)의 시작 단계에 대해 다룬다. 3장에서 살펴보았듯이, 이 여정의 가장 중요한 특징은 내담자가 자신의 정서에 주의를 기울이기 시작하고 이를 말로 표현하여 정서를 심화할 수 있도록 돕는 것이다. 내담

자가 오래된 막힌 정서를 생산적이고 유용한 정서로 바꾸기 위해서는 삶에서 가장 아픈 것('핵심 고통')을 경험해야만 한다. 분명히 이 과정은 상담자가 내담자를 깊이 이해하고, 내담자가 상담자를 높은 수준으로 신뢰하는 데 달려 있다. 내담자가 가장 피하고 싶은 감정을 경험하도록 상담자는 어떤 식으로 도와서 이 어려운 작업을 시작하게 할 것인가? 이 딜레마에 대한 답은 1장에서 설명한 세 가지 핵심 관계 원리, 즉 상담자의 깊은 공감적 조율, 강한 치료적 현존, 내담자와의 적극적 협력에서 찾을 수 있

표 4-1 EFC에서의 동맹 형성 과업 단계

동맹 형성 과정	공통적인 어려움
(1. **표식(marker)**: 내담자가 치료를 시작함)	(내담자는 첫 회기 전에 조기 종결됨)
2. **시작하기**: 공감적 조율; 안전한 작업 환경 조성; 치료적 현존의 확립(수용과 개방성의 정서적 연결)	내담자는 오해받고, 판단받거나 안전하지 않다고 느낌; 치료자를 불성실하거나 신뢰할 수 없다고 간주함. 공감적 조율을 위험한 침범이라고 받아들임
3. **치료적 초점 찾기**: 내담자에게 있어 무엇이 중요하거나 중심적인지에 대한 감각을 기르기(치료자의 내적 감각, 기능에 대한 지식, 무엇이 중요한지에 대한 내담자의 감각, 내담자의 분명한 질문, 주의 초점, 과업 표식)	치료적 초점의 부재; 내담자는 초점을 찾고 유지하기가 어려움; 초점이 흐려지고 전반적으로 치료자에게 맡겨버림
4. **부분적 해결**: 목표 합의: 치료적 초점 또는 목표에 대한 합의 수립	내담자는 변화에 대해 양가적인 태도를 보이며 주요 치료적 초점과 관련된 목표를 향한 작업에 확고하게 참여하지 않음; 자신의 문제에 대한 원인을 치료자와 다르게 바라봄
5. **과업 합의**: 치료적 목표를 향해 어떻게 작업하는지에 대한 합의 수립(공감적 탐색에 참여하기 시작하고, 과업에 대한 내담자의 긴급한 우려 사항 해결)	내담자가 내면으로 주의를 기울이는 것을 어려워함. 문제를 다루기 위해 치료에 참여하는 목적과 가치에 대해 의문을 제기함; 치료자와는 다른 과업 및 과정에 대한 기대를 가짐
6. **완전한 해결**: 생산적인 작업 환경: 내담자가 치료자를 신뢰하고 생산적인 치료 작업에 적극적으로 참여함	

다. EFC의 초기 회기에서, 내담자와 상담자가 주로 하는 일은 앞으로의 어려운 작업을 견딜 수 있을 만큼 강하고, 안전하고, 생산적인 치료적 관계를 구축하는 것이다. 상담의 첫 과업은 관계, 즉 '동맹 형성'이다. 〈표 4-1〉은 이 동맹 형성 과업의 단계와 각 지점의 공통적인 어려움을 제시한다.

그리고 그 과정에서 내담자와 상담자는 내담자의 현재 드러나는 어려움을 파고 들어가는 과정(공감적 탐색)을 시작할 것이고, 당연히 내담자는 그들이 어떻게 이 지점에 도달하게 되었는지에 대한 이야기를 풀어 나가기를 원할 것(내러티브 재진술)이다. 〈표 4-2〉는 EFC 시작 단계에서의 주요 과업을 요약한 것이다.

표 4-2 EFC의 시작 단계에서의 주요 과업

과업 표식	치료 작업	주요 변화 지점
상담의 시작: 내담자가 문을 열고 들어옴	동맹 형성: 내담자를 치료 작업에 참여시키기	생산적인 작업 환경 조성: 내담자는 상담자를 신뢰하고 생산적인 치료 작업에 적극적으로 참여함
문제 관련 경험: 내담자는 강력하거나, 문제가 있거나, 불완전하거나, 너무 일반적이거나, 추상적이거나, 외적인 용어로만 표현되는 경험에 대해 개인적인 관심을 표현함	공감적 탐색: 내담자가 자신의 내적 경험에 주의를 기울이고 과거 사건들을 재경험하도록 돕기. 내담자가 자기 경험의 경계를 탐색하고 구체화하며, 정교화하도록 돕기	명료화: 내담자는 자신의 경험이 보다 명료해지는 것을 경험함; 보다 구체적인 과업을 위한 분명한 표식이 나타날 수 있음(예: 갈등 분열)
내러티브 압박감: 내담자는 힘겨운 사건(예: 외상, 현재 드러나는 어려움)에 대해 이야기해야 한다는 내적 압박감을 드러냄	내러티브 재진술: 내담자가 외부 사건의 구체적인 세부사항, 내적 경험 및 의미에 대한 재경험을 포함하여 힘겨운 사건에 대해 이야기하도록 돕기	중요한 지점: 내담자가 자신의 이야기에서 가장 힘겨운 순간을 말하고 재경험함

EFC에서 정서에 대한 공감적 조율 및 공감적 반응의 유형

EFC에서 공감이 왜 그렇게 중요한가 많은 이들이 EFC 과업은 자기에 대한 부정적인 대우('갈등 분열')를 위한 두 의자 작업과 해결되지 않은 관계 문제('미해결과제')를 위한 빈 의자 작업 등에 관한 것이라고 생각한다. 사실, 6장과 7장의 대부분을 이 과업들에 할애할 것이다. 하지만 EFC에서 모든 작업, 특히 의자 작업의 효과를 높이는 비밀 요소가 있는데, 그것은 바로 '내담자의 정서에 대한 깊은 공감적 조율'이다. 만약 EFC를 요령 부리는 것으로 취급하고 활동적인 과업에만 집중한다면 실패할 것이다. 자신의 머릿속으로 들어가면 공감을 잃게 되고, EFC 과업을 적용하는 것이 어색하고, 내담자와 조율되지 못하며, 그 어디에도 다다르지 못할 것이다. 만약, 운이 좋으면, 내담자가 치료 작업에 실제로 참여하지 않아, 당신은 비효율적이라고 느낄 것이다. 만약 당신과 내담자가 운이 좋지 않다면 고통스러운 정서에 대해 작업하거나 가구에다 대고 말하는 것에 대한 일종의 대인관계 알레르기가 생긴 채 치료를 그만둘 것이다. 내담자, 당신 자신, 그리고 심지어 그 알레르기를 다루는 데 막혀버린 채, 그들의 다음 상담자조차 실패하게 될 것이다.

이러한 이유로 공감적 조율은 EFC에서 큰 부분으로, 우리는 조금 다른 용어를 사용하기를 선호할 정도로 중요하다. 평범하고 단순한 공감이라는 용어 대신, 여기서는 '공감적 조율'이라는 용어를 사용할 것이고 풍부하고 복잡한 정서에 중점을 두어 설명하고자 한다. 공감적 조율은 1장에서 설명한 EFC 실천의 여섯 가지 원리 중 첫 번째이자 가장 중요한 것이다. 우리의 경험상, EFC를 배우려면 공감 능력이 크게 요구되며, 의자 작업을 촉진하는 기술보다 공감을 가로막는 장애물로 인해 어려움을 겪을 가능성이 더 높다. 우리는 다른 이론의 상담자들, 심지어는 인간중심 상담자들에게서도 이런 현상이 나타나는 경우를 종종 발견했다. EFC는 단순히 내담자의 주요 메시지나 요점(의미)을 이해하고 있다는 것을 전달하는 것이 아니라, 내담자의 정서 경험을 최대한 정확하게 파악하고 회기 내에서 순간순간 변화하는 정서 경험을 추적하여 매우 정밀하게 조율할 것을 요구한다. 또한 EFC는 공감적 조율을 생생하면서도 환기하는 방식으로 전달하고, (머리가 아닌) 몸을 활용하여 내담자의 경험, 특히 정서의 주변에서 무엇이 떠오르는지 추측하고, 겸손하고 진정성 있는 호기심으로 정서에 다가가며 확신이 있으면서 잠정적인 태도를 가질 것을 요청한다. 가장 중요한 것은 내담자가 취약한 부분이나 정서적 고통에 접근할 때, EFC에서는 내담자의 고통에 공감하고, 서로의 고통에 기대어 함께하고, 연민과 용기를 가지고 내담자에게 표현하도록 요청한다.

뇌 이론에 대해 좀 더 알아보자 현대의 사회신경과학(social neuroscience, Decety & Ickes, 2009)에 따르면 공감에는 세 가지 핵심 요소가 있으며, 이는 인간 뇌의 특정한 부위와도 관련이 있다. 첫째, 공감에는 상대방의 신체적 경험의 정서적 요소를 비추는 자동적이고 직관적인 '정서적 공명' 과정이 있다. 이 과정은 주로 목/가슴/위 부위에서 경험되며, 대부분 변연계라 불리는 인간 뇌의 오래된 부위에 기반을 두고 있다(Decety & Lamm, 2009). 변연계에서 무슨 일이 일어나고 있는지 알 수 있는 이유는 변연계가 우리의 몸통, 줄여서 '심장'이라고 부르는 기관과 소통하기 때문이다. 우리 대부분은 아마도 자라면서 그것을 무시하도록 배웠을지 모르지만, 우리는 이 능력을 가지고 태어났다. EFC에서 우리는 어떤 경우에는 그것을 다시 배워야 할지도 모르지만, 그것을 무시하는 대신에 우리 스스로가 타고난 능력에 접근할 수 있도록 해 주기만 하면 된다.

둘째, 공감에는 특히 뇌의 새로운 부위(전두엽 및 측두엽 피질; Shamay-Tsoory, 2009)에 위치하고 있는 좀 더 의도적인 '관점채택' 과정이 있다. 공감의 이러한 측면에는 내담자가 적극적으로 상상하는 것이 포함되며, 힘든 일이 될 수 있지만 좋은 점은 이 과정에서 머리뿐만 아니라 심장까지 활용할 수 있다는 것이다.

셋째, 공감에는 상대방의 고통을 느낄 때 자신의 고통을 달래기 위해 활용하는 '정서 조절' 과정이 있다. 이 과정을 통해 내담자의 정서적 고통에 대해 한 발짝 물러서서 이를 진정시킬 수 있으며, 이를 통해 연민을 찾아 내담자가 거기에 머물 수 있도록 돕는다(이는 뇌의 다른 새로운 부분, 특히 안와전두엽, 전두엽 및 두정엽 피질에 기반을 두고 있을 것이다; Decety & Lamm, 2009).

공감을 위한 신체 은유 연습 이 모든 뇌 이론의 요점은 공감을 뇌 과정으로 환원시키고자 함이 아니라, 인간으로서 우리는 EFC가 구축하고 심화시키려는 공감 능력을 가지고 진화되어 왔다는 것을 지적하는 것이다. 일반적으로, 내담자의 정서에 대

표 4-3 전적으로 공감하기 위해 다음을 수행하기

공감적 동작	상징적 몸짓
1. 나의 개인적 문제, 걱정, 집중을 방해하는 것과 내담자에 대한 선입견을 놓아버리기	주먹을 쥐어라. 손바닥을 위로 향하게 하라. 당신의 선입견을 버리고 상대방이 제공하는 것을 기다리는 일을 상상하면서 손과 팔을 벌리라(내담자가 도착하기 전에 몇 분간 혼자 시간을 내어 미해결 문제를 파악하고 한쪽으로 치워두는 상상을 하면 도움이 될 수 있다).
2. 현관문으로 들어가는 것처럼 내담자의 경험에 들어가기	손바닥을 아래로 향하게 하고 양손을 앞으로 수평이 되게 하라. 팔을 앞으로 움직이면서 약 15센티미터 정도 낮추라. 작은 집의 출입구 아래로 몸을 숙인다고 상상하면서 머리를 숙이라.
3. 인간 소리굽쇠가 되어 내 경험에서 내담자의 경험에 반응하는 것을 찾아내는 것처럼 내담자의 경험에 공명하기	양손을 앞으로 들어 손가락이 위로 향하고 서로 거의 평행이 되도록 하라. 소리와 함께 진동하거나 부드럽게 움직일지도 모른다고 상상해 보라.
4. 내담자의 즉각적인 경험에서 가장 가슴 아프고 핵심적이며 중요하다고 느끼는 것을 찾기	지갑, 바느질 도구 또는 동전통의 내용물을 탁자 위에 떨어뜨린 것처럼 여러 가지 조각들이 뒤섞여 있는 탁자 앞에 서 있다고 상상하라. 이제 아래를 향하고 펼쳐진 손가락을 가상의 탁자 위에서 움직이며 원하는 조각을 찾으라(찾으면 바로 알 수 있을 것이다).
5. 이 중요한 경험에 집중하고, 그에 대한 단어를 찾아 내담자에게 다시 전달함으로써 이 중요한 경험을 파악하고 표현하기	상상의 조각 위에 손을 얹고, 주먹으로 움켜쥐라. 그런 다음 주먹을 위로 향하게 하고 앞으로 움직여서 잡은 것을 상대방에게 주고, 마지막으로 주먹을 펴고 상대방에게 그것을 주는 것처럼 하라.
6. 그런 다음 1단계로 돌아가기: 다시 놓아버리기	다음에 다가올 일에 두 팔을 벌려보라.

한 공감적 조율을 심화시키려면 1장에서 논의한 용기를 키우고 자기와 타자의 정서에 조율하는 능력을 가로막는 모든 것을 개선하는 개인적 발달 노력이 필요하다. 뇌 이론은 정교하고 매우 과학적인 것처럼 들리겠지만, 공감 능력에 접근하고 발전시키기 위한 더 좋은 시작점은 〈표 4-3〉의 공식에서 찾을 수 있다고 생각한다. 기회가 있고 혼자 있을 때, EFC에서 공감이 어떤 느낌인지에 대한 신체적 은유인 공감 동작과 그에 수반되는 상징적 몸짓을 연습하는 데 몇 분을 할애하라.

EFC에서의 공감적 이해 반응 EFC에서 공감에 대한 논의를 시작하면서 여러 종류의 반응을 나열하는 것이 걱정되는 이유는, 공감이 실제로는 태도인데도 '공감하기'를 기술로만 생각하게 될까 봐 걱정되기 때문이다. 하지만 태도에 대해 머리(와 가슴)로 이해했다면, EFC에서 공감할 수 있는 다양한 방법 중 몇 가지를 설명해 주는 것이 안전할 것이다. 1장에서 '공감적 이해' 반응이라고 소개한, 사실상 다른 것이 아닌 공감에 대한 반응부터 일괄적으로 살펴볼 것이다. EFC에서는 여러 가지 다른 종류의 공감적 이해 반응을 구분한다. 먼저, '공감적 반영'을 할 때 내담자가 말하고자 하는 주요 내용, 즉 핵심 의미나 감정에 귀를 기울인다. 그것은 다른 누군가에 대한 것('제3자 반영')일 수도 있고, 내담자가 행동하거나 생각하는 것에 관한 것('내용 반영')일 수도 있지만, 이상적으로는 내담자가 어떤 상황에서 경험하거나 느끼는 것('공감적 반영')이다. 예를 들어, Bethany의 첫 회기가 시작된 지 15분 후에 다음과 같은 대화가 오갔다(공감적 이해 반응은 진하게 강조 표시).

〈4-1구간(시작 후 15분)〉

Bethany: 네, 어떤 일이 생기면 너무 불안해서 그 생각에 사로잡히게 되고 다른 생각은 할 수가 없어요.

Robert: **그래서 그것(당신의 사회불안)이 계속 올라오고 그것에 대한 생각에 몰두하게 되는가 보군요.** 그리고 어떤 생각들이 떠오르나요?

Bethany: 예를 들어, 사람들이 우리 집에 오면 집과 물건들에 대해 어떤 생각을 할까 하는 것처럼 말이에요. 사람들이 나에 대해 무엇을 기대할까요?

제가 어떻게 해야 할까요?

Robert: 으흠. 그건 마치 머릿속으로 시뮬레이션하는 것 같겠네요.

Bethany: 맞아요.

Robert: 그래서 정확히 무슨 일이 일어날지 궁금해하면서 가능한 한 생생하게 상상하려고 노력하는 것 같군요.

Bethany: 네, 저는 모든 시나리오를 상상하려고 노력해요. 하지만 그렇게 할 수는 없지요.

여기서 치료자는 전통적인 인간중심상담과 마찬가지로 내담자가 말하는 주요 내용을 가능한 한 정확하게 따라가려고 노력하고 있다.

치료자는 또한 '공감적 따라가기(empathic following)' 반응, 즉 내담자가 말하는 내용을 간략하게 인정하거나 부드럽게 단어 단위로 반복하는 반응을 사용한다. 예를 들어, 회기 후반부인 4-2 구간에서 Bethany는 그녀의 남편과의 관계를 이야기한다(공감적 따라가기 반응은 진하게 강조 표시).

〈4-2구간(시작 후 약 35분)〉

Bethany: 더 주고 싶지만 더 이상 줄 수 있는 게 없는 것처럼요.

Robert: 내 안에서 그것을 찾을 수 없군요. **맞아요**(무력하고 불안한 목소리로 어깨를 으쓱하면서).

Bethany: 네, 가끔은 남편도 속상해 하니까 저도 기분이 안 좋아요.

Robert: **남편은 속상하게 하고**, 소외되거나 (내담자(이하, 내): 네.) 배제된 느낌이 들게 하는군요.

Bethany: 네, 맞아요. 그는 (잠시 멈춤) 제가 그에게서 멀어진 것처럼 느끼는 것 같아요. (치료자(이하, 치): **네, 단절하고 거리를 둔다고 느끼는군요.**) 그리고 그는 원하지 않아요. (치: **으흠.**) 그래서 그게 저를 기분 나쁘게 만들어요.

이 짧은 반응에서 치료자는 내담자가 점점 더 개인적이고 고통스러운 주제로 다가가면서 그녀가 말하는 것을 따라가고 있다는 것을 그녀에게 알리기만 하면 된다.

내담자가 고통스러운 정서에 도달하면 치료자가 '공감적 인정(empathic affirmation)' 반응(진하게 표기)으로 내담자의 고통에 공감적으로 공명 해 주면서 표현하는 것은 매우 중요하다.

〈4-2구간, 계속〉

Robert: 당신은 그 사람이 상처받는다는 걸 알 수 있으니까, (내: 네.) 그리고 (부드럽게:) 당신이 그걸 보면 마음이 아프고, 고통을 주거나 그것에 대해 죄책감을 느낄 때도 있고 (내: 네.) 그래서 **당신은 보다 마음을 열 수 있기를 바라는군요.** (내: 맞아요.) 그리고 무슨 말인지 알겠어요. 물론 당신이 그를 실망시킨 것 같은 느낌을 받을 수도 있지만 (주저하면서:) 기분도 좋지 않겠지요?

Bethany: 네, 그런 느낌이 자주 들어요.

이 대화는 EFC 치료자들이 내담자들에게 자신의 정서, 특히 '핵심 고통'(이 경우에는 다른 사람들과의 상호작용에서 가장 상처를 주는 것)을 향해 다가갈 수 있도록 조심스럽고 부드러우면서도 끈질기게 돕는 방법을 보여 준다. 여기서 중요한 점은 고통이 닥쳤을 때 치료자가 고통에 기대어 연민으로 직면하고 내담자의 날것 그대로의 취약한 감정을 정서적으로 버텨주는 것이 필수라는 것이다.

EFC에서의 공감적 탐색 반응 당신은 아마도 이 두 구간이 단순한 공감적 이해 반응 이상의 것을 포함한다는 것을 알아차렸을 것이다. 다른 유형의 반응들도 이같이 나올 수 있다. 예를 들어, 4-1구간에서 치료자의 첫 반응의 두 번째 부분에서 "그리고 어떤 생각들이 떠오르나요?"라고 '탐색적 질문'을 했다. 이러한 개방형 질문은 Bethany가 다음 반응에서 한 것처럼 풍부한 세부 사항을 제공함으로써 자신의 경험을 생생하게 표현하도록 돕는다. 만약, 당신이 이전에 상담 훈련을 받은 적이 있다면,

이러한 유형의 질문들이 EFC에서 완전히 괜찮다는 사실에 놀랄 수도 있다. 중요한 것은 치료자가 "그건 마치 머릿속으로 시뮬레이션하는 것 같겠네요."라고 말함으로써 질문에 대한 내담자의 대답을 반영하는지 확인하는 것이다. 이것은 '공감적 개념화(empathic formulation)'라고 하는 또 다른 유형의 공감적 탐색 반응으로, 치료자는 내담자가 말한 것을 좀 더 기술적인 언어('머릿속으로 시뮬레이션하는 것')로 바꾸어 말하는 동시에 내담자가 말한 것을 정확하게 표현한다.

그런 다음, 4-2구간의 첫 반응에서 치료자는 마치 자신이 내담자인 것처럼 일인칭으로 흥미롭게 표현하였다('내 안에서 그것을 찾을 수 없군요'). 이러한 '환기적 반영(evocative reflection)'은 내담자의 경험을 더욱 생생하게 반영하며, 종종 치료자가 무력한 목소리로 어깨를 으쓱하는 것과 같은 극적인 방식으로 표현된다. 환기적 반영은 종종 생생한 심상이나 은유를 사용하는데, 회기 초반에 치료자가 내담자의 자신의 사회불안을 폭탄에 비유하는 것을 도와주었을 때와 같은 예가 이에 해당한다.

〈4-3구간(구간4-1 직전)〉

Bethany: 예를 들어, 딸과 함께 놀이 모임이나 그런 곳에 갈 때면 항상 미리 걱정이 돼요. 하지만 완전히 불안한 건 아니에요. (치: 네.) 약간 불안한 정도예요.

Robert: 약간이요. 그건 도화선에 불이 붙는 것 같군요. (내: 네.) 하지만 본격화되면 폭탄이 터지는 것 같겠군요? (내: 네.)

EFC에는 다양한 유형의 공감적 탐색 반응이 있지만, 그중 중요한 두 가지 반응은 탐색적 반영과 공감적 추측이다. '탐색적 반영(exploratory reflection)'은 내담자가 더 탐색하도록 장려하는 잠정적인 방식으로 이루어지며, '공감적 추측(empathic conjecture)'은 내담자가 표현하지 않은 감정에 대해 추측하는 것이다. 4-2구간에서 치료자가 "그리고 무슨 말인지 알겠어요. 물론 당신이 그를 실망시킨 것 같은 느낌을 받을 수도 있지만 (주저하면서:) 기분도 좋지 않겠지요?"라고 말하는 것처럼 종종 이 두 가지가 같이 사용되기도 한다. 치료자는 "무슨 말인지 알겠어요."라고 표현하면서 망설이고 조심스러운 태도뿐만 아니라 부드럽고 궁금해하는 어조로 조심스럽게 표현하는 방식에 주목하라. 이는 치료자가 내담자의 말을 넘어 표현되지 않은 고통스러운 감정에까지 접근할 수 있도록 도와준다(우리는 이 동일한 반응이 공감적 인정 반응이라고 한 것을 기억하라).

이 시점에서 이 모든 다양한 공감적 이해 및 공감적 탐색 반응을 효과적으로 활용하는 방법을 어떻게 배울 수 있는지 궁금할 것이다. 다음은 몇 가지 제안 사항이다.

1. 공감적 조율의 태도로 시작하라(〈표 4-3〉 참조).
2. 내담자의 말을 경청하면서 내담자의 감정에 공명할 수 있도록 몸을 활용하라.
3. 몸에서 공명하는 것을 내담자의 감정을 포착할 수 있는 말로 표현하기 위해 최선을 다하라.
4. 회기를 녹음하고 다시 경청하면서 당신의 공감적 반응에 대한 내담자의 즉각적인 반응에 특히 주의를 기울이라.
5. 연습하고, 연습하고, 연습하라.

치료적 현존 확립하기

공감은 또한 EFC 상담자가 강하고 안전한 치료적 동맹을 구축하기 시작하는 방법의 핵심이다. EFC에서 내담자-상담자 관계는 두 가지 유용한 기능을 한다(Rice, 1983). 첫째, 상담의 틀 안에서 내담자가 안전감을 느끼도록 도와주고, 이를 통해 EFC에서 제공되는 다양한 유형의 정서 작업을 통해 자신의 정서적 고통을 개방하고 접근할 수 있도록 해 준다. 둘째, 진정성 있고 배려하며 공감적인 상담 관계는 내담자에게 교정적 정서 체험(corrective emotional experience)을 제공하기 때문에 그 자체로 치유적이다.

동맹 형성의 정서적 노고 공감적 조율이 핵심이지만, EFC에서 생산적인 치료적 관계 구축의 과정은 실제로 치료자가 내담자와 현존하는 것에서 시작된다. 이를 위해서는 상담자가 첫 접촉 시점부터 내담자와 적극적으로 소통해야 한다(첫 약속을 잡기 위한 전화나 이메일 포함). 이러한 현존과 참여는 기술만으로는 전달될 수 없으며, 내담자에 대한 상담자의 마음챙김과 정서적 자세가 확고하게 바탕이 되어야 한다 (Geller & Greenberg, 2012). 특히, 상담자는 호기심, 사랑(무조건적 긍정적 존중), 연민 등 내담자에게 다가가 관계를 맺고 동기를 부여하는 여러 가지 유용한 정서에 접근하기 위해 내면에 다가가는 시간을 가져야 한다. 이러한 정서는 상담자가 이메일을 작성할 때에도 내담자에게 온전히 현존할 수 있도록 도와준다.

하지만 먼저 내부의 방해 요인을 해결해야 한다. 우리는 새로운 사람을 만나는 것에 대해 불안해하거나 상담자로서의 수행에 대해 불안해할 수도 있다. 현존('존재하기')보다는 기술('실행하기')에 집착할 수도 있다. 접수 파일에서 읽은 내용에 근거한 우려나 문화, 나이, 성적 정체성 등의 차이로 인해 내담자에 대한 선입견이 있을 수도 있다. 아니면 우리 삶에서 우리를 혼란스럽게 만드는 개인적 문제나 업무 관련 문제가 있을 수도 있다. 중요한 것은 이러한 모든 종류의 내부적 간섭을 없애자는 것이 아니다. 우리는 결국 인간일 뿐이다! 이러한 감정이나 이런 점을 지닌 우리 자신과 싸우려고 하면 오히려 더욱 산만해질 뿐이다. 대신, 그 부분을 인식하고 옆으로 부드럽게 제쳐두려고 노력하는 것이 중요하다. 때로는 약간의 이해와 자신의 다음 슈퍼비전 회기에서 다시 다루기로 약속하는 것만으로도 충분할 수 있다(〈표 4-3〉의 놓아버리기 연습도 도움이 될 수 있음).

방해 요인을 제거하거나 적어도 당분간 보류하면 내담자와 현존할 수 있도록 도움이 되는 다양한 정서('접근 정서')를 위한 공간을 확보할 수 있다. 관심이나 호기심은 특히 너무 임상적이거나 거리감이 느껴지지 않는 경우 내담자에게 마음을 열고 주의 깊게 관심을 기울이는 데 도움이 된다. 다른 사람과의 접촉에 대한 갈망은 부분적으로 우리 자신의 외로움에서 비롯된 것일 수도 있지만, 적어도 그것이 잘 조절되고 너무 절실하지 않는 한 자원이 될 수 있다. 여기에 자신의 경험의 전 세계와 함께 와서 알아가야 할 또 다른 사람이 있다! 내면의 자유에서 오는 편안함이나 상담 업무에 대한 즐거움도 매우 도움이 될 수 있으며, 우리의 놀이성과 창의성을 자유롭게 하는 데 도움이 될 수 있다. 마지막으로, 새로운 사람에게 어떤 일이 일어날지 알 수 없기 때문에 미지의 세계에 맞설 수 있는 용기는 EFC 상담자가 길러야 할 중요한 자원이다.

새로운 내담자와 현존하는 방법 우리는 EFC가 존재하기(being)와 실행하기(doing) 모두 포함한다고 이야기해 왔다. 내담자와 정서적으로 현존하는 것만으로는 충분하지 않으며, 우리 자신의 존재를 보여 줄 수 있어야 한다. 다시 말해, 우리는 '실행하는 존재(doing being)'(Cowie, 2014)로서 관여하고 있다. 이것은 어떠한 모습인가? 대부분의 경우 현존은 비언어적으로, 즉 우리 몸과 말을 통해 자신을 표현하는 방식으로 전달된다.

- 적절한 눈 맞춤: 시선을 피하거나 고정되거나 뚫어지게 응시하지 않음
- 관심을 보이고 때때로 내담자가 말하는 내용이나 내담자와 일치하는 반응적인 표정
- 내담자의 농담에 반영하여 미소를 짓거나, 내담자가 전달하기 위해 애쓰는 내용에 공감하는 등 친절한 태도
- 내담자의 고통에 대한 부드럽고 따뜻한 목소리
- 자기와 타자의 한계에 대해 관용을 베푸는 태도
- 내담자가 말하거나 느끼는 것에 감동하거나 영향을 받았다고 느낄 때 비언어적으로 드러내는 것
- 기타 등등…(이 목록은 열려 있어 추가될 수 있음)

자기노출 초심상담자는 종종 자신의 경험을 내담자에게 노출해도 되는지 궁금해한다. 늘 그렇듯이 대답은 '상황에 따라 다르다.'이다. EFC에서 상담자의 자기노출은 그 자체로 끝나는 것이 아니라 항상 특정한 치료적 이유로 이루어진다. 대부분의 경우 공감이나 배려를 표현하거나 치료적 관계를 구축하거나 회복하기 위해 활용된다. 1장의 초반에 나온 예시를 여기서 반복해서 강조할 필요가 있다. 첫 번째 회기가 시작될 때, 치료자가 카메라를 설치하는 동안 내담자는 묻는다.

Bethany: 어디 출신이세요?

Robert: (내담자가 자신에게서 초점을 벗어나려고 한다는 것을 알아차린 후 상담자는 미소 짓는다.) 당신은 나에 대해 조금 알기 원하시는군요. 제 억양이 미국인처럼 들리겠지만, 저는 스코틀랜드에서 10년간 살았어요. (그들은 자리에 앉고, 상담자는 녹화를 시작한다.) 저는 한동안 상담을 해 왔지만, 새로운 사람과 만나기 시작할 때 조금 긴장되는 것은 어쩔 수가 없네요. 상담을 시작하면서 지금 당신은 무엇을 경험하고 있는지 궁금합니다.

이 예시는 여러 유형의 치료적 현존을 보여 준다. 치료자가 내담자의 말을 이해하지만 내담자가 자신에게서 주의를 돌리는 것에 신경 쓰지 않는다는 것을 약간 미소를 지으며 전달한다. 그런 다음 정보로 '개인적 노출(personal disclosure)'을 하고 자신에 대해 약간의 일반적 사실을 드러낸다('미국인' '저는 한동안 상담을 해 왔지만'). 이후 회기 내의 순간에 '조금 긴장되는' 느낌에 대한 더 깊거나 친밀한 '과정 노출(process disclosure)'이 이어진다. 이 과정에서 상담자는 내담자에게 개방성을 모델링하여 내담자도 마음을 열도록 격려한다.

내담자와 적극적으로 협력하기 및 공유 사례개념화 발달 시작하기

주요 치료적 초점 찾기 EFC는 상담자의 공감적 조율과 현존을 매우 중요하게 여길 뿐만 아니라, 이것이 내담자의 어렵거나 고통스러운 경험에 대한 치료적 작업을 중심으로 조직화된다고 본다. 내담자는 종종 우울, 불안이나 물질남용과 같은 증상으로 문제를 제시한다. 하지만 EFC에서는 내담자의 삶에서 무엇이 상처를 주는지에 더 관심을 가진다. 어떤 중요한 삶의 프로젝트나 목표가 위험에 처해 있으며, 삶 자체가 실패할 수 있는 현실적인 가능성에 직면하고 있는가? 파트너와 만족스럽고 안전하며 친밀한 관계를 유지하고 있는가? 자녀를 갖거나 직업 또는 의미 있는 일을 하는 것인가? 세상을 더 나은 곳으로 만드는 것인가? 상담에서 작업하는 데 있어 내담자가 가장 중요하거나 중심이 된다고 느끼는 것은 무엇인가? 내담자가 우울, 불안 등의 증상을 보이는 것은 종종 이러한 상처의 결과이지만, 더 큰 상처의 원인이 되거나 적어도 더 악화시킬 수도 있다. 내담자와 협력하여 주요 치료적 초점을 파악하는 것은 '공유 사례개념화(shared case formulation)'를 발전시키는 첫 번째 단계이다(이에 대해서는 곧 자세히 설명할 것이다).

상담자는 내담자에게 이러한 '치료적 초점'을 강요하지 않는다는 점에 유의하라. 비록 내담자가 처음에 이것을 말로 표현하는 데 어려움을 겪을 수 있고, 상담자는 그 고통이 어디에서 오는지 어느 정도 알 수 있어서 내담자에게 잠정적으로 이를 제공할 수 있지만, 가장 중요한 것은 무엇이 가장 상처를 주는지에 대한 '내담자의' 감각이다. 문제는 상담자가 어떻게 내담자의 주요 치료적 초점을 찾을 수 있도록 내담자를 도와주느냐 하는 것이다.

간단한 대답은 '안전을 제공하고 고통을 따르라.'는 것이다. 상담자는 내담자가 어떤 감정('아픔')을 느끼는지 경청하고, 이를 정확하면서도 무조건적 긍정적 존중으로 반영해야 한다. 당연히, 내담자는 일반적으로 더 안전하고 주변적인 문제에서 시작해서 점차 덜 안전하고 더 중심적인 문제로 나아간다. 상담을 시작하면서 내담자와 상담자는 마치 춤을 추는 것처럼 주요 치료적 초점을 향해 조금씩 나아간다. 내담자에게 처음부터 가장 고통스럽고 중요한 부분이 무엇인지 물어볼 수 없다는 것이 밝혀졌기 때문에 이것은 생각보다 어렵다. 그 이유는 내담자가 아직 안전하다고 느낄 만큼 상담자를 신뢰하지 않기 때문이다(상담자는 신뢰를 얻어야 한다). 내담자는 아직 이를 알지 못하거나 표현할 말이 없기 때문이기도 하다.

그렇다면 어떻게 해야 할까? 첫째, 내담자가 무슨 말을 하든 온전히 개방적이고 수용적인 태도를 취함으로써 이 과정을 도울 수 있다. 내담자의 경험을 수용하지 못하면 공감을 가로막을 것이고, 이는 곧 내담자와의 관계도 차단할 것이다.

둘째, 상담자는 내담자가 더 핵심적이고 어려운 부분을 제시할 때마다 이를 반영하여 최소한 내담자가 이 부분에서 벗어나지 않도록 해야 한다. Sachse(1990)라는 독일

심리치료 연구자는 상담자가 내담자를 더 깊은 주제로 끌어들이는 것보다 이로부터 멀어지게 하는 것이 더 쉽다는 것을 보여 주었다. 이 장의 초반에 소개한 Bethany의 상담의 두 구간은 더 깊게 들어가는 과정의 두 지점을 보여 준다. 4-1구간에서 그녀는 자신의 증상에 대해 전반적으로 이야기하고 있지만, 20분 후인 4-2구간에서는 남편과의 관계에 대한 어려움을 탐색하기 시작한다.

셋째, 상담자는 내담자에게 좀 더 구체적이거나 예시 또는 세부 사항을 제시하도록 요청할 수 있다. EFC에서는 고통이 세부사항에 있는 경우가 많은데, 일반적이거나 추상적인 수준에 머물러 있으면 내담자는 아픈 감정을 멀리하기가 더 쉽다. 그래서 4-1구간에서 Robert의 첫 반응이 끝날 때, 그는 Bethany에게 예를 들어 달라고 요청한다("그리고 어떤 생각들이 떠오르나요?").

넷째, 이 장의 앞부분에서 설명한 대로 다양한 유형의 공감적 탐색 반응을 활용하여 내담자에게 더 깊이 들어갈 수 있는 기회를 제공할 수 있다. 여기에는 공감적 개념화("머릿속으로 시뮬레이션하는 것"), 환기적 반영("그건 도화선에 불이 붙는 것 같군요."), 공감적 추측("기분도 좋지 않겠지요[자신에 대해서]?") 등이 포함된다.

다섯째, EFC에서 '정서 나침반' 질문이라고 부르는 것을 사용할 수 있다: "여기에 가장 아픈 것은 무엇입니까?" (정서적으로 더 깊이 들어가는 과정에서 핵심 고통 단계에 대해 다룬 3장 참조) 예를 들어, 이 회기에서 조금 뒤에 Bethany의 치료자는 그녀에게 다음과 같이 묻는다.

Robert: 당신이 가장 수치스럽다고 느끼는 것, 다른 사람들이 당신에 대해 볼까 봐 가장 두려워하는 점에 대해 말해 줄 수 있나요?

마지막으로, 아마도 가장 중요한 것은 내담자가 고통스러운 감정에 접근할 때 무조건적인 보살핌과 따뜻함으로 공감적 인정을 제공하여 내담자가 고통스러운 감정에 머무르고 그것이 가리키는 것을 더 충분히 이해할 수 있도록 돕는 것이 중요하다는 것이다(4-2구간에서 세 번째 상담자의 반응 끝부분 참조). 이러한 방식으로 내담자와 상담자는 상담 초기 단계를 거쳐 내담자의 주요 치료적 초점을 향해 점진적으로 다가갈 수 있다.

목표 및 과업 합의 내담자가 주요 치료적 초점을 찾으면 자신의 삶에서 상처받고 부서진 주요 감정에 대해 다음 단계로 나아갈 수 있도록 치료 동맹을 형성하여 치료의 주요 목표가 무엇인지('목표 합의')와 어떻게 그 목표를 달성할 수 있는지('과업 합의')에 대해 내담자와 치료자는 작업 합의를 할 수 있다(이 치료적 관계 형성 모형에 대해 더 살펴보고 싶으면 Bordin, 1979 참조).

EFC에서 '목표 합의'에 대해 이야기할 때, 우리는 다시 한번 우리가 미리 만들어 놓은 목표를 채택하도록 내담자를 설득하는 것에 대해 이야기하는 것이 아니다. 목표는 내담자로부터 나와야 하는데, 일반적으로 우리가 하려는 것은 내담자의 주요 어려움에 함축된 목표를 들어주고, 이에 대한 우리의 이해를 내담자에게 피드백하여 이해를 조정하며, 그 목표에 대해 내담자와 함께 적극적으로 작업하자고 제안하는 것이다. 이러한 작업 방식을 '과업('치료적 과업'의 줄임말)'이라고 하며, 치료자는 내담자가 작업할 준비가 되어 있을 때 적절한 순간에 과업을 제시할 수 있다. EFC에서 이러한 기회의 순간을 '표식(marker)'이라 부른다. 표식은 이 책의 나머지 부분에서 많이 다루며, 5장에서는 EFC 과업에 대한 개요를 제공한다.

공유 사례개념화 개발 일반적으로 상담자가 내담자에게 상담에서 무엇을 얻고자 하는지 묻고 그 목표에서 발생하는 모든 과업을 수행하도록 하는 일은 생각보다 복잡하다. 대신, 상담자는 공감적 조율을 통해 내담자가 가장 고통스러워하는 부분뿐만 아니라 앞으로 나아가는 방향에도 집중해야 한다. 다시 말해, 내담자의 개인적 주체성이 어디를 향하고 있는지, 내담자가 자신을 위해 무엇을 바라고 원하는지, 가장 상처받은 부분을 치유하기 위해 무엇이 필요한지 탐색하도록 돕는다. 중요한 점은 내담자와 상담자가 함께 내담자의 현재 어려움이 어떻게 발생했는지, 내담자 자신의 내적 과정과 다른 사람들과의 상호작용에서 무엇이 그러한 어려움을 유지시키는지에 대한 이야기를 만들어 내는 것이다. 이 이야기는 내담자의 경험과 일치해야 하고, 내담자와 상담자가 서로 이해하거나 맞아야 하며, 목표(주요 어려움을 해결하기 위해 변화해야 하는 것)뿐만 아니라 목표에 도달하는 방법(과업)을 파악하여 상담이 나아갈 방향을 제시해야 한다. EFC에서는 이러한 이야기를 '공유 사례개념화'라고 한다. 이상적으로는 내담자가 말과 아이디어를 제시하고 상담자는 이를 정리하는 것이지만, 상담자는 내담자에게 확인하고 내담자를 사례개념화의 전문가로 대하는 한 잠정적인 추측(공감적 추측)을 하는 것도 괜찮다.

EFC 사례개념화는 치료 과정에서 개발되며, 첫 번째 회기부터 점차적으로 등장한다. Goldman과 Greenberg(2014)는 이 주제에 대해서만 책 한 권 전체를 집필할 정도로 이는 까다롭고 복잡한 작업일 수 있다. 하지만 많은 예시를 통해 한 번에 한 단계씩 배워나가는 것이 가장 좋다. 다음은 Bethany의 첫 회기에 대한 상담자의 과정 노트에서 발췌한 내용으로, 주로 이 과정의 시작에 초점을 맞추고 있다.

- '당신의 삶에서 가장 불안한 것은 무엇인가요?' 나는 물었다. '내담자: 친밀한 우정이요.' 그녀는 정말 깊은 관계를 발전시킬 만큼 충분히 마음을 열지 못한다. 나는 이것이 그녀의 남편과의 관계에 어떤 영향을 주는지 물었다. 내담자는 남편과 딸을 생각하며 미소를 지었고, 남편과 그의 가족은 자신보다 훨씬 더 개방적이며 때로는 그녀가 알고 싶은 것보다 더 많은 것을 말해 준다고 했다. 그녀는 남편을 7점 개방성 척도(PQ 문항 참조)에서 '6점'으로, 자신은 '2점'이라고 설명했다. 나는 여기서도 그녀의 취약성을 지적했고, 그녀는 거의 울려고 했다. 나는 공감적 추측을 제시하였다. '당신은 남편에게 합당하지 않다고 느끼는 것 같군요.' 내담자도 동의한다. 내담자는 다른 사람들과 더 가까워지고 싶어 하는 깊은 갈망과 슬픔을 가지고 있다.
- 내담자는 그건 마치 절차가 모호한 교회 성찬식과 같아서, 교회에서 어떻게 하는지는 모르지만, 그녀는 종종 불확실성과 잘못하는 것에 대한 두려움 때문에 참여하는 것을 망설인다고 말한다.
- '사람들이 당신에 대해 어떤 것을 알게 될까 봐 두려운가요?' 나는 물었다. 내담자는 확실하지는 않지만 자신 안에 항상 자신이 가치가 없다고 말하는 가혹한 비판의 목소리가 있다는 것을 알고 있다. 그녀는 이것이 어디에서 오는지 알지 못

한다. 나는 치료를 시작하기 전에 연구자가 그녀와 진행한 접수면접에서 그녀의 외상 병력을 발견하고 이것이 그녀의 사회불안과 관련이 있는지 물었다.

초기 내러티브 작업: 내담자가 자신의 이야기를 하도록 돕기

EFC의 초기 회기에서는 종종 상당한 양의 스토리텔링이 있다. 이 이야기는 짧게(한두 문장) 또는 길게(회기의 대부분을 차지) 이어질 수 있다. 상담자는 종종 내담자의 이야기에 조바심을 내며 이야기 나누기에서 벗어나 치료의 '진짜 작업(정서에 대해 이야기하고 가정을 평가하는 등)'으로 방향을 돌리려고 노력한다. Sarbin(1989)이 지적했듯이, 정서는 이야기의 맥락에서만 의미가 있으며, 이야기는 관련된 정서만큼만 흥미롭다. Angus와 Greenberg(2011)는 책 한 권 전체를 EFC에서의 내러티브 작업에 대해 집필했다. 중요한 것은 EFC에서 내담자가 이야기하는 것을 막는 것이 아니라, 내담자가 '더 나은' 이야기를 할 수 있도록 돕는 것이다. 예를 들어, 슬픔, 분노, 공포, 또는 수치심과 같이 내담자를 아프게 하는 세부 사항을 이야기하여 보다 더 풍부하고 환기시키는 이야기가 될 수 있도록 해야 한다. 정서는 크거나 극적일 필요는 없으며, 말하지 못한 원한이나 그리움 또는 평화, 기쁨, 호기심 등 찰나의 순간을 다룰 필요가 있다.

일련의 사건에 대한 구체적인 세부 사항이 정원용 호스처럼(종종 순서가 정해지지 않은 채) 솟구쳐 오르고 이를 멈추기 어려울 때 내담자는 이야기를 들려줄 필요가 있다는 것을 알 수 있다. EFC에서는 이것을 '내러티브 압박'이라고 하며, 내담자가 상담자에게 자신의 이야기('내러티브 작업')를 할 수 있도록 도와줄 준비가 되었음을 나타내는 지표('표식')이다. 〈표 4-2〉에는 이 내러티브 재진술 과업의 필수 요소가 나와 있다. 예를 들어, Bethany의 2회기 상담에서 그녀는 다른 도시에 살고 있는 부모님을 방문하기 위해 준비하기로 결정한다. 그녀는 어머니와의 갈등이 걱정된다고 하면서 자신의 고민을 설명하기 위해 현재의 고민에 대한 '배경 이야기'를 간략하게 설명하고, 어머니와의 힘들었던 과거를 이야기하기 시작한다. 치료자는 가만히 앉아서 내담자가 이야기를 하도록 내버려두지 않고, 상상력을 발휘하여 적극적으로 이야기에 참여하여 이야기의 각 부분이 떠오를 때 이해한 내용을 보여 주고 그 과정에서 기능한 이야기 부분을 채워 넣는다(내러티브 요소는 진하게 강조 표시).

Robert: 부모님을 뵈러 가는 것에 대한 걱정에 대해 이야기해 주세요.

Bethany: **글쎄요, 제가 십대였을 때, 엄마와 저는 어려움을 겪었지만 (치: 그래요.) 집을 나간 후 좋아졌고 (치: 그래요, 그래요.) 열여덟 살 때 집을 나왔어요.**

Robert: **가능한 한 빨리 집을 떠났군요.** [공감적 반영]

Bethany: **저는 대학을 다녔고, 엄마는 여전히 우울증에 시달리고 있고, 불안이 상당한 데다가 사람들이 붐비는 곳에 나가는 것을 두려워하는 등 공포증까지 있었지요. 그래서 그녀는 많은 것을 겪고 있었어요.**

Robert: 당신 자신도 그런 부분이 보이는군요. [공감적 추측; 내러티브에 대한 코멘트]

Bethany: 네, 그런 부분도 학습된 것 같아요.

Robert: 어렸을 때 엄마를 보고 자라서 그런 것 같군요. [공감적 반영]

Bethany: 네, 그리고 엄마가 정말 예민해서 비판이 아닌데도 비판으로 받아들여요.

Robert: 맞아요. 그래서 칭찬을 해도 엄마에게 비판으로 들릴 수도 있고, (내: 네.) 그래서 정말 조심스럽게 다가가야 했겠네요. [공감적 반영]

Bethany: (웃으면서) 네, 그리고 제가 상당히 예민하다는 사실과도 맞물려서요.

Robert: (강하게, 다정하게 웃으면서) 당신도 예민하군요! [공감적 인정]

Bethany: (내러티브 작업으로 돌아가서) **네, 제 생각에는 십대 시절에 저는 제 자신을 보호해야 했고, 그렇지 않으면….**

Robert: **정서적으로 어루만지면서요, 네.** [공감적 반영] (내: 그래서…) **그래서 엄마는 거칠었겠네요. 그녀의 예민함 때문에 실제로 당신의 예민함에 상처를 주는 말을 할 수도 있었겠네요.** [내담자와 어머니 사이의 상호작용에 대한 공감적 개념화].

Bethany: 네, 하지만 엄마가 처음 우울증에 걸렸을 때, 엄마는 제가 엄마에게 상처 준다고 생각하셨어요.

Robert: 맞아요. 당신의 접수면접 자료에서 본 것으로 제가 기억하기로는 엄마가 우울증에 걸렸을 때 외상 사건이 있었다고 하셨는데요, 4년 전인가요? [내담자에 관해 기억나는 정보에 대한 과정 노출]

Bethany: 네, 제 남동생이 태어난 후였고 엄마는 산후우울증이 있었어요. (치: 아, 그렇군요.) 제가 열네 살 때였어요.

Robert: 당신의 남동생이 태어났고, 적어도 집을 떠날 때까지 4년 동안 엄마가 우울증에 빠지는 것을 보셨군요. [공감적 반영]

Bethany: 엄마는 아직도 약을 복용하고 계세요.

Robert: 엄마는 우울증으로부터 완전히 회복된 적이 없으시군요. [공감적 반영]

Bethany: 네, 엄마는 회복이 안 되고 있어요.

Robert: 그전에 그녀는…? [탐색적 질문, 내담자가 이야기의 이전 시점으로 다시 돌아가도록 격려]

Bethany: 엄마는 아직도 불안한 것 같은데, 엄마도 힘든 어린 시절을 보냈어요. 외할머니는 정신건강에 문제가 있었어요.

Robert: 그래서 세대에서 세대로 이어졌군요, 그래요. [공감적 반영]

Bethany: 그래서 엄마는 여전히 불안감 같은 문제를 가지고 계세요. 엄마는 청각장애가 있기 때문에, 소음을 걸러내고 사람들이 말하는 것을 듣기 어렵다는 것을 알게 되었어요.

때때로 내담자는 단 몇 분만에 이야기를 서두르다가 '이제 어쩌죠?'라고 말하는 것처럼 멈춰서 당신을 바라볼 것이다. 이야기가 중요하다고 느껴지는 경우, 즉 고통스럽거나 외상적 상황을 다루거나 내담자의 주 호소 문제(예: 해결되지 않은 관계, 사회불안 또는 우울)와 관련이 있는 경우, 내담자가 이야기를 더 자세히 할 수 있도록 도와주는 것이 좋다. 세 회기 후인 5회기에 Bethany는 상담의 중기(5~8장에서 설명)를 넘어가면서 가혹한 내적 비판에 대해 작업하면서 같은 이야기를 다시 꺼냈는데, 그때에는 훨씬 더 자세하게 이야기했다.

Jonah가 상담을 시작하다

첫 회기에서 Jonah는 자신이 어떤 상황에 처해 있는지 알지 못한 채 상담에 대해 걱정하며 상담실에 들어왔다. 그는 자신의 우울증을 없애고 싶었고, 우울증이 점점 심해져서 자신의 일과 인간관계에 지장을 줄까 봐 두려웠다고 말했다. 그는 그의 삶에 어느 누구도 들어오지 못하도록 하는 경향이 있었고, 우울증은 잠을 자는 것으로 해결한다고 말했다.

그의 상담자 Margaret은 Les(Leslie의 애칭)로부터 2년간 인간중심상담으로 훈련을 받았고 이후 1년 반 동안 EFC로 훈련받아서 인간중심의 관계적 조건과 EFC의 표식 안내 작업을 통합할 수 있었다. 그녀는 Les에게 이 사례에 대해 슈퍼비전을 받았다. 그들은 매 회기마다 녹화된 비디오를 함께 시청했다. Margaret은 초반에는 주로 우울과 불안에 대한 Jonah의 감정을 공감적으로 경청하는 것으로 시작하여 문제에 대한 그의 이야기를 탐색하고 그의 어린 시절 및 현재의 관계에 대한 정보를 수집하였다. 첫 슈퍼비전 회기에서 Margaret과 Les는 Jonah의 정서처리 방식에 대해 논의하면서, 그가 다소 피상적이고 제삼자의 방식으로 자신의 경험에 대해 이야기하는 경향이 있다는 것에 주목하였다. 그러나 그들은 또한 그가 때때로 더 내면에 집중하고 특히 어머니에 대해 이야기할 때 약간의 정서적 각성을 보인다는 사실도 알아차렸다. 첫 회기에서 Jonah는 성장하는 동안 어머니가 항상 자신이 뭔가 크게 잘못하고 있는 것처럼 느끼게 했다고 설명했다. 그는 자신이 겁을 먹는 것이 무서웠다고 말하며, 어렸을 때 자신이 화가 나면 어머니가 "도대체 왜 그러는 거야!"라고 말하곤 했던 것과 관련이 있다고 말했다. 또한 그는 어렸을 때 무언가를 시도했다가 실패하면 아예 시도하지 않는 것보다 더 나쁠까 봐 두려웠던 기억도 떠올렸다.

Jonah는 자신의 정서를 두려워하고 분노와 슬픔을 모두 피하며 감정을 통제하기 위해 밀어내려고 노력한다고 말했다. 또한 불안을 느끼는 것에 대해 부끄러워하고 항상 자신을 판단하고 있었다. 현재의 삶에서 그는 종종 아내에게 판단을 받는다고 느꼈고 자신이 그럴 만하다고 느낀다고 말했다. 치료자는 그가 자신의 이야기를 풀어내도록 도왔고, 어머니와 함께 자라는 것이 얼마나 고통스러웠을지에 대해 타당화하면서 내내 그의 감정에 부드럽게 집중했다. 첫 회기가 끝날 때쯤 Margaret은 Jonah와 좋은 관계를 맺었다고 느꼈고 그녀와 Les는 Jonah의 어머니에 대한 미해결과제(7장 참조)의 분명한 표식이 있는 것 같고 앞으로의 회기에서 그것이 계속 나타나는지 살펴보는 것이 좋겠다는 데 동의했다.

추가 탐구

… 읽을거리

Angus, L., & Greenberg, L. S. (2011). *Working with narrative in emotion-focused therapy*. Washington, DC: American Psychological Association.

Elliott, R., Bohart, A. C., Watson, J. C. & Murphy, D. (2018). Therapist empathy and client outcome: An updated meta-analysis. *Psychotherapy, 55*, 399-410. DOI: 10.1037/pst0000175

Elliott, R., Watson, J., Goldman, R. N. & Greenberg, L. S. (2013). **정서중심치료의 이해: 변화를 위한 과정-경험적 접근**[*Learning emotion-focused therapy: The process-experiential approach to change*]. (신성만, 정명희, 황혜리, 김혜정, 김현정, 이은경 역). 서울: 학지사(원전은 2004에 출판). [7장과 8장 참조]

Geller, S. M., & Greenberg, L. S. (2012). *Therapeutic presence: A mindful approach to effective psychotherapy*. Washington, DC: American Psychological Association.

… 볼거리

Elliot, R. (2016). *Developing an Empathic Way of Being with Emotion-Focused Therapy*. Center for Building a Culture of Empathy. Available online at: www.

youtube.com/watch?time_continue=2981&v=K4V2yMyv0Po&feature=emb_logo

… 성찰하기

1. 〈표 4-3〉에 설명한 공감을 위한 신체 은유를 연습하라. 이제 그 연습을 해 본 경험을 되돌아보라. 어떤 공감적 움직임이 당신에게 가장 자연스럽게 다가오는 것 같은가? 어떤 것이 당신에게 더 어렵게 느껴지거나 이해가 잘되지 않는가?
2. 다른 사람들과 함께 있을 때 자신이 얼마나 현존하는지 주목해 보라. 무엇이 당신을 더 강한 연결로 이끄는가? 당신이 다른 사람들과 온전히 현존하는 데 방해가 되는 것은 무엇인가? 더 현존하는 것이 가능한가?

초기 작업 단계: 전개 및 포커싱 05

개요

정서중심상담에서의 치료적 과업 개관
문제 반응에 대한 환기적 전개
불분명한 감정에 포커싱하기
Bethany: 초기 작업 단계에서의 전개 및 포커싱
추가 탐구

정서중심상담에서의 치료적 과업 개관

이 장과 다음 세 장에서는 정서중심상담(Emotion-Focused Counselling: EFC)의 작업('중기') 단계에서 발생하는 주요 치료적 과업에 대해 설명한다. 특히 치료적 과업의 개념을 발전시키고, 여섯 가지 주요 EFC 작업의 기본 사항을 설명하며, 두 가지 사례의 축어록을 통해 이를 설명한다. 구체적으로 이 장에서는 먼저 표식(marker)과 과업의 특성에 대한 개관을 살펴본 다음, 문제 반응과 불분명한 감정을 다루는 작업으로 넘어간다. 이 두 가지 과업은 상담의 초기 작업 단계에서 종종 나타나고 내적 갈등에 대한 작업 방법을 준비하며(6장 참조), EFC의 후기 작업 단계의 과업인 해결되지 않은 관계에 대한 빈 의자 작업과(7장) 고통스럽고 취약한 상태에 대한 공감적 인정과 자비로운 자기진정 과업을 준비한다(8장).

이전 장에서 설명하였듯이 EFC 상담자가 감정을 다루는 일반적인 방법은 정서에 대한 공감적 조율을 통해 이루어진다. 여기에는 내담자의 정서를 '따라가고', 무엇이 아픈지 순간순간 경청하며, 그 감정을 말로 표현하도록(즉, 상징화) 돕는 것이 포함된다. 이러한 주된 관계 맺기 방식은 상담자가 내담자의 정서를 처리할 수 있도록 안내하는 방법을 제공하는 다양한 유형의 치료적 작업(때로는 '실험'이라고도 함)으로 보완된다. '실험'한다는 것은 어떤 일이 일어나는지 보기 위해 무언가를 시도하는 것을 의미하며, 본질적으로 상담자는 내담자가 자신의 정서적 경험에 접근하고 깊이 들어갈 수 있도록 회기 내에서 다양한 작업 방식을 제안한다. 한 가지 유형의 실험은 내담자가 자신의 현재 경험, 보다 구체적으로 자신의 몸에서 일어나는 일에 주의를 기울이도록 안내하는 것이다. 또 다른 유형의 실험은 과거의 경험을 다시 불러일으켜 내담자가 과거의 순간을 다시 살 수 있도록 돕는 것으로, 이전 장에서 설명한 내러티브 작업과 관련이 있다. 세 번째 주요 실험 유형(6장에서 설명)은 내적 갈등을 탐색하고 일차 감정을 불러일으키기 위해 심상과 사이코드라마 유형의 실연(enactment)을 활용하는 것이다. 이러한 실험을 과업이라고 하며, 내담자가 해결하고자 하는 특정 종류의 문제를 탐색하는 데 활용된다.

이 책의 서두에서 언급했듯이 EFC의 가장 큰 특징은 '표식의 안내를 따라간다.'는 것이다. 연구에 따르면 내담자는 특정한 정서 처리 어려움을 회기에 가져오고, 식별 가능한 '표식', 즉 즉각적인 특정 정서적 어려움을 해결할 준비 상태가 된 내담자의 내적 상태를 드러내는 회기 내 진술과 행동을 사용하여 이러한 어려움을 제시하는 것으로 나타났다. 따라서 표식이 특정 유형의 치료적 작업이나 실험을 위한 기회를 제공한다(Greenberg et al., 1993; Rice & Greenberg, 1984). EFC에서 내담자 표식은 행동적으로 설명되지만, 내담자가 치료자와 함께 해결하고자 하는 매우 특정한 종류의 정서적 어려움에 대한 내담자의 내적 경험을 가리킨다. 정서중심 상담자는 이 표식을 식별하고 이러한 문제에 가장 적합한 구체적인 작업 방법을 제공하도록 훈련받는다. 대부분의 과업은 집중적이면서도 광범위하게 연구되어 왔기 때문에(Elliott et al., 2004; Greenberg, 2010), 이제 우리는 문제 해결을 위한 핵심 단계와 문제 해결이 어떤 모습인지 알고 있다. 이러한 실제 변화의 과정 모델은 상담자의 개입을 안내하는 대략적인 지도 역할을 한다.

회기에서 표식이 나타나면 내담자가 특정 유형의 정서적 어려움을 해결하려고 노력하고 있음을 나타낸다. 이에 대해 상담자는 내담자가 문제를 해결할 수 있는 방법을 제시하여 도움을 주려고 노력한다. 표식이 나타내는 중요한 것은 내담자가 이미 자신의 어려움을 해결하려고 고군분투하는 능동적인 주체로서, 상담자와 함께 이 과정을 촉진하기 위해 최선을 다하고 있다는 것이다. 과업은 행동을 수정하는 기술이 아니라 특정한 유형의 처리 문제에 도움이 되는 것으로 밝혀진 내담자와의 체계적인 관계 형성 방식이다. 따라서 이러한 실험은 내담자를 고치려는 의도로 수행되는 것이 아니라 내담자가 자신의 정서에 접근하고, 깊이 들어가며, 해결할 수 있도록 돕기 위해 제공된다. 내담자는 항상 자신의 경험에 대한 전문가로 간주된다. 내담자는 무엇이 아프고, 무엇이 고통스럽고, 무엇이 밀려났는지 알고 있으며, 상담자의 도움을 받아 자신의 정서에 접근하고, 자신에게 무엇이 필요하고, 치유를 위해 어떤 방향으로 나아가야 하는지 알고 있다. 내담자는 자신의 정서적 어려움을 해결하려는 적극적인 문제 해결자로 간주된다. 반면에 상담자는 과정 촉진에 대한 전문가로 인식된다. 상담자는 내담자가 자신의 정서에 접근하고 깊이 들어가도록 돕는 몇 가지 방법을 알고 있다는 점에서 전문성을 제공하고, 유기체적 지혜가 내담자의 일차 정서에 내재되어 있다는 관점에서 다양한 순간에 이러한 깊이 들어가는 과정을 촉진하기 위해 어떤 종류의 실험을 제공해야 하는지에 대해 알고 있다.

〈표 5-1〉은 현재 활용되고 있는 광범위한 EFC 표식과 그에 수반되는 치료적 작업의 형태에 대한 개관을 제시하며, 이러한 과업은 이미 확인되어 다른 문헌들(Elliott et al., 2004; Greenberg et al., 1993; Greenberg & Watson, 2005; Watson & Greenberg, 2017)에서 자세히 설명되어 있다. 이 장과 다음 세 장에서는 (1) 문제 반응에 대한 환기적 전개, (2) 모호하거나 불분명한 감정에 포커싱하기, (3) 갈등 분열에 대한 두 의자 대화로 시작하여 이 중 가장 중요한 과업에 대해 자세히 설명한다. 이러한 과업들은 후

반 장에 나오는 과업들보다 상담 초기에 나타나는 경향이 있으며, 내담자가 주요 문제와 씨름하기 시작하는 EFC 작업 단계의 초기 단계에서 특징적으로 나타난다. 7장과 8장에서는 (4) 해결되지 않은 관계 문제에 대한 빈 의자 작업, (5) 취약성에 대한 공

표 5-1 현재 EFC 과업

표식	치료적 작업
A. 대인관계/관계 표식:	
1. 치료의 시작	동맹 형성(4장 참조)
2. 동맹의 어려움: (1) 직면: 치료의 성격이나 진행 상황 또는 치료적 관계에 대한 불평이나 불만을 표현하거나 암시, (2) 철수: 치료 과정에서 이탈	관계적 대화
3. 취약성: 현재 자기와 관련된 강한 부정적 감정(보통 절망감과 고립감)에 대한 괴로움을 표현	공감적 인정(대안: 자비로운 자기 진정) (8장)
4. 접촉 방해: 즉각적인 회기 중 상태는 내담자를 치료자와의 심리적 접촉으로부터 멀어지게 함(환청, 해리, 공황, 편협한 관심)	접촉 작업(치료 전)
B. 표식 경험하기:	
1. 불분명한 감정: (1) 모호한/계속되는 걱정, (2) 전반적이거나, 추상적이거나, 피상적이거나, 표면적인 참여 방식	포커싱(5장)
2. 주의 집중의 어려움: (1) 여러 가지 걱정거리 또는 하나의 큰 걱정거리로 인해 압도됨, (2) 무엇을 할지 모름/멍함, 회기의 초점을 찾을 수 없음	공간 비우기(이 장의 마지막에 있는 성찰하기 활동 4번 참조)
C. 표식 재처리:	
1. 내러티브 압박: 이야기하고 싶은 충격적이고 고통스러운 경험(예: 충격적인 사건, 혼란스러운 삶의 이야기, 악몽)을 말함	내러티브 다시 이야기하기(의자를 가지고 실연할 수 있음) (4장)
2. 문제가 되는 반응 지점: 예상치 못한, 혼란스러운 개인적 반응(행동, 정서 반응)을 설명함	환기적 전개(실연할 수 있음) (5장)
3. 의미 저항: 정서적으로 각성된 상태에서 소중한 신념과 일치하지 않는 생활 사건을 묘사	의미 재창조

D. 표식 구성/내사:

1. **갈등 분열**: 자기의 한 측면이 (1) 비판적(자기비판 분열)이거나, (2) 강압적(코칭 및 동기적 분열)이거나, (3) 다른 측면을 차단하는(자기방해 분열) 등 자기의 두 측면 사이의 갈등을 설명함	두 의자 대화(두 개의 자기 측면으로) (대안: 구성 작업) (6장)
2. **귀인 분열**: 타자에 대한 과도한 반응을 설명하는 것으로, 타자가 (1) 자기를 비판하거나, (2) 강압적으로 대하거나, (3) 자기를 차단하는 것으로 경험하는 것을 말함	두 의자 대화(타자를 하나의 자기 측면으로) (대안: 타자를 재심상화하여 구성 작업) (6장)
3. **해결되지 않은 관계 문제(미해결과제)**: 주요 타자와 관련하여 비난, 불평, 또는 상처나 그리움을 표현	빈 의자 작업(대안: 진실 말하기 작업) (7장)
4. **괴로움**: 주로 익숙하고 오래된 심각한 자기비판 경험이나 연결/지지의 부족에 기초한 강한 정서적 고통을 표현	자비로운 자기진정(대안: 공감적 인정) (8장)

감적 인정, (6) 괴로움에 대해 자비로운 자기진정 등 EFC의 작업 단계 후반에 나타나는 세 가지 핵심 과업을 더 설명한다. 몇 가지 추가 작업도 〈표 5-1〉에 나열되어 있으며 다양한 출처(Elliott et al., 2004; Watson & Greenberg, 2017 참조)에서 설명되었다.

문제 반응에 대한 환기적 전개

가장 먼저 확인된 EFC 과업 중 하나는 '문제 반응 지점에 대한 환기적 전개'(Rice & Saperia, 1984)인데, 이는 EFC 전문용어를 풀어서 설명해야 하는 다소 어려운 작업이다. 먼저 '문제 반응 지점'부터 시작하자. 내담자는 특정 상황에서 자신의 느낌과 행동에 관하여 혼란을 느꼈다고 상담자에게 말할 때 이 과업을 수행할 준비가 되었다는 신호를 보낸다. 예를 들어, 한 내담자는 "너무 이상해요. 오늘 치료받으러 가는 길에 귀가 길게 늘어진 작은 강아지를 봤는데 갑자기 너무 슬펐어요. 내가 왜 그런 반응을 보였는지 모르겠어요."라고 말했다. 여기서 '문제'란 당혹스럽거나 이해되지 않는 것을 말하고, '반응'은 다른 사람이 아닌 내담자가 개인적으로 느꼈거나 행동한 것을 의미하여, '지점'은 일반적인 경향이나 패턴이 아닌 특정 순간(시점)을 뜻한다. 상담에서 흔히 볼 수 있는 예로는 분노나 불안 일화, 섭식이나 물질 오남용의 어려움, 불륜과 같은 혼란스러운 대인관계 문제이다.

다음으로 '환기적 전개' 부분을 살펴보자. 문제 반응은 상담자가 내담자에게 상황과 그에 대한 정서적 반응을 '펼침'으로써, 즉 천천히 그리고 주의 깊게 되돌아봄으로써 내담자가 그 상황을 떠올리고 생생하게 다시 경험할 수 있는 기회를 제공하는 것이다. 이 아이디어는 상황과 내담자의 반응 사이의 연결을 다시 확립하는 것이다. 요점은 곤혹스러운 반응을 이해할 수 있는 상황의 암묵적인 의미에 도달하는 것이며, 그렇게 되면 내담자는 자신의 반응을 이해하게 되고 더 이상 곤혹스럽지 않게 된다. 하지만 내 반응을 이해하면 더 큰 질문이 생긴다. 내가 일반적으로 정서를 처리하는 방식이 무엇이기에 이런 식으로 반응하는 것일까? 완전한 해결을 위해서는 자기와 타자를 보는 새로운 방식을 고려하고, 이전 관점과 새로운 관점 사이의 대조와 그에 따른 정서를 탐구하는 것이 필요하다.

〈표 5-2〉는 이러한 문제 반응을 탐색하는 단계의 순서가 나와 있다. 첫 번째, 상담자는 내담자가 어떤 식으로든 곤혹스럽다고 느끼는 반응을 파악하고 과업을 제안한다. 두 번째, 상담자는 내담자에게 해당 반응이 일어났을 때 내담자가 참여했던 장면을 생생하게 묘사해 달라고 요청한다. 내담자는 탐색적 질문과 환기적 반영을 활용하는 상담자와 함께 상황에 대한 생생한 감각('장면 구축')을 불러일으키고 회상한다. 세 번째, 장면이 생생하게 재현되면 상담자는 내담자가 반응을 촉발하는 상황에서 특히 두드러진(정서적으로 강력한) 측면을 찾도록 지시한다. 네 번째, 내담자가 상황에서 무엇이 두드러졌는지 파악한 후에는 그 자극을 어떻게 해석(이해)했는지 파악하여 그 자극이 자신에게 주는 개인적인 의미를 이해할 수 있도록 한다. 이러한 '의미의 연결고리(meaning bridge)'는 내담자가 자신의 반응을 더 잘 이해하는 데 도움이 된다. 다섯 번째, 상담자는 내담자가 문제 상황에 의해 활성화된 정서도식(2장 참조)을 탐색하도록 지원할 수 있다. 내담자는 자신의 개인적 스타일이나 일반적인 반응 방식을 인식하게 되고, 이를 검토하여 그 기원을 이해하고 여전히 유용한지 판단할 수 있다. 이

표 5-2 문제 반응에 대한 환기적 전개: 과업 해결 모델

내담자 해결 단계	상담자의 촉진 반응
1. **표식 확인**: 내담자는 예상하지 못한 곤혹스러운 개인적 반응을 설명함	• 내담자가 이해할 수 있도록 표식을 식별하고 내담자에게 반영함 • 과업을 제안하고 내담자가 해당 과업을 원하는지 확인함
2. **경험 재환기하기**: 내담자는 장면에 다시 들어가고 반응이 촉발된 특정 순간을 회상하며 다시 경험함	• 내담자가 마음의 눈으로 그 상황에 다시 들어가고 다시 경험하도록 격려함('장면 구축')
3. **두 가지 측면을 추적하기**: 내담자는 자극 상황의 두드러진 측면을 회상하고 상황에 대한 내적 정서 반응 및 그 상황에 대한 감각이나 의미(주관적 해석)를 탐색함	• 내담자가 외부 상황에 대한 인식, 내적 반응 및 이들 사이의 연관성을 탐색하도록 도움 • 내담자가 작업을 계속 진행하기 위해 필요에 따라 외부 상황과 내적 반응 사이에서 주의를 전환하도록 도움
4. **의미의 연결고리(부분적 해결)**: 내담자는 자신의 곤혹스러운 반응과 상황을 인식한 방식 사이의 연관성을 발견함	• 가능한 의미의 연결고리를 경청하고 반영함 • 내담자의 지속적인 곤혹감을 평가하여 문제가 해결되었는지 평가함 • 가능한 의미의 연결고리를 제공하기 위해 공감적 추측을 활용함 • 내담자가 더 넓은 문제의 틀을 잡을 수 있도록 도움
5. **자기 관련 정서도식을 인식하고 재검토**: 내담자는 반응을 자기와 타자를 보는 더 광범위한 습관적 방식의 한 예로 인식하고, 대안적인 자기 관련 정서도식과 그 결과를 탐색함	• 내담자가 드러나는 더 넓은 의미와 함의를 탐색할 수 있도록 경청하고 도움 • 내담자가 대안적인 자기도식들과 이들 사이의 갈등 가능성을 탐색하도록 도움 • 이를 촉진하기 위해 적절하게 두 의자 작업을 제공함(6장 참조)
6. **새로운 대안 고려하기(완전한 해결)**: 내담자는 자신의 기능과 원하는 자기변화의 중요한 측면에 대한 새로운 시각을 갖게 되고, 변화를 이룰 수 있는 힘을 얻기 시작함	• 새로운 자기 이해와 변화에 대한 함의를 경청하고 탐색함

과정에서 종종 상황을 경험하는 이전 방식과 새로운 방식 사이의 갈등이 드러나며, 이는 두 의자 작업(6장에서 설명)으로 이어진다. 여섯 번째, 정서도식을 탐색한 후 내담자는 상황에 대응하거나 상황을 해석하는 대안적인 방법을 생각해 낼 수 있다. 체계적인 환기적 전개를 활용하는 목적은 내담자가 문제 상황을 가능한 한 충분히 재경험하게 하여 인식에서 더 정확하게 상징화하고 상황의 개인적 영향이나 의미를 발견하게 함으로써, 대안적인 욕구와 행위 경향성을 가진 새로운 정서도식에 접근할 수 있도록 돕는 것이다(Rice & Saperia, 1984).

우울한 남성 내담자 Jonah의 문제 반응을 해결하는 과정의 간단한 예시를 통해 내담자가 어떻게 자신에 대해 새롭게 인식하게 되었는지, 그리고 치료에서 해결해야 할 문제가 무엇인지 알 수 있다(이 예시는 각 단계별 작업의 주요 예시를 강조하여 간략하게 설명한 것이다. 이 작업을 수행하는 데는 일반적으로 상담 회기의 많은 시간이 소요된다). 내담자는 자신의 반응을 설명하는 것으로 시작했다.

Jonah: 오늘 아침 사무실로 출근하기 전에 아내와 싸웠는데 하루 종일 기분이 너무 안 좋았어요. 왜 그 일이 하루 종일 저에게 영향을 미쳤는지 모르겠어요.

Margaret: 오늘 아침에 무슨 일이 있었나요?

Jonah: 음, 제가 나가려고 준비를 하고 있었는데 아내가 저에게 차 수리하는 것을 잊지 말고 오늘 밤 외출할 때 시간에 맞춰 집에 오라고 소리쳤어요.

그런 다음 내담자와 상담자는 함께 상황을 재구성하고 생생한 감각을 되찾기 위해 노력했다.

Margaret: 그래서 이 일이 일어났을 때 당신은 어디에 있었나요? [장면 구축 탐색 질문]

Jonah: 저는 출근 준비를 위해 계단 아래에 서 있었는데, 아내는 막 일어나서 위에서 저에게 소리를 지르고 있었어요.

Margaret: 당신은 정장 차림에 넥타이를 매고 서류가방을 손에 든 채 있었는데, 위에서 가운을 입은 아내가 당신을 향해 소리치고 있었군요. [환기적 반영]

다음으로, 참여자들이 그 장면을 생생하게 재현한 후 상담자는 Jonah에게 몸에서 느껴지는 반응에 주의를 기울이도록 지시했다.

Margaret: 그럼 몸이 조여오는 것을 느낀 건가요? [공감적 추측]

Jonah: 음, 아니요, 사실 뱃속이 가라앉는 느낌이 들었어요.

그들은 또한 반응을 촉발한 상황에서 특히 두드러진 측면을 찾아냈다.

Margaret: 그렇군요. 그냥 가라앉는 느낌, 그리고 어찌된 일인지 당신이 듣거나 보거나 느낀 어떤 것이 이 일을 촉발시킨 것 같아요…. [탐색적 반영]

Jonah: 음, 그냥 저 위에 서 있는 그녀를 볼 수 있었어요. 그녀의 표정에 뭔가가 있어요.

Margaret: 그렇군요. 그녀의 얼굴, 표정에 뭔가가 있군요.

Jonah: 예, 표정과 목소리가 너무 경멸적이었어요.

Margaret: 경멸…. 당신을 무시하는 것. [환기적 반영]

Jonah는 상황의 핵심이 무엇인지 확인한 후 자극을 어떻게 해석하고 이해하는지 판단할 수 있었고 이를 통해 자극의 개인적인 의미를 이해할 수 있게 되었다.

Jonah: 마치 아내가 '당신은 잊어버릴 거야. 당신은 망칠 거야. 잘 안 될 거야.'라고 말하는 것처럼 저를 무시하는 것 같았어요. 예, 그것은 경멸이었고 이것이 저의 엄마를 떠올리게 했어요. 엄마는 제가 제대로 하는 것이 없다고 늘 생각하셨죠. 그건 마치 '해 봐라. 하지만 나는 네가 망칠 거라는 걸 알아.'라고 하는 것 같았어요.

이 의미의 연결고리는 Jonah가 자신의 반응을 더 잘 이해하는 데 도움이 되었다. 그러고 나서 그는 문제 상황에 의해 활성화된 정서도식을 정교하게 설명하기 시작했다. Jonah는 아내에 대한 자신의 개인적인 반응을 인식하게 되었다. 그런 다음 상담자는 내담자가 상황에 대한 자신의 해석을 풀어내어 그 상황을 어떻게 해석했는지 이해하도록 도와서 그가 세상을 살아가는 방식과의 연관성을 이해하도록 했다. 상담자는 내담자의 반응과 사건에 대한 해석에 신중하고 천천히 주의를 기울임으로써 그를 촉발한 것을 파악하고, 항상 부적절하다고 느끼고 주요 타자로부터 비판을 기대하는 것과 같은 그가 세상을 살아가는 방식에 영향을 준 근원에 도달할 수 있도록 도울 수 있었다. 이후 회기에서 그들은 빈 의자 대화를 통해 Jonah의 어머니와 해결되지 않은 문제를 다시 다루었다(7장 참조).

환기적 전개를 연습하면 상담자가 '일화적 기억(episodic memories)', 즉 일어난 특정한 일에 대한 기억을 다루는 방법을 배우고, 내담자가 이러한 기억을 사용하여 기억을 되살리고 특정 정서에 더 강하게 접근하는 방법을 배우는 데 도움이 된다. 일화적 기억은 다른 과업, 특히 6장과 7장에서 다루는 다양한 유형의 의자 작업에서 중요하다.

불분명한 감정에 포커싱하기

EFC의 또 다른 핵심 과업은 '불분명한 감정에 포커싱하기'이다. 1장에서 언급했듯이, 포커싱은 원래 Gendlin(1981)과 그 외 사람들(예: Cornell, 1996)이 개발한 인간중심적-경험적 상담 실무의 핵심이다. 이는 6단계로 구성되어 있어 EFC 실무에 적용하기가 매우 쉽다. 더욱이 EFC의 관점에서 볼 때, Gendlin과 그 외 사람들이 '감각느낌(felt sense)'이라고 부르는 핵심 아이디어는 EFC에서 '정서도식(emotion scheme)'이라고 부르는 것과 거의 일치한다.

EFC 용어로 포커싱을 위한 표식은 '불분명한 감정'으로, 내담자 자신이 느끼는 감

표 5-3 불분명한 감정에 대한 포커싱: 과업 해결 모델

내담자 해결 단계	상담자가 반응을 촉진하기
1. 표식: 불분명한 감정: 너무 많거나, 복합적이거나, 문제가 되는 감정(또한: 모호함, 꽉 막힘, 멍함, 포괄적임, 외부적임)	• 내담자의 표식을 식별하고 반영하거나, 과업을 제안하거나, 집중할 '무언가'를 내담자가 식별하도록 요청함 • 내담자가 심호흡을 하고 다른 문제는 잠시 제쳐두라고 제안함
2. 불분명한 감정에 대한 전체적인 감각을 포함하여 그 감정에 주의를 기울이기	'포커싱 태도'를 장려하기: • 내담자가 불분명하거나 괴로운 신체적 감정에 자비로운 주의를 기울이도록 유도함 • 내 몸에서 어떤 느낌이 느껴지나요? 어디예요? • 수용적인 기다림의 태도를 장려함 • '전체' 감정에 주의를 기울이도록 장려함 • 이것은 무엇에 대한 것인가요? 무엇이 그렇게 ______한가요?
3. 잠재적 설명을 상징화하고 확인하기: 내담자는 명명하고 상징적 표현을 찾고, 명명의 정확성을 확인	• 내담자에게 불분명한 감정에 대한 단어나 심상을 찾도록 요청함 • 내담자가 말하는 내용을 정확하게 반영하고 해석을 피함 • 내담자가 '적합한 것'을 찾을 때까지 불분명한 감정과 명명을 비교하도록 권장함
4. 질문하기: 내담자는 감정에 대한 명명을 정확하게 표현함으로써 안도감을 느끼거나, 막막해하는 경우 내담자에게 감정에 대한 추가 질문하기	탐색적 변화 질문을 활용: • 그 감정에 대해 가장 어렵거나 고통스러운 것은 무엇인가요? • 그 감정이 무엇을 원하나요/필요로 하나요?
5. 감정의 변화를 수용하기: 감정의 변화를 인식하고 통합하기	• 내담자가 변화된 감정에 머무르도록 장려함 • 내담자가 비판적이거나 반대하는 정서를 일시적으로 내려놓을 수 있도록 도움
6. 치료실 밖에서 '**계속해 보도록 하거나**', 새로운 회기 내 과업을 '계속 진행하기'	경청하고, 적절하다면 계속해 보도록 촉진함(다음은 무엇인가? 어디로 이어지는가?)

정에 대해 혼란스러워하거나 경험의 표면에서 '나는 이 감정을 느끼고 있지만 그것이 무엇인지 모르겠어요.'라는 식으로 빙빙 돌고 있는 것을 발견하는 것이다. 불분명한 감정은 '포커싱'을 필요로 하는데(Cornell, 1996; Gendlin, 1981), 상담자는 내담자가 불분명한 감정의 신체적 측면에 주의, 인내, 호기심을 가지고 접근하여 더 온전히 경험하고 이를 정확하게 상징할 수 있는 단어나 심상을 찾도록 유도해야 한다. 해결에는 내담자의 몸에서 '느껴지는 변화(felt shift, 대개 긴장의 이완)', 새로운 의미를 창조, 자신의 삶에서 앞으로 나아가는 느낌 등이 포함된다. 더욱이 포커싱은 다양한 다른 과업, 특히 두 의자 작업과 빈 의자 작업에서 활용된다.

'포커싱'을 적용할 때 상담자는 〈표 5-3〉에 요약된 일련의 단계를 통해 내담자를 안내한다.

첫 번째 단계는 표식이다. 이 이상적인 예시와 같이 어떤 종류의 불분명한 감정에 대한 설명이다.

> Darius (내담자): 그래서 나는 지금 내 인간관계에 대해 이런 감정을 느끼고 있지만 묘사하기가 정말 어렵네요. 일종의 짜증이나 짜증과 비슷한 느낌이지만 그것도 꼭 맞는 것은 아니에요. 그것이 무엇인지 말하기는 정말 어렵지만 기분이 좋지 않아요.

일반적으로 상담자는 내담자에게 목/가슴/배 부위 안쪽으로 주의를 기울일 수 있는지 물어봄으로써 포커싱 과업을 제시하는데, 이것이 바로 포커싱의 '주의를 기울이기' 단계이다. 조임, 뭉침, 공허함 또는 무거움, 통증과 같은 신체적 감각에 대한 묘사를 찾는다.

> Keisha(상담자): 내면을 들여다보고 내면에 약간의 공간을 만들어야 해요. 심호흡하고 편안해질 수 있는지 살펴보세요. (잠시 멈춤) 이제 자신에게 물어보세요. 지금 내 몸에서 어떤 느낌이 드세요? 나에게 무엇이 있나요? 잠시 시간을 내어 시도해 보세요. (잠시 멈춤) 당신에게 무슨 일이 일어나

는지 알려주세요. (잠시 멈춤)

Darius: 어, 꽉 조이는 것 같아요.

그런 다음 상담자는 내담자에게 몸의 어느 부위가 조이는 것 같은지 말해 달라고 요청할 수 있으며, 내담자는 이렇게 말할 수 있다.

Darius: 내 횡경막 부위예요.

이를 반영한 후, 상담자는 내담자에게 그 느낌이 일어나는 신체 부위에 손을 부드럽게 얹도록 요청할 수 있다.

불편하거나 부담스러울 수 있기에, 내담자에게 이 느낌에 주의를 기울여도 괜찮은지 물어보는 것이 중요하다.

Keisha: 무서울 수 있지만 당신은 지금 머물러 있는 것이 괜찮으세요?

상담자는 내담자가 불분명하거나 불편하더라도 자신의 감각에 관심을 갖고 배려할 것을 제안함으로써 내담자가 자신의 감각을 수용하고 그 감각에 머물러 볼 수 있도록 도울 수 있으며, 그 감각을 자신에게 무언가를 말하려는 중요한 부분으로 수용하도록 노력할 수 있다. 그런 다음 내담자에게 그들의 관계에서 무엇이 몸을 그렇게 조이게 만드는지 물어볼 수 있다.

Darius: 내가 그를 실망시키고 있는 것 같은 느낌이 들어요. 나는 항상 일을 하고 있는데, 그에게 충분한 관심을 주지 않아서 그는 정말 불행해해요.

이를 반영한 후, 상담자는 일반적으로 내담자가 가장 적합한 명명을 찾을 수 있도록 느낌과 잠재적 명명을 '상징화하고 확인하기'의 과정인 세 번째 단계로 안내한다.

Keisha: 잠시 시간을 내서 이 느낌의 전체적인 특성을 포착할 수 있는 단어나 심상, 예를 들어 은유나 전체를 상징하는 무언가를 찾을 수 있는지 찾아보세요.

Darius: (잠시 멈춤) 음…. 삐쭉삐쭉한 바위, 화강암 덩어리처럼 모서리가 모두 날카로운 것 같아요.

Keisha: 날카롭고 삐쭉삐쭉한 화강암 조각이 바로 당신 가슴에 있네요…. 그게 당신의 파트너에 대해 느끼는 것과 비슷한가요? 자신에게 물어보고 확인하세요.

Darius: 아니요, 정확히는 아니에요. 좀 더 살아있는 게처럼 단단하고 날카로운 집게발이 있어서 놔주지 않는 것 같아요.

Keisha: 그게 맞나요? 게가 움켜쥐고 있는 것 같아 날카로워서 아플 것 같아요.

Darius: 네.

때때로 '감정의 변화'(5단계)가 일어나기 위해 필요한 것은 불분명한 감정이 명확하게 상징화되는 것뿐이다. 그러나 어떤 경우에는 감정이 명확해졌음에도 불구하고 변화가 일어나지 않는데, 이는 오래된 막힌 나쁜 감정(일차 부적응적 정서)이기 때문이다. 이 경우 상담자는 탐색적 질문을 통해 내담자가 막힌 정서에 보다 깊이 들어갈 수 있도록 돕는다(4단계: '질문하기').

Keisha: 그렇군요. 그러면 게가 집게발로 움켜쥐고 있는 느낌에서 가장 어렵거나 고통스러운 점이 무엇인지 자신에게 물어볼 수 있을까요?

Darius: 게의 날카롭고 삐쭉삐쭉한 부분이 모든 사람을 쫓아내고 고통이 끝나지 않을 것 같다는 생각이 들어요.

Keisha: 오, 그렇군요! 당신 주위에 아무도 없고 항상 혼자라는 느낌이 들어 견딜 수 없을 것 같고요?

Darius: 네.

Keisha: 그러면 그 고통과 외로움에는 무엇이 필요한가요?

Darius: 그걸 두려워하지 않고 나를 버리지 않을 사람이 필요해요.

Keisha: 당신 곁에 있으면서 날카로운 집게발 너머에 있는 무섭고 외롭고 연약한 내면을 봐줄 사람이 필요하네요.

Darius: (한숨을 내쉬며) 네. (울면서) 맞아요….

이 마지막 반응에서 한숨과 눈물은 부적응적인 감정이 적응적인 감정으로 변화되었음을 나타내며, 이는 다섯 번째 단계인 '감정의 변화를 수용하기'의 시작을 의미한다. 여기서 상담자는 내담자가 새로운 감정과 그에 따른 안도감에 머무르면서 그 감정을 환영하고 변화에 대한 이차 비판적 반응을 제쳐두도록 장려한다.

마지막 선택적 단계는 '계속 진행하기'로, 내담자가 치료자와의 회기에서 경험적 작업을 계속하거나, 상담실 밖에서 감정 변화가 자신의 삶에 미칠 잠재적 영향을 고려할 수 있다.

Keisha: 그럼 당신은 이로 인해 어디에 있는 것처럼 느끼나요? 있다면 그걸로 무엇을 하고 싶나요?

Darius: 잘 모르겠지만 지금은 부드럽고 특별하게 느껴지는 것 같아요. 슬픈 감정을 떨쳐버리고 여유를 가지고 부드럽게 대해 주고 싶어요.

이 단계에는 특히 내담자가 문제에 대해 더 많이 작업을 해야 하는 경우 내담자가 종료한 부분에 대해 괜찮은지 확인하는 것도 포함된다.

그 자체로 광범위하게 활용되지는 않지만, EFC 상담자는 포커싱 과정의 여러 측면을 자주 활용한다. 여기에는 즉각적인 경험에 대한 개방적이고 탐색적인 질문 활용하기, 상담자가 비언어적으로 동작을 반영하는 동안 내담자는 신체적으로 느껴지는 부분에 손을 얹도록 장려하기, 감정에 대한 잠재적 묘사가 그 감정에 맞는지 아닌지에 대한 '적합한 질문'을 활용하기, 신체적 변화에 주의를 기울이고 이러한 변화가 일어날 때 내담자가 계속 머물러 보도록 장려하기 등이 포함된다. 이러한 이유로 포커싱 과업을 배우면 일반적으로 EFC 실무를 강화할 수 있으며 노력할 만한 가치가 있다.

Bethany: 초기 작업 단계에서의 전개 및 포커싱

Bethany의 3회기는 상담의 작업 단계의 시작이며 이 장에서 설명한 두 가지 과업을 모두 포함한다. Bethany는 만원 버스를 타고 이동하는 것에 대한 불안감과 함께 무슨 이야기를 해야 할지 모른다는 걱정(사회불안의 주요 특징)을 느끼며 상담에 들어온다. 치료자는 다른 사람들에 대한 두려움의 예로 버스 이동 상황에 대한 환기적 전개를 몇 분간 안내하고, 버스에 앉아 있는 동안 내적 대화가 어떻게 진행되었는지 설명하도록 도와준다. 그녀는 자신이 안전하다고 생각하는 주제를 선택했지만 그것이 안전하지 않다고 판단되면 갇혀 있다는 느낌을 받을 수 있다고 스스로에게 이야기한다. Bethany는 이어서 할 말이 부족해져서 회기가 어색한 침묵으로 끝나는 것도 두렵고, 치료자의 시간을 허비하는 것도 두렵고, 치료자가 시간을 낭비했다고 짜증낼지도 몰라 두렵다고 말한다. 속상해 보이는 표정으로 그녀는 시간을 허비하는 자신에게도 짜증이 난다고 인정한다. 이러한 걱정은 다른 사람들과 대화하는 것을 어렵게 만들었고, 상담받으러 가는 여정에서 그녀를 괴롭혔다.

내담자와 상담자는 Bethany의 사회적 상황에 대한 일반적인 경험을 탐색한 다음, 남편이 마음을 터놓아 보라고 도전했을 때 겪었던 결혼생활의 위기에 대한 이야기로 넘어간다. 그녀가 이야기를 마친 후 어색한 침묵이 흘렀다. 이 지점에서 상담자는 포커싱의 한 부분을 제안했다. "잠시 멈추어 '나는 지금 무엇을 경험하고 있지?'라고 자문해 볼 수 있을까요?" Bethany는 예전만큼 불안하지는 않지만 여전히 가슴에 꽉 막힌 매듭이 있다고 말한다. 상담자는 그녀에게 가슴에 있는 이 매듭에 포커싱하도록 말하며 어색한 침묵의 순간에 느꼈던 감정을 기억해 보라고 제안한다. 그는 그녀에게 단단한 매듭이 무엇인지 물어본다. 내면을 들여다본 후 Bethany는 내면의 경계심과 자기비판적 목소리로 인해 생긴 것이라고 설명한다. 이 작업을 잠시 처리한 후 내담자와 치료자는 6장의 주제인 두 의자 작업으로 넘어간다.

추가 탐구

읽을거리

Cornell, A. W. (1996). *The power of focusing*. Oakland, CA: New Harbinger.

Elliott, R., Watson, J., Goldman, R. N. & Greenberg, L. S. (2013). **정서중심치료의 이해: 변화를 위한 과정-경험적 접근**[*Learning emotion-focused therapy: The process-experiential approach to change*]. (신성만, 전명희, 황혜리, 김혜정, 김현정, 이은경 역). 서울: 학지사(원전은 2004에 출판). [11장 참조]

Watson, J. C., & Rennie, D. (1994). A qualitative analysis of clients' reports of their subjective experience while exploring problematic reactions in therapy. *Journal of Counseling Psychology, 41*, 500-509.

볼거리

Elliot, R. (2018). *Resolving Problematic Reactions in Emotion-Focused Therapy*. American Psychological Association Videos. [체계적 환기적 전개의 시연]

Greenberg, L. S. (2007). *Emotion-Focused Therapy over Time* (Psychotherapy in Six Sessions). [비디오]. Washington, DC: American Psychological Association (제작사). [2회기의 시작 부분 참조]

성찰하기

1. 〈표 5-1〉을 다시 살펴보라. 여기에 설명된 EFC 과업에서 당신은 어떤 것에 대해 더 자세히 알고 싶은가? 어떤 것이 마음에 들지 않는가? 그 이유는 무엇인가?
2. 자신의 경험을 바탕으로, 최근 '불분명한 감정'의 예를 생각해 보라. 일반적으로 또는 막연하게 무언가 괴롭다는 느낌을 받았지만 말로 표현하기 어려웠던 경험을 떠올려 보라. 이 경험에 대한 간략한 설명을 작성해 보라.
3. 왜 그런 식으로 반응했는지 의아하게 느껴지는 정서나 행동을 한 적이 있는 '문제 반응 지점'의 예를 떠올릴 수 있는지 생각해 보라. 이 경험에 대한 간략한 설명을 작성하라.

4. 너무 많은 요구나 걱정에 압도당하는 느낌이 드는가? 그렇다면 포커싱 과업의 변형인 '공간 비우기(Clearing a Space)'(Elliot et al., 2004)를 시도해 보라.
   a. 심호흡을 하고 편안하게 마음을 가다듬고 속도를 늦추라.
   b. '지금 내 기분을 좋게 하지 못하게 하는 한 가지 이유가 뭐지?'라고 자문해 보라. 인내심을 갖고 그것이 당신에게 다가오도록 하라.
   c. 걱정거리가 떠오르면 지금 당신이 있는 방이나 공간, 또는 좋아하는 공간이나 장소에 그 걱정거리를 따로 치워두는 것을 상상해 보라. 필요하다면 그 걱정을 상자나 다른 용기에 넣는다고 상상해 보라. 어떤 일이 일어나는지 주의를 기울이라.
   d. 따로 넣어둘 걱정거리가 다 떨어질 때까지 이 과정을 반복하라.
   e. 이 모든 걱정거리를 제쳐두고 있다는 느낌으로 앉으라. 이것이 어떤 느낌인지 스스로 느껴보라.

초기 작업 단계: 두 의자 작업 06

개요

- 내적 갈등에 대한 두 의자 대화의 개요
- 사전 대화 및 시작 단계
- 깊이 들어가기 및 새로운 변화 단계
- 부드럽게 하기 및 협상 및 대화 후 단계
- 다른 종류의 갈등에 대처하기
- Bethany: 초기 작업 단계의 두 의자 작업
- 추가 탐구

내적 갈등에 대한 두 의자 대화의 개요

이 장에서는 '갈등 분열' 표식들(markers)과 두 의자 대화 작업에 대처하는 방법에 대한 개요를 제공한다. 이 과업은 자주 활용되는 최초의 사이코드라마 실험이며 일반적으로 상담의 작업 단계에서 초기에 발생한다. 이 작업에서 상담자는 내담자에게 자기의 두 부분 사이의 대화를 '실험'해 보도록 안내한다. 이 과업은 자기의 두 부분 사이의 내부 갈등을 탐색하고 일차 정서를 불러일으키기 위해 심상화와 실연(enactment)을 활용하는 것을 포함한다. 종종 한 목소리나 부분이 자기의 다른 부분에 매우 중요하다.

갈등 분열 표식 갈등 분열 과업 표식은 자기의 한 측면이 다른 측면을 비판하거나 강압적이거나 방해하는 등 부정적으로 대하는 것을 말한다. 예를 들어, 한 여자가 절망감과 패배감을 빠르게 느낄 수 있지만, 자매들의 눈에는 실패에도 불구하고 화를 내기도 한다.

> **내담자:** 나는 그들보다 열등하다고 느껴요. '나는 실패했고 그들만큼 잘하지 못하는 것' 같았어요.

〈표 6-1〉에서 알 수 있듯이 갈등 분열에는 여러 유형이 있다. 이는 가장 일반적이고 모든 정서중심상담(Emotion-Focused Counselling: EFC) 과업 표식들 중에서 가장 다양하다. 그러나 자기에 대한 부정적인 대우의 다양한 유형에 기초해, 세 가지가 다른 모든 것의 기본이다(〈표 6-1〉의 첫 3줄 참조). 이 모든 것 중 가장 일반적이고 기본적인 것은 위와 같은 '자기비판적 분열(self-critical splits)'로, 자기의 한 부분이 다른 부분을 공격한다. 자기비판적 분열에는 '나는 열등하게 느낀다.' '나는 실패했고 나는 무가치하다.' '나는 이만하면 좋은 어머니/아내/친구/직장인이 아니다.' 등과 같은 일종의 '자기평가(self-evaluation)'가 포함된다. 우리는 한쪽을 '비판자(critic)'라고 부르고 다른 쪽을 '경험하는 자기(experiencing self)' 또는 '경험자(experiencer)'라고 부른다. 이런 종류의 갈등은 종종 한쪽의 내면화된 자기비판적 평가와 다른 쪽의 유기체적 감정 및 관련 욕구와 소망 사이에서 발생한다. '자기강압 분열(self-coercion splits)'은 통제하는 부분이 다른 부분에 압력을 가하는 것과 관련이 있는데, 예를 들어, 더 열심히 일하거나, 운동하고 싶지 않은데도 체육관에 가거나, 더 일반적으로 완벽해지도록 압력을 가한다. 마지막으로, '자기방해 분열(self-interruption splits)'에서 우리는 자신이 말하거나 행동하거나 심지어 느끼는 것조차 차단하려고 노력하는데, 예를 들어 침묵

표 6-1 갈등 분열 표식의 예시

이름	자기의 부정적인 대우	예시
자기비판	공격, 비난, 깔아뭉개기	'그건 어리석은 말이었다.'
자기강요	강요, 밀어붙이기, 압박	'너는 완벽해야 해.'
자기방해	차단, 방지, 중지, 침묵	'너는 그런 말을 할 수도/행동할 수도/느낄 수도 없다.'
귀인	다른 사람들이 자신을 부정적으로 대하는 것을 상상하기	'모두가 너를 멍청하다/완벽해야 한다/그렇게 하면 안 된다고 생각한다.'
의사결정	망설임/동요함/갈등함	'나는 이 관계/직업/도시에서 남을지 혹은 떠날지 결정할 수 없다.'
우울	당신 자신을 우울하게 함	'너는 실패자이고 더 이상 희망이 없다.'
불안	당신 자신을 불안하게 만듦	'조심하는 것이 좋을 것이다; 너는 이 걸 또 망쳐 놓을 것이다.'
동기부여/자기손상	자기관리에 실패함	'술 때문에 걱정이 되지만, 점점 나아지고 있다/그다지 나쁘지 않다/다른 사람들은 더 나쁘다.'
코칭(2단계 자기비판)	문제가 있다고 비판하거나 비난함	'너는 그렇게 우울하고, 미루는 나쁜 사람이다.'
독성/파괴성	자신을 파괴함	'너는 살 자격이 없다, 너는 태어나지 말았어야 했다.'

하거나 마비되거나 분노나 정서적 고통을 차단한다. 자기 강요와 자기방해 모두 다른 부분이 따르지 않을 때 자기비판의 요소를 쉽게 받아들이는 자신을 통제하려는 시도를 포함한다.

〈표 6-1〉에서 볼 수 있듯이, 더욱 구체적인 종류의 갈등도 많이 있다. 그러나 그것들은 모두 자기에 대한 부정적인 대우의 세 가지 근본적인 종류에서 비롯된다. 예를 들어, '귀인 분열'에서 우리는 자신의 한 측면을 다른 측면, 일반적으로 자신을 부정적으로 대하는 부분에 귀속시키거나 투사한다. 따라서 우리가 다른 사람들에게 투사하

고 있는 것이 실제로 우리 내부의 비판일 때 우리는 다른 사람들이 우리를 판단하는 것을 두려워할 수 있다. '불안 분열'에서 한 부분은 파국화 요인이고 다른 부분은 불안한 경험이다. 파국화 요인은 통제하는 부분과 나쁜 일이 일어나지 않도록 사람을 안전하게 지키려고 노력하는 비판자의 조합이지만 정기적으로 겁을 줌으로써 이를 수행한다. 불안한 부분이 생겨서 결국에는 덜 안전하다고 느끼게 된다. '자기코칭' 분열은 근본적인 비판을 가리키는 두 번째 수준의 비판이기 때문에 혼란스러울 수 있다. 사람들이 우울하거나 미루는 것과 같이 문제가 있다는 이유로 자신을 비판할 때, 실제 근본적인 과정은 비판하거나 성격 결함에 대해 불안하게 만들 때 발생한다. '당신은 우울해서 나쁘다.' 와는 달리 '당신은 쓸모없다/멍청하다/등등'이라는 비판이 깔려있다. 그러므로 내담자가 표면 분열('당신은 문제를 안고 있는 나쁜 사람이야.')을 넘어 문제를 일으키는 자기비판에 포커싱하도록 돕는 것이 더 좋다.

두 의자 대화 이 표식들은 '두 의자 작업'을 위한 기회들을 제공한다: 자기의 두 부분이 서로 실시간으로 접촉하게 된다. 자기의 각 부분에 있는 생각, 정서, 욕구는 일반적으로 두 개의 의자로 분리되어 비난하거나 강압적이거나 방해하는 목소리를 부드

표 6-2 갈등 분열을 위한 두 의자 대화: 과업 해결 모델

작업 해결 단계	치료자 반응
1. 사전대화:	
1a. 과업 협업 구축하기	• 내담자 표식 식별하기
1b. 표식 표현 및 동의: 자신에 대한 부정적인 표현(비판적, 강압적, 방해적)	• 내담자 과업 협업 구축하기 • 구조(설정) 실험하기
2. 들어가기:	
2a. 자기의 두 측면을 식별하고 분리함(자기의 부정적인 대우와 반응)	• 두 측면 사이에 분리와 접촉을 만들기 • 각자 측면의 위치에 대한 책임을 장려하기
2b. 각 측면은 직접 상호작용하고 구체적이고 특유한 방식으로 책임을 지기 시작함	• 내담자의 각성을 강화하기

3. 깊이 들어가기:	
3a. 자기에 대한 부정적인 대우에 접근/강화함 3b. 경험자에서 깊이 들어가기 3c. 자기에 대한 핵심 부정적 대우를 구체화하기(결함, 금지명령) 3d. 경험자와 비판자의 기저의 정서에 계속 접근/표현함	• 자기에 대한 부정적인 대우(자기비판/명령/방해)에 대한 인식을 고취하기 • 경험하기 측면에서 기저의 정서/유기체적 욕구에 접근/표현/구분하기 • 심화되는 갈등 형태를 따르기 • 붕괴된 경험자와 함께: 절망감을 받아들이고/깊게/구별하기; 또는 비판자의 더 큰 구체성을 장려하기
4. 새로운 변화: 기저의 일차 정서/욕구가 나타나고 경험자에 의해 명확하게 표현됨	새로운 유기체적 정서의 출현을 촉진하기: • 내담자가 자신의 핵심 고통을 수용하도록 돕기 • 핵심 고통의 질을 차별화하기 • 정서와 욕구 사항에 대해 부드럽게 질문하기
5. 부드럽게 하기 및 협상:	
5a. 부정적 대우 측면은 내적 경험에 접근하고 표현하며 가치와 기준을 차별화함 5b. 두 측면 모두 서로에 대한 연민/관심/존중을 나타냄 5c. 측면/정서/욕구/소망이 어떻게 수용/조정될 수 있는지에 대한 명확한 이해 5d. 대안: 내사된 파괴적이고 부정적인 측면을 거부함	• 비평을 부드럽게 하기(공감 또는 연민으로) • 중요한 측면에서 가치와 기준을 차별화하기 • 측면 간 상호 이해/수용을 촉진하기 • 자기의 측면 간 앞뒤 협상 촉진: 실질적으로 타협하기 • 대안: 파괴적인 내사된 음성을 거부하기
6. 대화 후 의미 창출(해결 여부와 상관없이): 과정이 어떻게 작동하고, 어떻게 앞으로 나아갈 것인지에 대한 더 나은 이해 결과를 얻음	• 공유된 의미 관점/개념화를 만들기 위해 내담자와 협력하여 작업에 대해 성찰하도록 돕기 • 알아차림 과제 내기(해당하는 경우)

럽게 하기 위해 대화에서 직접 탐색하고 서로 소통할 수 있다. 해결은 자기에 대한 부정적인 대우를 완화하고 양측 간의 통합을 수반한다. 여기서는 주로 자기비판 분열에

포커싱을 맞추고, 이를 일반적인 작업의 프로토타입으로 사용할 것이다. 〈표 6-2〉에는 두 의자 대화의 단계가 요약되어 있다.

요약하자면, 내담자의 설명에서 자기비판적 표식이 나타나면 상담자는 내담자에게 자기의 비판적 부분과 경험하는 부분 사이의 대화에 참여하도록 요청한다(Greenberg, 1984a; Greenberg et al., 1993). 이 대화에서 비판하는 목소리와 경험하는 자기의 목소리는 먼저 분리된 다음 심리극 실연에서 서로 직접 접촉한다(Greenberg et al., 1993). 중요한 첫 번째 단계는 상담자는 내담자가 내면 비판자와 자기 경험자의 목소리를 구분하도록 돕는 것이다; 비판자의 자기비판은 경험자에게 표현되고, '너는 누군가가 될 수 있었는데, 지금 너를 봐, 너는 아무것도 아니야.'와 같은 핵심 자기비판에 도달하도록 구분된다. 이 단계를 놓치면 의자 작업은 엉망이 되고 혼란스러울 수 있다. 다음으로, 슬픔이나 수치심과 같은 경험하는 자기의 일차적인 고통스러운 정서와 욕구는 목소리 간의 관계가 갈등과 비판에서 경청으로 발전할 때까지 대화에서 탐색되고 표현된다. 그런 다음 비판하는 목소리가 부드러워지고 종종 연민이나 공감으로 바뀌면서 해결이 이루어지고, 그 후에 양측의 협상과 통합이 가능해지며 그 결과 그 사람은 다시 온전함을 느끼고 더 이상 분열되지 않게 된다. 두 의자 과정의 단계는 Jonah의 네 번째 회기의 예와 함께 6단계 해결 모델(〈표 6-2〉)에 따라 아래에 설명되었다.

처음으로 EFC에 접근하는 많은 상담자는 가구 및 심리극 실연에 대한 모든 이야기가 불편할 수 있다. 이는 매우 직접적인 것처럼 들릴 수 있으며 실제로 제대로 수행되지 않으면 내담자는 오해, 통제, 심지어 위협이나 두려움을 느낄 수 있다. 사실, 강력하고 진실하며 배려하고 공감하는 상담 관계가 없으면 의자 작업은 효과가 없다. 3, 4회기 이전에 제공해서는 안 되며, 원하지 않는 내담자에게 강요해서는 안 된다. 상담자가 작업을 통제하는 내담자와 함께 일하는 진정한 협력 과정일 때 가장 효과적이다. 두 가지 실행 사례를 통해 이것이 어떤 모습인지 제시할 것이다.

사전 대화 및 시작 단계

1단계. 사전 대화 사전 대화 단계에서 상담자는 분열을 식별하고 자기비판 과정의 양면을 공감적으로 반영한다.

Margaret: 그래서 내면에는 고통스러운 투쟁이 있는 것 같아요. 한 부분은 '너는 부족해, 넌 일을 제대로 할 수 없어.'라고 말하면서 당신을 질책하고, 또 다른 부분은 '나는 실패했어.'라고 느끼는 것이지요. 그리고 거의 절망적이라고 느낍니다. 이 두 가지를 모두 포착할 수 있나요?

첫 번째 단계는 협력을 구축하고 표식 표현 및 합의를 허용하는 것이다. 일단 분열 표식이 식별되고 공감되면 상담자는 분열에서 작업하기 위해 내담자의 동의를 구한다. 상담자는 다음과 같이 의자 작업에 참여하는 것이 어떤 도움이 되는지에 대한 근거를 제공한다.

Margaret: 이 작업은 이러한 목소리를 개방적으로 드러내어 직접 확인하거나 더 직접적으로 함께 작업할 수 있도록 도와줍니다.

그러면 내담자는 이렇게 말한다.

Jonah: 저는 늘 부족한 사람처럼 자신을 실망시키곤 해요.

Margaret: 한번 해 볼까요? 이상하게 들릴 수도 있지만 때로는 그러한 비판을 공개할 수 있다면 정말 도움이 돼요. 알겠죠? (Jonah: 예.) 그래서 나는 당신의 비판하는 목소리와 당신 자신 사이에 대화를 제안하고 싶어요. 이걸 시도해도 될까요? (Jonah: 네.) 자, 여기 앉으세요. [Jonah가 비판자 의자로 옮긴다.] 그리고 이쪽이 당신을 비판하는 쪽이에요. 그에게 뭐라고 말해요? [Margaret이 경험자 의자를 가리키며] '넌 실패했어, 아무것도 얻지 못했어.' 같은 거요. 정확한 메시지는 모르겠어요. 그중 몇 가지를 여기 앉아서 자신에게 말해 볼 수 있을까요?

Jonah: 어어어어. 좋아요.

Margaret: 이 부분은 일종의 비판자, 평가자죠? 그러니까 자신을 비판하세요.

Jonah: 그리고 당신을 쳐다보지 말고 의자를 보고 말하라고요?

Margaret: 예. 자신을 비판해 보세요. 그리고 당신이 자신에게 보내는 메시지를 살펴보세요. 어떻게 자신을 비판하고, 어떻게 자신을 낮추나요?

2a단계. 들어가기: 측면을 식별하고 분리함 상담자는 두 의자 대화를 활용하기로 합의한 후 내담자가 두 가지 반대 측면을 가능한 한 명확하게 식별하고 분리하도록 돕고 대화의 각 측면을 완전히 발전시키도록 노력한다. 일단 비판하는 목소리가 활성화되면 상담자는 내담자에게 자기 의자로 자리를 옮겨달라고 말하고 "그 말을 들었을 때 내적으로 어떤 느낌이 드나요?"라고 묻는다. 경험자는 종종 비판자의 의견에 동의하거나 비판에 대해 방어한다. 이는 반응적 이차 정서이며 궁극적으로 생산적인 과정이 아니므로 이에 대해 깊이 생각하거나 조장하지 않는 것이 중요하다. 대신 상담자는 내담자가 현재 몸에서 느끼는 것에 포커싱하도록 안내한다. 상담자는 이 대화가 비판이 사실인지 아닌지에 대한 것이 아니라 비판을 받는 기분이 어떤지에 대한 것임을 분명히 하는 것이 중요하다. 대화의 목적은 정서에 접근하는 것이다. 정서는 나에게 좋은지 나쁜지에 따라 결정되는 것이지, 무엇이 이성적이거나 참이거나 거짓인지에 따라 결정되지 않는다.

비판자를 발전시킨 몇 분 후, 그리고 이상적으로는 비판자를 경멸하는 부정적인 태도가 확인되고 표현되었을 때, 그리고 아마도 이 비판의 몇 가지 구체적인 사례가 있을 때 상담자는 내담자에게 경험자 의자로 이동하여 이런 식으로 비판을 받는 것을 경험하도록 제안한다. EFC는 이를 수행하기 위해 포커싱 과정을 활용한다(4장 참조). 자기는 비판에 대한 반응으로 신체에서 어떻게 느끼는지 질문받는다. 비판자에 대한 '기분이 좋지 않다.' 등의 전체적인 반응이 아닌 자기의 차별화된 정서적 반응을 얻는 것이 중요하다. 대신 내담자가 내면에 주의를 기울이고 순간적으로 몸에서 활성화된 좀 더 차별화된 감각을 얻을 수 있도록 안내한다. 신체적인 느낌과 행동 성향을 상징화해야 한다. Jonah의 대화에서 다음 단계는 아래와 같다.

Margaret: 좋아요, 여기로 올 수 있나요? [Jonah가 의자를 바꾼다.] 이것이 정서적인 측면인데, 그것에 대한 반응으로 지금 당신의 몸에서는 어떤 느낌이 드나요?

Jonah [**경험자로서**]: 모르겠어. 하지만 대부분 내가 어떤 면에서는 쓸모없다고 느낀다는 뜻이야. 어느 정도 동의해(웃음).

Margaret: 응, 그런데 이런 비판을 들으면 기분이 어떤가요? 가슴이나 팔 등 신체의 느낌이 어떻습니까? 느껴지는 것은 무엇이라도?

Jonah: 글쎄요, 숨을 쉴 수 없을 것 같은 긴장감과 가슴이 답답한 느낌이 드네요.

Margaret: 그에게 말해요.

Jonah: 긴장감과 압박감을 느껴서 쓰러질 것 같아. 나는 결코 나 자신을 주장하고 내 상사나 누구에게나 맞설 만큼 충분히 강해질 수 없을 거야.

Margaret: 응, 그냥 무너지는 느낌이군요. 여기로 와서 내부에서 무슨 일이 일어나 그를 쓰러뜨리는지 볼까요? [Jonah가 의자를 바꾼다.] 당신은 자신에게 무엇을 말하고 있나요?

Jonah [**비판자로서**]: 너, 너는 약해.

Margaret: 아, 너는 약해? 좀 더 말해 보세요.

Jonah: 응. 너는 의지가 없어서 스스로 일어서지 못해. 말하면 아마 망할 거야. 무슨 말을 하든지 달라지지 않을 거야.

Margaret: 구체적으로 말해 보시겠어요? 예를 들어, 언제 그가 스스로 일어서지 못했는지 말해 보세요.

Jonah: 어제처럼 상사가 너에게 추가로 과업을 줬을 때, 너는 이미 일이 꽉 차 있다는 말없이 그냥 그 일을 맡았어.

2b단계. 들어가기: 직접 상호작용하고 책임지기 이제 상담자는 내담자가 분리를 유지하도록 돕고 내담자는 양측에 대해 접촉하고 책임을 지며 양측의 입장을 촉진한다. 이는 내담자가 자신이 앉아 있는 의자에서 지속적으로 말하도록 함으로써 이루어진다. 한 목소리는 비판하는 의자에서, 다른 목소리는 비판을 받은 경험이다. 이는 내담자가 비판하는 의자에서 말할 때 '너' 진술을 사용하여 이쪽의 비판 특성을 포착하고, 경험자로부터 말할 때 '나' 진술을 사용하여 정서를 포착하도록 격려함으로써 도움이 된다. 상대방의 경험을 이야기하기보다는 각자의 입장을 갖고 표현해야 한다.

경험하는 자기의 2단계에서 비판자에 대한 반응이 동의('네 말이 맞아.')일 때 앞에서 본 것처럼, 이 동의를 액면 그대로 받아들여서는 안 된다. 그렇게 하면 분열이 사라질 수 있기 때문이다. 대신, 자기비판의 보다 근본적인 측면에 도달하기 위해서는 합의 이면의 기저의 정서에 포커싱하고 탐색하거나 때로는 간략하게 반영한 다음 우회해야 한다. 그러므로 탐색 과정에서 상담자는 '넌 쓸모없어.'와 같이 우울증을 유발하는 비판적 태도와 '나는 절망적이야.'라고 경험하는 자기의 반응 사이에 있어야 한다.

깊이 들어가기 및 새로운 변화 단계

이 단계는 자기에 대한 더 깊은 정서에 접근하는 단계이다. 처음에 비판하는 목소리를 활성화하는 주요 목적 중 하나는 비판을 경험하는 것이 어떤 것인지에 대한 개인의 느낌을 생생하게 전달하는 것이다. 처음에는 절망감이나 심지어 분노 반응과 같은 이차 정서에 더 가깝다. 내담자가 자신의 경험에 반응하면 상담자는 그들이 신체적으로 느낀 경험에 주의를 기울이고 첫 반응뿐만 아니라 그들이 느낄 수 있는 다른 반응에도 주의를 기울이도록 안내한다. 종종 자기비판은 무가치함, 부적절함, 수치심이라는 핵심 정서를 활성화시킨다. 대화의 이 부분에서 내담자가 핵심 비판에 도달하기 위해 몇 번 왔다 갔다 하고 매우 세부적이고 구체적으로 설명해야 한다. 이는 경험자 의자에서 반응할 때 내담자의 고통스러운 정서를 심화시키는 데 도움이 된다. 정서가 깊어지고 고통스러운 정서에 접근하면 충족되지 못한 욕구가 나타나고 그 욕구가 충족될 자격이 있다는 감각은 종종 내담자가 더 강한 자기 가치감으로 전환하는 데 도움이 된다.

3a단계. 깊이 들어가기: 자기에 대한 부정적인 대우에 접근하고 강화하기 다음 Jonah의 대화를 계속하면, 그는 이제 경험하는 의자에 앉았고 자신이 실패했다는 비판하는 목소리의 진술에 응답하고 있다. 우리는 여기 경험하는 의자에서 그가 어떻게 자신의 나쁜 정서를 '긴장'과 '나쁜 일이 일어날 것이라는 두려움'으로 구별하기 시작하는지 볼 수 있다. 그런 다음 대화는 불안을 유발하는 대화('불안 분열')로 전환되며, 여기서 비판자는 파국적이고 통제적인 목소리로 행동한다.

Margaret: 여기서 무슨 일이 일어나는 거죠?

Jonah [**경험자로서**]: 글쎄요, 긴장되고. 모르겠어요. 내적으로 느껴지는데⋯ 뭔가 나쁜 일이 일어날 것 같은 두려움이⋯ 어⋯.

Margaret: 네, 그냥 그 상태로 머물러 보세요. 몸으로 느껴지시나요? (Jonah: 예.) 어디에서요?

Jonah: 네, 제 팔과 뱃속에 느낌이 와요. 그냥 불안하고 떨리고 무언가 망칠 것 같은 느낌이 들어요.

Margaret: 이쪽으로 오세요. [비판자 의자를 가리키며; Jonah가 의자를 바꾼다.] 자신감이 없어지고, 실패할 것처럼 불안해지는 이 목소리를 내주세요.

Jonah: 상사가 나에게 뭔가를 하라고 요구할 때 사람들이 나를 쳐다보는 것, 내가 얼마나 바보인지 생각하는 것 같은 느낌이 들어요.

Margaret: 여기서 그에게 '다른 사람들이 너를 쳐다보고 있어. 다른 사람들이 너를 쳐다보고 평가해.'라고 말해 주세요⋯.

Jonah [**비판자로서**]: 그래, 너를 위아래로 쳐다보며⋯(몸짓으로) 그리고⋯ 그들은 모두 거기 서서 바라보고 있고, 내가 거기 앉아 있는 동안 그것은 마치 '너는 바보야!' 또는 '너는 큰일 났어'라는 느낌이야.

3b단계. 심화: 경험자에서 깊이 들어가기 비판적 목소리를 발달시킨 후 상담자는 경험자 의자에 있는 내담자가 비판에 대한 반응으로 현재의 주요 정서 경험에 주의를 기울이도록 돕는 데 포커싱한다. 주의를 내부로 돌리는 것(다시 포커싱의 한 형태임)은 내담자가 초기의 이차 반응적 정서를 지나쳐 더 깊고 더 일차 정서로 이동하는 데 도움이 된다(2장 참조). 내담자가 각 측면을 개선하고 기저의 정서에 접근하도록 도움으로써 상담자는 양측 간의 접촉과 협의가 일어나도록 한다.

Margaret: 바꾸어 보시겠어요? (Jonah는 의자를 바꾼다.) 지금 마음속으로는 어떤 느낌이 드나요?

Jonah [**경험자로서**]: 글쎄, 답답하고 불안하고 피곤해.

Margaret: 예, 항상 그런 목소리를 듣는 게 지치거든요.

Jonah: 항상 경계하고 또 경계하는 데 지쳤어.

Margaret: 어허. 피곤한 것 같군요. 그에게 말해요. 당신에게 어떤 느낌인지 그에게 말해 주세요. [책임 증진하기]

Jonah: 그는 상관없어요. [씁쓸한 웃음]

Margaret: 어허. 당신이 보살핌을 받지 못한다는 느낌을 받는군요.

Jonah: 예!

Margaret: 그 사람에게 그것에 대해 말해 주세요. [책임 증진하기]

Jonah: 압박을 느끼고, 요구받고, 보살핌을 받지 못한다고 느껴. [침묵]

Margaret: 그렇다면 당신은 이 말을 하면서 어떤 경험을 하고 있나요? [정서에 접근하기 위한 탐색적 질문]

Jonah: 갇혔어요. [한숨]. 나는 항상 피곤하고 활력을 되찾을 기회가 없어요.

Margaret: 그럼 그 사람한테 무슨 말을 할 거예요? 무엇을 원하거나 필요로 합니까? [욕구에 대한 인식 장려하기]

Jonah: 난 원해… 원해, 기본적으로 쉬고 싶어.

Margaret: 그에게 다시 말해 주세요.

Jonah: 조용히 해. 날 내버려 둬. 입 다물어.

Margaret: 그에게 필요한 게 뭐죠?

Jonah: 압박, 감시, 경고를 그만두고 나를 좀 봐주었으면 좋겠어. 나는 비판이 아니라 지지가 필요해.

3c단계. 깊이 들어가기: 자기에 대한 핵심 부정적 대우를 구체화하기 내담자가 두 측면/의자 사이를 오가는 동안 상담자는 내담자가 구체적인 자기비판과 금지명령('해야 한다')을 더 잘 인식하도록 계속해서 도와준다. 여기서 핵심은 보다 구체적이고 세부적이 되는 데 있다. 그래서 비판자가 "더 열심히 해야지."라고 말하면 "좀 더 구체적으로 말해 주실 수 있나요?"라는 과정 제안을 한다: "당신은 더 구체적일 수 있나요? 그는 구체적으로 무엇을 해야 합니까? 그에게 말해 보세요." 이것은 내담자의 다음 진술을 용이하게 한다. "지난밤 10시 30분에 포기하지 말았어야 했어. 적어도 한 시간은 더 붙어 있었어야 했어." 포괄적인 '해야 한다'에서 좀 더 구체적인 불만으로의 변화는 그 사람의 자기비판의 특이한 내용과 질을 훨씬 더 많이 드러내기 시작한다.

상담자는 또한 내담자가 비판자의 태도와 스타일에 주의를 기울여 내담자가 말하는 것뿐만 아니라 어떻게 이런 일이 일어나는지 방법에 대해서도 알 수 있게 도와준다. 이것은 가혹하거나 꾸짖거나 죄책감을 갖게 하는 등의 방식으로 실연함으로써 가능한 한 충분히 설명된다. 따라서 상담자는 내담자가 표현한 각 측면의 내용과 스타일을 주의 깊게 경청함으로써 대화가 전개되도록 돕고 자기비판의 '무엇'과 '어떻게'를 모두 명시한다.

중요한 목표는 내담자가 자신의 핵심 비판을 명확하게 표현하도록 돕는 것이다. 상담자는 내담자에게 자기비하와 관련된 문구나 비언어적 표현을 반복하고 과장하도록 지시할 수 있다. 예를 들어, 만약 내담자가 "너는 쓸모 없어."라고 말하거나 비판하면서 비웃으면, 상담자는 내담자에게 "이것을 다시 해 보세요…" "이것을 좀 더 해 보세요…" "이것에 대해 몇 마디 해 보세요…"라고 지시한다. 이는 핵심 비판에 접근하는 데 도움이 되고 내담자의 정서적 각성을 강화한다.

정서적 고통이 고조된 자기공격으로 인해 촉발되기 때문에 경험하는 자기의 정서가 비판자 자리에서 먼저 나타나는 경우가 많다는 것을 주목해야 한다. 이 경우는 고통이 자기 경험자에게 있다는 것을 인식하고 때로는 내담자에게 전환을 요청하는 적절한 순간을 기다리는 것이 중요하다.

3d단계. 깊이 들어가기: 경험자와 비판자의 기저의 정서에 계속 접근하고 표현하기

상담자는 내담자가 일차 정서에 접근하고 심화하도록 돕기 위해 포커싱 과정을 계속 활용하고, 내담자가 정서에 포커싱하고 정서에 주의를 기울이도록 안내하거나 내담자가 비판자에게 정서를 표현하도록 요청한다. 상담자는 다음과 같은 질문을 할 수 있다. "당신의 몸에서 어떤 경험을 하나요?" "나는 패배감을 느껴요."라는 내담자의 반응, 예를 들어, 절망감과 같은 내담자의 정서를 반영하여 대답하게 된다. 이러한 반영은 내담자가 상담자에게 말하는 것보다 더 많은 정서를 활성화하고 부분 간의 대화에 포커싱을 유지하기 위해 이 정서를 다른 의자에 표현하도록 하는 과정 제안으로 이어진다. 상담자는 변화하는 정서를 추적하고, 새로운 경험에 포커싱하고, 새로운 경험에 대한 탐색과 표현을 격려한다. 상담자는 정서의 적극적인 표현을 촉진한다. 따라서 상담자는 "당신이 느끼는 것을 그에게 말해 주세요."라고 말하거나, 다른 의자에게 그 느낌의 표현을 제안하거나, "그 사람에게 무엇을 말하고 싶어요?"라고 말하게 한다.

그 후 치료자는 Jonah에게 비판자 의자로 돌아가서 대화를 계속하도록 한다.

Margaret: 바꿔요. (Jonah가 비판자 자리로 이동한다.) 그러면 다음에는 어떻게 되나요? 이 부분은 그에게 무엇을 말해 주나요? 여기서 자책하는 거죠? 좋아요, 그럼 또 뭐라고 할까요? '너는 망쳤어.'라고 할까요?

Jonah: 예.

Margaret: 엄청나게! '넌 패배자야.'

Jonah: 예, 그렇군요.

Margaret: 말해 보세요. [비판자가 고양됨]

Jonah: 넌 패배자야.

Margaret: 또 뭐가 있나요, 또 어떻게 자책하나요? … 내 말은, 당신이 계속 그에게 자책하는 걸 아나요?

Jonah: 아아… 넌 가망이 없어. [다른 의자를 향해 체스처를 취한다.]

Margaret: 이게 뭐예요? [상담자가 내담자의 손짓에 대해 물어본다.] 당신은 약간 경멸하는 것 같고… 또한 무시하는 것 같네요… 당신은 그에게 절망하고 손을 내저으면서 경멸하며 그를 포기하는 것 같아요. '아! 너는 더 이상 신경 쓸 가치도 없어…'라는 식으로요. [과정을 내용으로 전환하기]

Jonah: 예, 그렇군요.

Margaret: 그럼 이렇게 하세요. 경멸하고 무시하는 태도를 취하세요. 그렇게 하세요.

Jonah: 어허… 너는 절망적이야. 너는… [멈춤] 한심해.

4단계. 새로운 변화: 기저의 일차 정서와 욕구가 나타남 이 시점에서, 자기에 대한 주요 부정적인 견해와 그에 관련된 고통에 도달하게 된다. Jonah의 상담자는 그가 경험자 의자로 돌아가 핵심 고통과 이에 따른 욕구를 표현하도록 하여 다음 단계로 넘어갈 수 있는 기회를 제공했다.

Margaret: 의자를 바꾸세요. [Jonah는 바꾼다.] 이제 여기서부터 그 느낌에 머물러 있어 보세요. 당신이 이것을 느꼈을 때 기분이 어때요?

Jonah: 글쎄요, 정말 끔찍해요. 하지만 저는… 네, 정말 끔찍해요, 정말 끔찍해요.

Margaret: 그에게 얼마나 끔찍한 기분인지 말해 주세요… 부서지거나…?

Jonah: 예, 마비되네요. 겁이 나고 부끄러워요 [목이 막히는 소리]

Margaret: 그것은 당신을 마비시키고 완전히 움직이지 못하게 만드네요. 당신을 얼어붙게 만들어요. 너무 고통스럽네요. (Jonah: 음). 음. 그래서 '나는 움직일 수 없고 구석에 갇혀 있어.' 안에서 무슨 일이 일어나고 있는 걸까요? 당신 눈이 정말 괴로워 보이네요….

Jonah: 정말 괴로운 것 같아요. 무력해요. 굴욕감을 느끼고 나 자신을 위해 아무것도 할 수 없어요.

Margaret: 뭐가 필요해요?

Jonah: (한숨) 모르겠어요. 그가 나를 더 살 내해줘야 할 것 같아요. '그만해, 물러서'라는 뜻이기도 하죠?

Margaret: 지금 어떤 기분이 드시나요?

Jonah: 열받아서, '그만해, 물러서, 날 내버려둬' 라고요.

Margaret: 다시 말해 보세요.

Jonah: 응, 그만해.

Margaret: 그리고 물러서.

Jonah: 그리고 물러서.

이는 내담자가 자신의 분노와 더욱 적극적인 정서를 인식하고, 분류하고, 표현하게 되면서 나타나는 중요한 변화이다. 그는 또한 비판자에게 한계를 설정하고 비판자에게 너무 비판적인 태도를 취하지 말라고 말했다. 이후 대화에서 내담자는 비판자와 함께 한계를 더욱 정하고 지원과 격려를 요청할 수 있었다. 이 비판자는 좀 더 안심시키고 지지하며 덜 비판적인 태도를 취하는 데 동의했다.

여기서 무슨 일이 일어났을까? 대화의 이 단계에서 결정적으로 중요한 문제는 경험자 의자에서 고통스러운 정서를 어떻게 처리하는가이다. 내담자는 무엇보다도 슬픔, 절망, 불안, 피로감, 부적절한 느낌 등의 강렬한 정서를 경험하고 표현할 것이다. 우리는 어떻게 반응하며, 어떻게 이러한 정서의 변화를 촉진해야 할까? 내담자가 고통스러운 상태에 들어갈 때, 상담자는 내담자가 '힘이 빠진다' '슬프다' 등 그 느낌에서 벗어나지 않고 그 느낌에 머물도록 돕는다. 그들은 내담자에게 '슬픔에 머물러 보세요.' '슬픔이 오게 놔두세요.' 또는 ' 그 정서를 말로 표현할 수 있나요?'라고 제안함으로써 그 정서에 완전히 몰입하도록 요구한다. 본질적으로, 이는 내담자가 경험에 최대한 많은 주의를 기울여 경험을 최대한 동일시하고 최대한 정확하게 상징화하도록 돕는다. 고통스러운 정서는 일단 자신의 것이라고 주장하고 상징화하면 '삶이 나를 지나칠까 두렵다.' '외롭고 연약한 느낌이다.' '노출되고 취약한 느낌이다.'와 같은 문구로 더욱 분화되어 발전한다. 이는 내담자가 발견과 창조를 통해 새로운 의미를 갖게 되는 것을 포함한다. 경험자는 상징화되고 새로운 가능성이 만들어진다. 내담자의 성장 경향성과 이에 대한 상담자의 공감적 조율은 앞으로 나아갈 수 있도록 이끌어 준다.

감정을 구별하고 상징화한 후, 핵심적인 상담자의 개입은 내담자의 경험, 특히 그들의 욕구와 소망을 조사하는 탐색적 질문을 하는 것이다. 이는 정교화와 차별화를 촉진한다. '내면은 어때요?'라는 질문에 유의하는 것이 유용한데, 탐색적인 어조로 묻는, '기분은 어때요?'보다 상징화를 촉진하는 데 더 효과적이라는 점이다. 전자의 질문은 차별화된 상향식 설명을 촉진하는 반면, 후자는 개념적, 하향식 명명으로 이어질 수 있으므로 덜 자주 활용된다.

이러한 정서의 분화 과정은 새로운 경험과 정서와 관련된 욕구로 이어진다. 따라서 새로운 특징에 주의를 기울일 때 그 경험자인 '두렵다.' 또는 '취약하다고 느낀다.'는 '나는 섬세하고 이 느낌이 좋다.'로 발전할 수 있다. 더욱이, '나는 무가치하다고 느낀다.'는 느낌이 '나는 최선을 다했지만 그것은 너에게 충분하지 않았다.'로 분화될 때, 그것은 더 나아가 '나는 화가 났어.'로 변환되고 마침내 다른 의자에 대한 주장으로 바뀔 수 있다. '너는 나에게 너무 많은 걸 기대해.' 정서가 행위 경향성이라는 점을 감안할 때, 떠오르는 정서가 파악되면 그에 따른 행위 경향성과 욕구를 파악하는 것이 중요하다. '나는 지쳤다.'는 말에는 일반적으로 뒤로 물러나거나 노력을 중단하려는 경향과 긴장을 풀고 싶은 욕구가 포함되어 있다. '화가 났어.'에는 일반적으로 앞으로 밀고 나아가거나 방어하거나 벗어나려는 욕구가 포함된다. 그러나 인간의 모든 경험은 궁극적으로 독특하다는 점에 유의하는 것이 중요하다. 사람마다 피로와 분노의 유형이 다르며, 같은 사람이라도 시기에 따라 피로와 분노의 유형이 다르다. 따라서 각 정서는 현재의 고유한 행위 경향성과 필요성에 따라 탐색되어야 한다.

내담자의 고통이나 기본적인 불안이 경험자에서 접촉되었을 때, 이 불편함에서 벗어나려는 경향은 상담자와 협력적인 치료적 동맹의 지원으로 극복되어 발전하기 위해 고통스러운 정서를 받아들이고 허용한다. 그는 불안하고 안전하지 않은 느낌, 실존적으로 취약한 느낌, 무너질 것 같은 두려움, 혼란스러워지는 것을 경험할 수 있다. 그러나 이는 통제 불능의 공황 상태가 아니다. 그것은 그가 자신의 핵심 고통, 가장 기본적인 두려움, 가장 기저의 불안에 직면하는 것을 허용하고 경험하는 과정이다. 이 과정은 타자의 현존이라는 안전 속에서 이루어지며, 타자가 자기를 수용하고 안정감을 느낄 수 있도록 도와준다. 고통이나 불안을 허용하고 이 안전 속에서 그것을 경험한 후에, 그 사람은 자신의 내면 자원, 유기체적 능력, 자신감과 접촉하는 변화 과정이 일어난다. 역설적이게도 이는 '나는 확신할 수 없다.' 또는 '그래, 나는 겁이 난다.'고 자신있게 주장함으로써 종종 발생한다. 불안감, 취약성, 고통 등 있는 그대로를 느끼는 이 일치되고 자기수용적인 기반에서 사람은 더 잘 대처할 수 있다고 느끼기 시작한다. 그 사람의 내부 자원과 관심을 너무 많이 활용하고 그 사람을 약하고 분열하게 만든 것은 바로 이 정서에 맞서 싸우는 것이었다. 정서를 허용하고 그 정서에서 살아남는다는 사실을 발견함으로써 정서를 받아들이면 자기 자신에 대처하기보다는 세상에 대처하는 데 활용할 수 있는 내면 자원을 확보할 수 있다. 비판자가 자기비난(self-blame)에서 벗어나는 것을 가능하게 하는 것은 유기체의 일차 정서에 대한 이러한 유형의 인정과 표현이다.

부드럽게 하기 및 협상 및 대화 후 단계

5단계: 부드럽게 하기 및 협상 대화의 후반부에서 때때로 비판자의 기본 가치와 기준이 드러난다. 상담자는 이제 비판자가 비판의 동기를 부여한 내용을 표현하도록 돕는다. 때로는 그것이 그 사람의 본질적인 희망이자 이상이기도 하다. 이제는 '나는 항상 의사가 되고 싶었어요.'라는 가치관과 기준이 생겨날 수도 있다. 이는 내재적 가치이지 '어머니는 내가 의사가 되길 바라세요.'와 같은 외현적 가치, 즉 내사적(다른 사람으로부터 무언가를 내면화한 것)인 것이 아니다.

경험 부분이 전환된 후에는, 내담자가 두 측면 사이를 오가며 각자의 관점과 요구를 표현하게 함으로써 자기의 두 측면 사이에서 협상이나 통합이 촉진될 수 있다. 때로는 상담자가 부분들 간의 명시적인 협상을 촉진하는 것이 유용할 수 있다. 때로는 새로운 통합이 저절로 나타나며 이를 통합하는 데 도움을 주는 상담자만 필요하다.

마치 두 측면 사이의 차이점이 하나의 보다 통일된 관점으로 녹아든 것처럼, 내담자는 종종 두 가지 측면이 합쳐지는 것을 경험하기 시작한다. Jonah의 상담에서 발췌한 협상된 통합의 예가 다음에 나와 있다.

Margaret: 아하, 여기로 오세요. [Jonah는 의자를 바꾼다.]

Jonah [**경험자로서**]: [웃음] 글쎄, 너도 알겠지만, 나는 마치 걱정 없는 어린아이처럼 도망치고 싶어. [웃음] 그게 요점이야. [웃음] 음… 내 생각에 넌 모든 걸 놓친 것 같아… 음… 네가 나를 지켜보는 것도 상관없고, 네가 뭐라고 하는 것도 상관없고, 네가 일을 벌이는 것도 상관없어. 하지만 분위기를 망치지는 말아줘.

Margaret: 아하 [웃음].

Jonah: 그리고 난 정말 네가 곁에 있는 게 싫어. 글쎄, 난 네가 필요해. 아니, 전혀 그렇지 않아. 내가 필요할 때 부를 수 있도록 곁에 있어 줬으면 좋겠어… 네가 필요할 때 내가 전화할 수 있도록… 하지만 분위기 망치는 사람처럼 굴지는 마.

Margaret: 그럼 그 사람한테서 원하는 게 뭐죠? [협상 촉진하기]

Jonah: 내가 어떤 비참한 결정을 내리려고 할 때 네가 개입할 수 있어. 하지만 나머지 시간 동안은 숨 좀 쉬게 해줘. (Margaret: 하하) 여유를 줘. 숨 막히게 하지 마.

Jonah의 회기 축어록을 통해 우리는 비판자가 두려움과 연민으로 부드러워지고 양측 간의 일종의 협상으로 끝나는 것을 보았다. 그러나 비판자가 다른 사람을 학대하거나 거부하는 데서 비롯된 내사인 경우에는 부드러워지지 않고 적대적인 태도를 유지한다. 특히 매우 파괴적인 비판자의 경우, 표현할 기준과 가치가 없으며, 그 과정은 자기가 내사된 목소리에 맞서고 그것을 자기 가치의 들어가기와 힘에서 거부함으로써 제거하는 경계 설정 과정으로 이동하게 된다.

6단계: 대화 후 의미 창출 대화 후 단계에서, 적절할 때, 상담자와 내담자는 '의미를 창출하기' 위해 내담자의 회기 내 경험을 반영한다. 따라서 대화 후, 내담자가 어떻게 느끼는지 확인한 후, 내담자는 대화에서 일어난 일에 대해 어떻게 생각하는지 질문한다. 상담자는 또한 무슨 일이 일어났는지, 어떻게 보았는지 말할 것이며('공감적 개념화') 이것을 내담자가 회기에서 경험한 것을 묘사하거나 설명함으로써 가르치는 경험적 교육의 시간으로 사용할 수 있다. 거리를 두고 이성적으로 설명하는 냉철한 경험이 아닌, 방금 일어난 생생한 정서적 경험을 바탕으로 하기 때문에 이것이 '뜨거운 교육'이다. 더 중요한 것은 내담자와 치료자가 협력하여 내담자의 과정 작동 방식('사례개념화')과 앞으로 나아가는 방법에 대한 공유된 이해 또는 이야기를 개발하는 것이다.

해결에 도달하지 못할 때 상담자는 내담자의 과정에 대한 공유된 이야기를 만드는 데 도움이 되도록 공감적 개념화 반응을 활용하여 요약할 수 있다. 예를 들어, 상담자는 다음과 같이 말할 수 있다.

> Margaret: 그게 당신에게 가장 큰 딜레마인 것 같아요. 당신 안에는 정말로 이 두 종류의 목소리가 있어요. (Jonah: 네, 물론이죠.) 하나는 정말 가혹하고 비판하는 부분으로, 다른 하나는 결코 충분하다고 느끼지 못하는 부분이에요. (Jonah: 음.) 그러고 나서 어떻게든 그걸 만회하려고 노력하면서… (Jonah: 완벽해요.) 네, 완벽해요. 그러다가 스스로를 매듭짓고 너무 압도당하는 기분이 들죠. 그게 맞나요? (Jonah: 네, 그게 거의 다예요.)

상담자는 또한 대화에서 발견한 것과 관련된 '알아차림 과제'를 제공할 수도 있다(Greenberg & Warwar, 2006; Warwar & Ellison, 2019). 예를 들어, 내담자가 비판하는 목소리와 그 영향, 내부 비판을 전달할 때 채택하는 방식, 경험하는 자기의 정서와 욕구 등을 일주일 동안 인식하도록 제안하는 등의 과제를 부과할 수 있다. 자각하는 것 외에도 상담자는 내담자가 주중에 위 과정 중 하나에 의도적으로 참여하도록 제안할 수 있다. 이는 자동 처리를 통제된 처리로 전환하여 자각하고 통제할 수 있도록 하기 위해 수행된다(Greenberg & Safran, 1984, 1987).

다른 종류의 갈등에 대처하기

이 장에서 가장 중요하고 근본적인 종류의 자기비판적 분열을 강조했다. 그러나 앞서 언급했듯이 갈등에는 다양한 유형이 있으며 모두 서로 조금씩 다르다(〈표 6-1〉 참조). 예를 들어, '동기 부여 또는 자기 손상 분열'에서 내담자는 스스로에게 더 열심히 일하라고 강요하지만 오히려 일을 미루고 있는 자신을 발견할 수 있다. 이런 종류의 갈등은 종종 지적인 방식이나 피상적인 방식으로 시작되며, 일반적으로 내담자가 근본적인 가혹한 비판적 목소리와 반항적인 경험에 접근할 수 있도록 돕는 상담자가 필요하다.

반면에 '자기방해' 분열은 내담자가 "눈물이 올라오는 것을 느낄 수 있지만 눈물을 꾹꾹 눌러서 다시 삼켜요."라고 말하는 것처럼 자기의 한 부분이 정서적 경험과 표현을 차단하거나 위축시킬 때 발생한다. 이러한 두 의자를 활용하는 작업은 자동적인 방해 과정을 의도적인 과정으로 전환하여 자기의 방해 부분을 명시적으로 만드는 데 중점을 두기 때문에 과거에는 '두 의자 실연(two chair enactment)'이라고 불렸다(Elliott et al., 2004). 자기방해는 본질적으로 '느끼지 마라, 필요 없다, 말하지 마라'라는 지시를 스스로에게 내리는 것이지만, 경험과 표현을 억제하는 복잡하고 생리적이며 근육적이며 정서적인 과정도 포함한다. 방해는 해리에서 눈물을 억누르는 것, 주제 변경에 이르기까지 다양하다. 체념과 무기력함은 종종 정서를 짓누르고 억압한 결과이다. '무슨 소용이 있나'는 종종 이런 느낌을 포착한다. 자기방해를 다루는 작업에서는 먼저 내담자가 자신이 방해하고 있다는 '사실'을 인식하도록 돕고, 그 다음으로 방해하는 '방법'을 알아차릴 수 있도록 도와야 한다. 이를 통해 그들은 자신의 정서를 차단하는 과정에서 자신의 주체성을 깨닫게 된다. 이는 장기적으로 피하고 싶은 정서적 경험을 허용하는 데 도움이 된다.

자기비판적 분열과 비교하여, 자기방해 분열의 표식은 일반적으로 비언어적, 신체적 측면을 가지고 있다. 때로는 두통이나 가슴이 답답해지는 등 순전히 비언어적이며 완전히 자동으로 나타날 수도 있다. 자기방해 작업에서 치료자의 목표는 방해 과정에서 주체에 대한 인식을 높이는 동시에 내담자가 차단되거나 거부된 내적 경험에 접근하고 허용하도록 돕는 것이다.

Bethany: 초기 작업 단계의 두 의자 작업

5장에서 Bethany와 Robert가 3회기에 자신을 보호하고 자기비판적인 내적 목소리에 접근하기 위해 전개와 포커싱을 활용했다. 이 시점에서 상담자는 이 과정을 이어받아 경험적 교육으로 전환하여 EFC가 이러한 다양한 목소리, 즉 방어적 목소리와 비판적 목소리를 어떻게 다루는지 설명한다. Bethany는 일반적으로 그들을 차단하려고 노력한다고 말한다. 이제 3회기이기 때문에 상담자는 의자를 활용하여 이러한 목소리 작업을 시작할 준비가 되었는지 궁금하다고 밝혔다. Bethany는 이에 대해 열린 마음을 갖고 있다고 말했고, 상담자는 목소리를 명시적으로 표현하면 목소리의 힘이 어느 정도 사라지고 의자가 거리를 두는 데 도움이 될 수 있다고 설명한다. Bethany는 자신이 그럴 의향이 있다고 말한다.

그런 다음 상담자는 Bethany가 두 의자 대화로 전환하도록 돕기 위해 환기적 전개를 활용한다. 상담자는 그녀가 오늘 회기에 들어왔을 때의 경험을 기억하게 한 다음, 그녀에게 의자를 바꿔서 감시자 부분으로서 말하도록 요청한다.

Bethany [감시자/비판자로서]: '뭔가 이야기할 것을 생각해 내야 해'… 그러다 뭔가 생각나면 '저건 안전하지 않고 저건 안전하지 않아…'하고 말하죠.

Robert: 구체적으로 말해 보세요. 구체적으로 말하면 안전하지 않은 것은 무엇인가요?

Bethany: '나에 대해 어떻게 생각하는지… 그리고 이전의 대화 실패… 그리고 두 가지 더. 엄마, 지난주에 이야기했으니까 지루할 거야. 아니면 시어머니. 그리고 미래에 대한 불확실성에 어떻게 반응하는지, 왜냐하면 그것은 사회불안이 아니니까. 아니, 그런 얘기는 하지 마!'

Robert: 의자를 바꿔주실 수 있나요?

Bethany: [의자를 바꾼다; 경험자로서:] 그런데 얘기할 게 좀 있어요.

Robert [다른 의자를 가리키며]: 바꾸세요. [Bethany가 의자를 바꾼다.] 당신이 그녀에게 어떻게 압력을 가하는지 보여 주세요.

Bethany [감시자/비판자로서]: 무언가에 대해 이야기해야 하지만 잘못된 것에 대해 이야기하지 마. [경험자로서 상담자에게 말한다.] 이건 손해 보는 상황이야.

Robert: 그녀에게 말하고, 당신이 스스로에게 무슨 말을 했는지 보여 주세요.

Bethany: 계속 생각해 보고, 이야기할 것을 찾아봐.

Robert: 바꿔요. [Bethany가 의자를 바꾼다.] '계속 생각하고 뭔가를 찾아라'라는 말을 들으면 안에서 무슨 일이 일어나나요?

Bethany [경험자로서]: 스트레스를 받아. 시간이 얼마 남지 않았어… 그러다가 포기하지. 커피나 한잔 마시자!

Robert: 그렇게 된 건가요? (Bethany: 예.) 그래서 빈손으로 돌아와서 상처를 입으셨군요.

Bethany: 예.

본 회기에서 전개, 포커싱, 두 의자 작업을 활용하여 상담의 주요 작업을 시작한다. 이 시점에서 해결을 기대하기보다는 내담자가 자신의 사회불안 과정이 어떻게 작동하는지 더 잘 알게 되고, 가장 중요한 것은 정서적으로 깊이 들어가는 과정을 시작한다는 것이다.

상담이 계속되면서, Bethany는 5회기에 자기비판 과정에 대한 두 의자 작업으로 다시 돌아온다. 그 과정에서 그녀는 십대 시절 엄마와의 외상 경험에 대해 더 깊이 이야기하고, 마침내 그녀의 사회불안의 핵심은 자신이 근본적으로 악의적이고 이기적이며 다른 사람들에게 해롭다고 느꼈던 경험임을 고백한다. 그들은 7회기와 8회기에서 두 의자 작업으로 돌아오는데, 이번에는 고통스러운 경험을 방해하는 그녀의 '자기방해' 과정과 그녀가 자신을 불안하게 만드는 방법(이것은 불안 분열) 및 근본적인 '자기비판' 과정을 다룬다. 따라서 이 과정은 내담자 상담의 많은 부분을 차지하며 다른 종류의 작업(7장 및 8장 참조)에 필요한 토대를 제공하여 다른 사람에게 피해를 주는 것에 대한 부적응적 일차 두려움, 죄책감, 수치심을 변화시키고 이를 보다 적응적인 자기돌봄(self-caring)과 연민으로 대체할 수 있도록 도와준다.

추가 탐구

… 읽을거리

Elliott, R., Watson, J. C., Goldman, R. N., & Greenberg, L. S. (2013). **정서중심치료의 이해:변화를 위한 과정-경험적 접근**[*Learning emotion-focused therapy: The process-experiential approach to change*]. (신성만, 전명희, 황혜리, 김혜정, 김현정, 이은경 역). 서울: 학지사(원전은 2004에 출판). [11장 참조]

Greenberg, L. S., & Watson, J.C. (2005). *Emotion-focused therapy for depression*. Washington, DC: American Psychological Association. [10장 참조]

Shahar, B., Carlin, E. R., Engle, D. E., Hegde, J., Szepsenwol, O., & Arkowitz, H. (2012). A pilot investigation of emotion-focused two-chair dialogue intervention for self-criticism. *Clinical Psychology & Psychotherapy, 19*(6), 496-507. Online first, 28 June 2011. doi: 10.1002/cpp.762

Watson, J., Goldman, R., & Greenberg, L. S. (2007). *Case studies in emotion-focused therapy for depression*. Washington, DC: American Psychological Association. [전체적으로 기록을 작성해 보라.]

볼거리

Greenberg, L. S. (2004). *Emotion-Focused Therapy of Depression*. American Psychological Association videos [자기비판적 대화의 시연은 1회기 참조]

Greenberg, L. S. (2008). *Emotion-Focused Therapy over Time*. American Psychological Asso-ciation videos. [자기방해를 위한 두 의자 작업 시연은 2회기 참조]

Greenberg, L. S. (2020). *Emotion-Focused Therapy:Working with Core Emotion*. Counselling Channel video. [두 의자 자기방해 작업 및 기타 과정]

성찰하기

1. 자신의 두 부분 사이에서 겪었던 갈등 중 한 부분이 스트레스를 유발하거나 기분을 나쁘게 말들었던 경험을 찾아보라. 이 경험에 대한 간단한 설명을 작성한 후, 〈표 6-1〉을 보고 어떤 종류의 갈등 분열이었는지 파악할 수 있는지 살펴보라. (힌트: 동시에 두 가지 이상일 수 있다.)
2. 조용히 자신에게 비판하는 목소리에 단어를 대입한 다음 자신의 모습을 상상하며 자신에게 말해 보라. 그 말을 들었을 때 어떤 기분이 드는지 살펴보고 비판자에게 자신의 기분을 말해 보라. 비판자에 대한 반응으로 느끼는 가장 고통스러운 정서를 파악한 다음 비판자 대신 비판자에게 필요한 것이 무엇인지 스스로에게 물어보라.
3. 내담자와 두 의자를 활용해 작업하는 경우, 내담자에게 강요하지 않고 더 협력적인 작업을 만들기 위해 어떻게 할 수 있을까?

후기 작업 단계: 미해결 관계 문제를 위한 빈 의자 작업 07

개요

빈 의자 작업의 개요
빈 의자 작업의 시작 및 도입 단계
빈 의자 작업의 심화 및 표현 단계
빈 의자 작업의 완료 및 처리 단계
빈 의자 작업의 변형
추가 탐구

빈 의자 작업의 개요

이 장에서는 정서중심상담(Emotion-Focused Counselling: EFC)의 또 다른 주요 의자 작업 형태인 해결되지 않은 관계 문제('미해결과제')를 위한 빈 의자 작업에 대해 설명하고, 단계를 제시하고, Jonah가 상담에서 이 과업을 어떻게 활용했는지 보여 줌으로써 EFC의 작업 단계로 더 깊이 들어갈 것이다. 다음 장에서는 의자 작업의 또 다른 형태인 '공감적 인정(Empathic Affirmation)'과 '자비로운 자기진정(Compassionate Self-soothing)'이라는 두 가지 관련 과업을 간략하게 소개하고, Bethany 상담의 후반 작업 단계도 다룰 예정이다. 이러한 과업들은 EFC의 작업 단계가 진행되고 내담자가 핵심 고통을 향해 나아가면서 점점 더 많이 나타난다.

사이코드라마(Moreno & Moreno, 1959)에서 차용한 빈 의자 작업은 내담자가 해결되지 않은 정서에 머물지 않고 이를 처리하고 과거의 상처와 해결되지 않은 슬픔을 받아들이는 새로운 방법을 찾도록 돕기 위해 게슈탈트 치료(Perls et al., 1951)에서 개발되었다. 우리는 내담자가 주로 과거에 발생한 정서적 상처 이해를 돕기 위한 수단으로 이 과정을 연구하고 개선해 왔다.

상처를 준 사람들이 더 이상 이야기할 수 없거나, 내담자와 거리를 두거나, 자신의 과거 행동이 내담자에게 어떤 영향을 미쳤는지 듣고 싶지 않다는 것을 분명히 한 경우에도 내담자는 마치 그 사람이 상담실 빈 의자에 앉아 있는 것처럼 심상화된 그 사람과 대화하여 도움을 받을 수 있다. 또는 내담자가 사망했거나 더 이상 연락할 수 없는 중요한 사람을 어떤 식으로든 실망시켰다고 느낄 때 직접 말할 수 없었던 것을 상담 중에 심상화된 사람에게 말할 수 있도록 돕는 것이 매우 유용할 수 있다. 이를 통해 내담자는 그 사람에 대한 자신의 내적 관점과 접촉할 수 있다. 내담자와 상담자는 활성화된 기억과 새로운 체험으로 함께 재구성된 가상현실을 만들어 내며 과거의 경험을 변화시킨다. 이전에 부인되었던 정서와 충족되지 못한 욕구가 경험되고 목소리로 표현되어 정서가 상징화되고 이와 관련된 욕구와 행위 경향성이 완성된다. 또한 상담자는 정서에 깊이 들어가는 과정을 통해 내담자를 돕는데, 이를 통해 궁극적으로 내담자는 예전 감정을 변화시키는 새로운 감정에 접근할 수 있고, 자신과 그 사람에 대한 새로운 이야기를 만들 수 있게 된다. 이는 결과적으로 내담자가 관계(기억에서든 현재 진행 중이든)에서 한 걸음 물러나 자기 욕구의 정당성을 인식할 수 있게 한다. 이는 또한 내담자가 오랫동안 갇혀 있던 나쁜 감정과 상대방이 사과하거나 상황이 바로잡힐 것이라는 희망으로부터 자유롭게 되는 데 도움이 된다. 빈 의자 작업이 성공하면 자기와 타자 모두에 대한 관점의 변화가 일어난다. 이것은 상대방이 저지른 잘못을 이해하거나 용서하거나 책임을 묻는 결과로 이어질 수 있다. 구체적으로는, 그 사람이 자신의 욕구를 충족시켜 주도록 노력하는 것을 포기하고, 다른 의미 있는 관계나

표 7-1 미해결 관계 문제에 대한 빈 의자 작업: 과업 해결 모델

과업 해결 단계	상담자 반응
1. 과업 시작: 1a. 표식(marker): 주요 타자에 대한 비난, 불평, 상처나 그리움 표현 1b. 제시된 과업에 맞춰 조정	• 미해결과제의 표식을 경청, 반영(예: 두 의자 대화 등 다른 작업 중에도 포함) • 협력 및 구조(structure) 실험 구축 • 과업과 관련하여 경험적 교육과 경험적 사례개념화를 제안하고 내담자 동의 받기
2. 도입: 2a. 타자와 심리적 접촉하기 2b. 심상화된 타자에게 1인칭으로 직접 말하며 해결되지 않은 감정 표현	• 주요 타자의 현존 불러일으키기 • 주요 타자에 대한 내담자의 초기 감정에 접촉하기 • 주요 타자에게 직접 말하도록 격려하기 • 대화의 주체가 되도록 격려하기(1인칭 언어 사용) • 필요에 따라: 내담자가 과업 수행에서 겪는 어려움을 경청하고 해결을 돕기
3. 심화: 3a. 다른/일화적 기억을 재현함으로써 타인에 대한 점점 더 강한 감정을 불러일으킴 3b. 불만 사항을 일차 감정으로 구분 3c. 자기방해 문제 해결	• 필요에 따라: 주요 타자의 실연(enactment)을 촉진하고 주요 타자의 자극 가치 강화하기 • 구체적으로 회상된 사건이나 일화적 기억을 환기시키기 • 주요 타자에 대한 감정을 구분하기 • 필요에 따라: 자기방해 과정이 나타나면 경청하고 해결을 돕기 • 과업이 해결되지 않은 채 회기의 종료가 임박하면 내담자가 지금까지 배운 내용을 정리하고 마무리할 수 있도록 돕기
4. 표현하기: 4a. 다소 높은 수준의 정서 표현에 도달하기 4b. 충족되지 못한 욕구를 타당한 것으로 경험하고 이를 적극적으로 표현하기	• 단계별 표현 실험을 통해 차별화된 일차/적응적 정서를 주요 타자에게 충분히 표현하도록 촉진하기 • 표현과 내적 경험과의 접촉 사이의 균형을 유지하도록 돕기 • 충족되지 못한 욕구와 기대를 주요 타자에게 표현하도록 촉진하기 • 충족되지 못한 새로운 욕구에 대해 공감적 인정하기

5. 완료: 해결되지 않은 감정과 욕구 놓아버리기: 5a. 주요 타자 해결 작업: 그 사람을 새로운 방식으로 이해하고 보는 것; 이해하기, 용서하기, 책임을 묻기 5b. 자기 해결 작업: 자기를 인정하기, 충족되지 못한 욕구를 충족시킬 수 있는 적절한 방법 모색하기	• 주요 타자와 동일시/실연하고 새로운 표상을 형성하도록 지지하기 • 주요 타자와 그 사람과의 관계에 대한 새로운 이해 지지하기 • 용서, 이해 또는 다른 사람에게 책임을 묻기 위한 지원 제공하기 • 내담자가 자기를 타당화하도록 지지/인정하기 • 내담자가 충족되지 못한 욕구를 충족할 수 있는 적절한 방법을 탐색할 수 있도록 지지하기
6. 의자 작업 후 과정: 6a. 의자 작업에서 전환하기 6b. 새로운 자기인정/권한 강화의 인식/숙고 6c. 의미관점 /공유 사례개념화/내러티브 발전시키기	• 주요 타자와 접촉을 적절히 정리하기 • 내담자가 새로운 자기 인정을 인식하도록 돕기 • 내담자가 의미관점/공유 사례개념화/내러티브를 만들 수 있게 돕기

일 중 어떤 것이 그들의 욕구를 충족시킬 수 있는지 찾아보기 시작하도록 도와준다. 대화의 단계는 〈표 7-1〉에 요약되어 있으며 다음에 자세히 설명되어 있다.

빈 의자 작업과 두 의자 귀인 분열 작업 더 나아가기 전에 논의할 한 가지 복잡한 부분은, 빈 의자에서 주요 타자들과 작업하는 방법에는 두 가지가 있다는 것이다. 첫 번째이자 가장 일반적인 것은 '미해결과제 작업(unfinished business work, UFB)'이며, 이것이 여기서 우리의 주요 초점이다. 미해결과제 작업에서 빈 의자에 앉은 상대방은 내담자가 관계에서 경험한 부정적인 메시지를 주는 특정 인물이다. 미해결과제 작업에서 다루는 것은 내담자가 상대방에 대해 특정한 해결되지 않은 감정과 구체적인 정서 기억을 가지고 있는 경우, 특히 수치심이나 충족되지 못한 갈망이 고통의 중심이 되는 경우, 예를 들어 '나는 당신에게 이런 감정을 가지고 있다.'와 같은 경우이다.

다른 사람과 함께 작업하는 또 다른 방법은 이전 장에서 언급한 귀인 분열 작업이다. 여기에는 내담자가 특정 인물(예: 부모) 또는 일반화된 타인 또는 일군의 사람들

(예: 괴롭힘 가해자, 억압자)의 내사(내면화된 심상)를 실연하는 것이 포함된다. 귀인 분열 작업에서 이러한 내면화된 타자의 목소리는 내담자의 한 측면으로 이해되어 다른 의자에서 실연된다. 귀인 분열 작업에서는 내담자 머릿속의 내면화된 부모의 목소리와 함께 작업한다. 내담자는 부정적인 메시지(예: '넌 아무것도 되지 못할 거야.')를 내면화하여 이제 스스로에게 이렇게 말할 수 있다. 다시 말해, 귀인 분열은 타인에 의해 정복되는 것(일종의 내면화된 억압)과 관련된 반면, 미해결과제 작업에서 문제가 되는 것은 머릿속의 부모의 목소리가 아니라 구체적인 고통스러운 정서적 기억과 해결되지 않은 슬픔, 분노 등이다. 그 사람은 애착과 정체성에 정서적 상처를 입은 실제 경험으로 인해 고통받는 것이다. 때로는 부모가 빈 의자에 앉아 있을 때 어떤 과정이 일어나는지 약간 불분명하다! 다행히도 작업을 진행하면서 명확해지기 때문에 무엇부터 시작해야 할지 확실히 알 필요는 없다. 내담자가 행동에 관여한 상대방에 대한 구체적인 '일화적' 기억이 없고, 여러 상황에 걸쳐 형성된 '일반적' 기억이 내담자 내면의 비판자의 일부라면, 우리는 내사된 인물과 함께 작업하고 있는 것이다. 반면에 미해결과제는 내담자가 과거의 특정 상처에 대해 슬픔과 분노를 느끼는 것이다. 경험상 분열과 미해결과제는 종종 서로 얽혀 있지만, 일반적으로 한 가지 측면이 다른 측면보다 더 두드러진다.

빈 의자 작업의 시작 및 도입 단계

1단계: 과업 시작 빈 의자 작업은 과거 또는 현재 내담자의 삶에서 해결되지 않은 거의 모든 유형의 관계 문제에 사용할 수 있다. 그러나 이 작업은 우리 삶에서 중요한 인물(주요 타자)과의 과거 상호작용에서 비롯된, 고착화되고 해결되지 않은 나쁜 감정으로 정의되는 미해결과제의 대표적인 표식을 다룰 때 가장 효과적이다. 이 표식의 명확한 근거는 과거에 일어난 일을 떠올리거나, 상처를 주거나 떠난 사람을 생각할 때마다 느끼는 반복적인 고통, 분노, 슬픔, 취약성의 경험이다. 이 표식에는 주요 타자에 대한 미해결된 감정에 대한 진술이 포함되며, 매우 몰입된 방식으로 표현된다. 예를 들면, 다음과 같다.

내담자: 아버지는 한 번도 제 곁에 계시지 않았어요. 저는 아버지를 용서한 적이 없어요. 저의 깊은 내면에는 왠지 제가 갖지 못했고 앞으로도 절대로 갖지 못할 것을 알고 있는 것에 대해 슬퍼하고 있는 것 같아요.

외상과 관련된 미해결과제와 현재 갈등 관계라는 두 가지 변형 표식에 대해서는 나중에 논의하겠지만, 이 두 가지 표식은 조금 다르게 다뤄야 한다.

2단계: 도입 내담자가 과거의 해결되지 않은 상처를 해결할 준비가 되었다고 하면, 이러한 감정을 공감적으로 인정해 주고 대화를 시작하는 방향으로 가는 것이 효과적이다. 처음에는 내담자가 심상화된 상대방과 접촉하고 있는지 확인하는 것이 중요하다. 이를 위해 내담자에게 빈 의자에 앉아 있는 상대방을 심상화해 보라고 할 수 있다. 상대방에 대한 감각적 현존을 불러일으키고, 내담자가 현재 심상화된 상대방의 현존을 직접적이고 즉각적인 방식으로 경험하고 있는지 확인하는 것은 관련 일화적 기억과 상대방과 관련된 보다 일반적 정서도식을 모두 불러일으키는 데 중요하다. 다음과 같이 작업을 제안하는 대화를 시작할 수 있다.

- 그녀를 여기로 데려와서 이렇게 이야기하면 어떨지 궁금해요. 실제 생활에서 하는 말이 아니라 하고 싶은 말, 진실을 말하는 거죠.
- 그 사람에 대한 미련이 많다고 들었어요. 한번 해 볼까요… 그를 의자에 앉혀 줄 수 있나요? (잠시 멈춤) 그가 저기 앉아 있는 모습을 상상해 보세요. 그를 보면 어떤 느낌이 드나요?

내담자와 상담자가 의자 작업을 함께 수행하기 시작하면, 긴 과정을 제안하는 것은 방해가 될 수 있기 때문에, 내담자가 상대방에게 감정을 표현할 수 있도록 일종의 속기처럼 '그녀에게 말하세요.'와 같은 짧은 지시로 전환하는 것이 좋다(일부 상담자들은 이런 방식에 거부감을 느낄 수 있지만, 실제로는 두 사람이 함께 큰 옷장을 옮기는 것과 같다).

Jonah 회기가 진행되면서 Jonah는 어렸을 때 어머니가 자신을 폄하해서 자신이 무가치하고 부끄럽게 느껴졌다고 털어놓았다. 자신의 감정을 조롱하고 학대하고 위협하는 어머니 밑에서 자란 탓에, 그는 거절당하는 것이 두려워졌다. 그는 어머니로부터 오해를 받고 있다고 느꼈고 자신의 감정은 위험한 것이라고 학습했다. 따라서 치료의 중요한 초점은 어머니의 학대와 관련된 미해결과제를 해결하는 것이 되었다. 하지만 이를 위해서는 먼저 밀어내는 데 익숙하던 자신의 감정을 허용하고 용납하는 데 도움이 필요했다. 상담자가 여러 회기에 걸쳐 어머니와의 관계에 대한 감정을 공감적으로 탐색하면서 Jonah는 어머니에게 얼마나 화가 났는지, 그리고 어머니가 변할 수 있을지에 대해 얼마나 절망적인지 표현하기 시작했다. 상담자 Margaret은 Jonah가 어머니에 대한 감정을 분출할 수 있도록 돕기 위해 8회기에서 빈 의자 작업을 소개했다. Jonah는 상담자에게 자신의 분노를 표현하기 시작하면서 자신이 받은 대우에 대해 아무것도 할 수 없다는 사실에 두려움과 부끄러움을 느꼈다.

Margaret: 음-흠, 한 가지 시도를 해 봅시다. 이게 때때로 매우 도움이 될 때가 있어요. (Jonah: 알았어요.) 어머니에게 하고 싶은 말을 저에게 계속 하셨잖아요. 저는 어머니가 저기 앉아 있다고 잠시 상상해 보라고 하고 싶어요. 어머니가 보이세요? … 무슨 일이 일어나고 있나요? [과정을 구조화하기 위한 과정 제안 작업]

Jonah: (한숨) … (한숨)

Margaret: 큰 한숨을 쉬고 있네요. [과정 반영]

Jonah: 그냥 진정하고 있었어요(웃음).

Margaret: 그래서 뭘… 뭘 진정시키려고 하는 거예요? 어머니가 거기 있는 걸 상상하는 것만으로도 많은 감정이 떠오르지 않나요? [탐색적 질문에 이어 공감적 추측].

Jonah: (한숨) (잠시 멈춤)

Margaret: 뭘 하려는 거죠? [탐색적 질문]

Jonah: 어, 평소처럼이요. 내적으로 상황을 통제하고, 음… 상황의 다른 쪽을 보려고 노력하고, 음….

Margaret: 좋아요, 그럼 그냥–너무 빨리 갈 필요는 없어요, 그냥 궁금해서요, 제가 '어머니가 저기 앉아 있다고 상상해 보세요.'라고 말하면 어떻게 될까요? 많은 일이 일어나고 있는 게 보이거든요… 어머니가 저기 앉아 있다면 어떨까요? 어떤 모습일까요?

Jonah: 어머니가 지금 저기 앉아 있다면? (훌쩍) 음 (한숨) 도전적이네요. (잠시 멈춤)

Margaret: 저기서 도전적으로 앉아 있는 그녀를 보면 어떤 기분이 드세요?

Jonah: (밋밋한 어조로) 무서워요.

Jonah가 과제를 시작하도록 돕기 위해 탐색적 질문과 과정 반영을 활용하는 것을 유의해야 한다.

빈 의자 작업의 심화 및 표현 단계

3단계: 심화 내담자가 심리적 접촉을 하고 상대방과 직접 대화하는 과정을 시작하도록 도왔다면, 다음 단계는 상대방에게 자신의 감정을 더 강하게 불러일으키고 표현할 수 있도록 돕는 것이다. 이 작업 단계에서는 내담자의 정서를 고조시키는 데 도움이 되는 전략과 발생할 수 있는 어려움 모두에 대해 몇 가지 주의해야 할 사항이 있다.

공감과 과정 안내의 균형 맞추기 기본적으로는, 먼저 반영을 하고 작업을 제안한다. 예를 들어, 상담자는 자기 자리에 앉은 내담자에게 "정말 망설여지는군요."(= 반영)라고 반응한 다음, "그녀에게 다시 말해 보세요. '이렇게 말하기 망설여져요.'"(= 과정 제안)라고 말할 수 있다.

부정적인 상대방 역할 실연하기 직관에 반하는 것처럼 들리지만, 내담자가 상대방이 되어 내담자를 매우 힘들게 하는 상처를 주는 행동을 하는 것은 매우 유용할 수 있다. 이는 특히 내담자가 자신의 감정에 접근하는 데 어려움을 겪고 있는 경우 내담자의 정서적 반응을 불러일으키는 데 도움이 된다. 상대방이 내담자를 미치게 만들거나 상처를 준 행동을 내담자에게 하도록 요청하는 것이다. 상대방을 부정적인 모드로 설정하면 내담자의 정서적 반응을 불러일으킬 수 있다. 상대방이 구체적으로 어떤 말이나 행동을 했는지 물어본 다음 내담자에게 그렇게 해달라고 할 수 있다. 내담자에 대한 모욕, 무시 행위 또는 상처를 주는 행동의 세부 사항을 파악하는 것이 유용하다. 주요 타자를 등장시키는 목적은 자기와 의자에 앉은 상대방 사이에 논쟁을 벌이는 것이 아니라 감정을 불러일으키는 데 있다. 자기 의자에 앉은 내담자의 정서를 불러일으키고 상처의 여러 원인을 분별하는 것이 중요하다. 더 많은 감정을 불러일으키기 위해 상대방 역할을 여러 번 실연할 수 있다.

내담자가 빈 의자에서 상대방이 자기에게 미치는 영향을 파악하기 위해 상대방을 실연할 때 이렇게 질문할 수 있다. '그녀가 당신에게 준 메시지는 무엇이었나요? 그녀의 표정이나 목소리는 무엇을 말했나요?' 상담자와 내담자가 정서에서 멀어지기 쉽기 때문에 내담자가 이야기하는 구체적인 내용에 너무 집착하지 않는 것이 좋다. 대신 마치 그 안에 담긴 감정의 음악을 듣는 것처럼 내담자가 말하는 내용에서 느껴지는 정서적 음조에 맞춰 조율하는 것이 좋다. 또한 내담자가 말하는 내용을 내담자가 느끼고 있는지 확인하기 위해 '이렇게 말하면서 어떤 느낌이 드세요?'라고 물어볼 수도 있다. 내담자가 상대방의 부정적인 행동과 태도를 표현한 후에는 자기 의자에서 내담자의 정서적 반응에 초점을 맞춘다. 내담자를 다시 자기 의자로 초대하여 '당신은 어떻게 반응하나요? 그 말을 들었을 때 내면에서는 어떤 일이 일어나나요?'라고 질문한다. 상담자의 주의 깊고 세심한 탐색과 반영을 통해 상대방에 대한 관련 감정이 드러날 것이다. 내담자가 자신의 감정과 접촉하고 이를 통해 상대방과 접촉할 수 있도록 돕는 것이 모두 중요하다.

주저하는 내담자 돕기 내담자는 자신의 감정을 인식하고 표현하는 데 도움이 필요하다. 내담자가 상대방과 마주하기를 너무 꺼린다면 당황하지 않는 것이 중요하다. 이는 정상적이며 완전히 이해할 수 있는 일이다. 이때 빈 의자에서 상대방에게 직접 말하도록 강요하지 않아야 한다. 대신, 반응에 대해 호기심을 가지고 상대방과 마주하고 싶어 하지 않는 이유를 탐색하도록 도와주어야 한다. 그 과정에서 자유롭게 창의력을 발휘해 볼 수 있다. 예를 들어, 처음에는 의자를 돌려 두거나 멀리 둘 수 있다(상대방과 조금씩 가까워져 접촉하기). 또는 접촉을 가로막는 것이 무엇인지 확인하고 탐색할 수 있도록 도울 수 있다(빈 의자 작업 중 자기방해에 대해 논의할 때 이에 대해 다시 설명할 예정. pp. 165 및 6장 참조). 그러나 상담자가 해야 하는 가장 중요한 일은 내담자와 함께 머물면서 상대방을 마주하는 것이 왜 그렇게 어려운지에 관심을 갖는 것이다.

미분화된 반응적 이차 정서 반응 다루기 내담자가 과거의 해결되지 않은 정서적 상처에 대해 이야기할 때 일반적으로 먼저 상처와 분노가 섞여 표현된다. 일어난 일의 부당함에 대한 분노나 항의가 불만으로 표출된다. 이는 근본적인 분노와 슬픔을 가리는 반응적 이차 정서이다. 때로는 패배감, 체념, 절망감도 있다. '그 일에 대해 화를 내는 것이 무슨 소용이 있을까? 아무것도 바뀌지 않을 텐데.' 불만은 항상 분노와 슬픔이라는 보다 기본적인 구성 요소로 분리되어야 하며, 각각을 경험하고, 말로 표현하고, 그 자체로 표현해야 한다. 빈 의자 작업에서 표현되는 전형적인 이차 정서는 절망, 체념, 우울, 불안이며, 일반적으로 '당신은 끔찍한 부모였어! 당신은 절대 아이를 갖지 말았어야 했어.'와 같이 비판하는 어조로 외부로 향하는 방식으로 표현된다. 당신은 절대 아이를 갖지 말았어야 했어'와 같은 식으로 표현됩니다. 물론 상담자는 내담자가 이차 분노, 불만 또는 절망감을 극복할 수 있도록 공감하고 도와주는 것이 중요하다. 하지만 내담자가 '당신은 나쁜 놈이었어.', '왜 나를 방치했어?'가 아니라, '당신을 원망해', '당신이 곁에 있는 것이 그리웠어.'와 같이 분노와 슬픔이라는 부적응적 일차 정서를 직접 표현하도록 격려하는 것이 목표이다. 분노와 슬픔이 뒤섞인 불만은 종종 질문의 형태로 표출된다. '왜 더 그렇게 할 수 없었어?' 또는 '왜 그랬어?

나는 그냥 이유를 알고 싶어.' 내담자가 이러한 이차 반응, 불평, 과거를 비판하는 '왜' 질문을 넘어 심상화된 상대방에 대한 부적응적 일차 억눌린 슬픔, 분노, 두려움, 수치심을 표현할 수 있도록 돕는 것이 중요하다. 학대의 경우, 해결되지 않은 부적응적 두려움, 수치심, 혐오의 조합도 내담자가 적응적 일차 분노와 슬픔에 접근할 수 있을 정도로 접근하고, 타당화하고, 재처리해야 한다(Greenberg, 2015).

분노를 다룰 때, 2장에서 지적했듯이 반응적 이차 분노와 적응적 일차 분노를 구분하는 것도 중요하다. 적응적 일차 분노, 즉 현재의 공격에 대한 반응으로 나타나는 분노는 필수적이며 반드시 타당화해야 하고 표현을 지지해야 한다. 미해결과제에서 이러한 분노는 원래의 관계에서 표현하는 것이 안전하지 않았기 때문에 당시에는 차단되거나 밀려나거나 심지어 부정되었을 수 있다. 반응적 이차 정서(정서에 대한 정서)에 갇히면 사람들은 보다 직접적인 일차 반응에 접근할 수 없게 된다. 이러한 반응이 억눌린 부적응적 정서 반응일지라도, 이는 여전히 그 사람의 더 기본적인 경험이며 따라서 적응적인 행동을 촉진할 수 있는 건강한 자원인 적응적 일차 정서에 한 걸음 더 가까이 다가갈 수 있다. 따라서 분노를 표현하고 상대방에게 맞서는 것, 예를 들어 '나에게 그런 상처를 준 당신에게 화가 나. 당신은 역겨웠고, 나는 그런 취급을 받지 않았어야 했어!' 라고 말하는 것은 힘을 주고 치유해 준다. 2장에서 언급했듯이 상담자는 일차 분노와 반응적 이차 분노를 구분하기 위해 다음과 같은 기준을 사용한다. 적응적 분노는 (1) 공격에 대한 반응이고, (2) 주장을 수반하며, (3) 힘을 주는 것이다. 이와는 대조적으로, 반응적 이차 분노는 더 거칠고 파괴적인 성격을 띠며, 상대방을 밀어내는 역할을 하거나 더 취약한 정서의 표현을 모호하게 만든다. 이러한 표현은 안도감을 주거나 경험의 해결을 촉진하지 않는다.

상담자는 항상 '지금 기분이 어떠세요?' 또는 '그녀가 그렇게 말할 때 어떤 감정이 떠오르나요?'와 같이 질문하여 상담 과정이 '나는 느낀다.'는 식의 진술을 포함하는 정서로 되돌아오게 한다. 내담자를 현재로 돌아오게 하는 것이 중요하다. '이 말을 하면서 어떤 느낌이 드세요? 그녀에게 말하세요.' '나는 그랬다.' 또는 '나는 느꼈다.'와 같이 과거에 초점을 맞춘 서술형 진술은 '나는 그렇다.' 또는 '나는 느낀다.'와 같은 현재 지향적 진술로 바뀐다. 또한 내담자가 자신의 고통스러운 정서를 견딜 수 있도록 격려해야 한다. 내담자가 자신의 정서를 너무 빨리 바꾸려고 서두르기보다 받아들이고 머물 수 있도록 돕는 것이 중요하다.

Jonah의 빈 의자 작업에서 상담자는 다음과 같이 3단계로 넘어갈 수 있도록 도왔다.

Margaret: 여기 잠깐 앉으시겠어요? 그녀가 행동하는 것처럼 하고, 어머니가 되어 보세요. 거기서 도전적인 표정으로 Jonah를 바라보세요. [과정 제안]

Jonah: (다른 의자로 이동해 바라보며) (한숨) (잠시 멈춤)

Margaret: 그를 내려다보고 있는 건가요? [과정 반영]

Jonah: 왜 철이 안 들어?

Margaret: 좋아요. 그러니까, 그렇게 말하는군요. '왜 철이 안 들어?'

Jonah: (상담자에게:) 솔직히 그게 정확히 엄마가 할 것 같은 말이에요.

Margaret: 좋아요. 이 의자로 돌아오세요. '그냥 철 좀 들어, Jonah! 네 문제가 뭐든 간에, 그냥 철 좀 들어.' (잠시 멈춤) 그 말을 들으면 어떻게 되나요? [과정 제안 후 탐색적 질문]

Jonah: (한숨) 대부분의 경우 엄마가 맞는 것 같아요.

Margaret: 지금 실제로 어떤 느낌이에요? 몸에서 어떤 것이 느껴져요?

Jonah: 음, 쓰러질 것 같고, 무력하고, 상처받은 것 같아요.

Margaret: 엄마에게 말할 수 있어요? [과정 제안]

Jonah: 제가 정말 엄마가 알아줬으면 하는 건, (잠시 멈춤) 내가 여전히 많이 아프고, 엄마가 그것과 관련이 있고, 적어도 한 번만이라도 '내가 (잠시 멈춤) 그랬어.'라는 걸 인정해 줬으면 좋겠어요.

Margaret: 좋아요, 엄마에게 '있잖아요, 저 아직도 정말 아파요.'라고 말하고 싶으신가요?

Jonah: 네, 하지만 엄마는 자신의 책임이라고 인정하지 않기 때문에 그런 말을 듣지 않아요.

Margaret: 네, 하지만 그냥 말할 수 있어요? 엄마가 거기 있다고 상상하고 그냥 '엄마, 나 정말 아파요.'라고 말해 봐요. [과정 제안]

Jonah: (한숨) 나 정말 아파요.

Margaret: 음. (잠시 멈춤) 엄마에게 뭐가 아프다고 말할 수 있겠어요? 뭐가 아파요?

Jonah: 제가 항상 엄마를 실망시켰고, 절대 기대에 미치지 못한 것 같아요. 나는 게임의 규칙이 뭔지도 몰랐고, 그 규칙을 뛰어넘어야 했는데 엄마는 내가 절대 그럴 수 없다고 생각하게 만들었어요.

Margaret: 그래서 저는, 엄마가 항상 저를 '부족하다', 부적절하다고 (잠시 멈춤) 느끼게 해서 상처를 받았어요. (잠시 멈춤) [일인칭으로 환기적 반영]

Jonah: 난 엄마가 정말 신경쓰지 않는다고 생각해요.

Margaret: 다시 말해 보세요: '난 당신을 믿지 않아요, 당신은 정말…' [핵심 문구를 반복하여 강조하는 과정 제안]

Jonah: 당신은 나에게 정말 관심이 있는 것 같지 않아요. (한숨, 울기 시작함)

Margaret: 힘들지요? [공감적 추측]

(내담자에게 휴지 상자를 건네며)

Jonah: (한숨) 어렸을 때 한번은 (훌쩍) '난 널 별로 낳고 싶지 않았어.'라고 말했어요.

Margaret: 오, 그거 정말 아프네요, 그렇지 않나요? [공감적 인정]

Jonah: 맞아요.

자기방해 3단계에서 흔히 발생하는 것은 고통스럽거나 두려운 정서의 자기방해이다. 해결되지 않은 정서는 너무 고통스럽기 때문에 두렵고, 사람들은 그러한 정서를 느끼지 않기 위해 여러 가지 방법을 고민한다. 그러나 해결 과정에서는 정서를 바꾸기 위해 정서에 접근해야 한다. 사람들은 거부당한 경험을 느끼면 무너질 것이라는 두려움 때문에 자신을 그 감정으로부터 보호한다. 이는 사람들이 해결의 길에서 정서적으로 막히는 경우가 많다는 것을 의미한다. 상담자는 이러한 단절을 극복할 수 있도록 도우려고 노력해야 한다(6장 자기방해 분열에 대한 두 의자 작업 참조).

4단계: 표현하기 정서가 분화되고 자기방해가 극복되면, 상처를 해결하는 데 필요한 전제 조건인 정서적 각성이 일어난다. 정서적 각성은 해결, 내려놓기, 자기와 타자에 대한 관점의 변화를 향한 다음 단계의 중요한 전조인 것으로 밝혀졌다. 각성이 없으면 이 단계의 가능성은 훨씬 낮아진다(Greenberg & Malcolm, 2002). 이 단계에서 정서를 다룰 때 상담자는 일차 정서가 완전하고 자유롭게 표현되고 나면 빠르게 움직인다는 것을 알아야 한다. 이제 이 중요한 작업 단계에서 내담자를 돕는 방법에 대한 유용한 이해가 상당 부분 이루어졌으며, 그중 가장 중요한 것은 분노와 슬픔의 나선형을 따라가는 것이다.

분노-슬픔 나선형 따라가기 내담자는 빈 의자에 있는 심상화된 상대방에게 이전에 표현하지 못했던 감정을 표현하도록 격려받는다. 이 단계에서는 분노와 슬픔이라는 두 가지 일차 정서를 다루는 작업이 포함될 때가 많다. 분노와 슬픔은 순차적으로 서로를 따르는 경향이 있으며, 순환적인 나선형으로 서로 연결되어 있다. 슬픔에 빠졌을 때 주의는 안쪽으로 향하고, 분노에 빠졌을 때 표현은 바깥쪽으로 향하는 경우가 많다. 분노는 '분리' 또는 '경계 설정' 정서이며, 그 효과는 감정에 힘을 실어주고 정당화하는 것임을 기억하는 것이 중요하다. 반면에 슬픔은 '연결' 정서이다. 그 효과는 위로나 지지를 받는 것이다.

'분노'를 극복하려면 먼저 분노를 받아들여야 한다. 우리가 자주 하는 말처럼, 도착할 때까지 그곳을 떠날 수 없다. 체념은 종종 분노의 중단이라는 것을 인식해야 한다. 수치심과 두려움도 생길 수 있다. 분노는 이 두 가지 정서에 대한 주요 해독제이다. 분노는 '그에게 원망한다고 말하세요.'로 가장 잘 상징될 수 있는데, '원망하다(resent)'라는 단어에는 분노(anger)와는 다른 방식으로 과거의 느낌이 담겨 있다. 표현되지 않은 분노를 다룰 때는 외부를 향한 파괴적 분노(예: '너는 멍청이야.')로 시작한 다음, 1인칭의 좀 더 내면을 기반으로 한, 자기주장적인 분노(예: '네가 나를 공격해서 화가 나.' '나는 그것 때문에 너를 원망해.')로 전환하는 것이 유용하다. '무엇이 필요하세요?'라고 물어보는 것도 감정을 고조시키는 데 활용할 수 있다. 욕구로 이동하면 내담자가 파괴적인 분노에서 힘을 실어주는 분노로 전환하는 데 도움이 된다('나를 나 자신이 될 수 있게 해줘.'). 상대방에게 감정을 표현하는 것은 단계적 실험(점진적인 단계를 통해 격한 감정을 표현하는 것)을 통해 가장 잘 촉진된다. 또한 내담자가 다시 한번 더 크게 말하게 함으로써 표현의 강도를 높일 수 있도록 도울 수 있다. 때로는 강화('그녀에게 말해요. "나 정말 화났어."' '다시 말하세요.')를 통해 표현을 가로막는 것을 극복할 수 있도록 도울 수 있다.

'슬픔'을 다룰 때는 '당신이 놓친 것/상처받은 것을 그에게 말하세요.'라고 말하는 것이 가장 좋다. 당신은 욕구를 끌어내기 위해 일차 정서를 찾고 있다. 분노가 있더라도 상처를 타당화해야 한다. 마지막으로, 일차 슬픔이 충분히 표현되면 적응적 일차 분노가 빠르게 나타나 경계를 만드는 데 도움이 될 수 있다. 반대로, 적응적 분노를 충분히 표현하면 내담자는 상실과 배신의 고통을 인정하고 놓친 것에 대해 충분히 애도할 수 있다.

유용한 수준의 정서적 강도에 도달하고 유지하도록 내담자 돕기 공감적 조율에 사용되는 상담자의 목소리 톤이 중요하다는 것을 기억해야 한다. 하지만 항상 부드러울 필요는 없다. 내담자의 정서와 일치해야 한다. 분노를 강조한다면 조율된 목소리에 힘이 있어야 한다. 특히 '그녀에게 말해요, 나는 …이 원망스러워.'와 같이 분노의 표현에 대한 지시를 내릴 때는 약간 크게, 강조해서 말해야 한다.

자기 의자에서 정서와 경험의 강도가 약해지면 내담자의 정서를 다시 자극하기 위해 상대방의 역할을 잠시 맡도록 하는 것이 좋다. 시간을 할애하여 부정적인 면을 강조하며 부정적인 상대방을 표현하도록 도와주어 모욕, 상처, 공격이 어떤 것이었는지 더 명확해질 수 있도록 해야 한다. 배신이나 위반의 성격이나 특성을 파악해야 한다. 무슨 말을 했는지가 아니라 어떻게 말했는지가 큰 상처를 줄 수 있다. 그것이 '경멸' 또는 '관심 없음'이었다면 예시를 물어볼 수 있다. '그들이 한 일 중 가장 고통스럽거나 상처를 준 것, 지금도 가장 마음에 남는 것은 무엇인가요?' 상대방이 전달하는 메타메시지, 즉 메시지에 대한 메시지를 살펴봐야 한다. 상대방을 대화 상대가 아닌 정서 '자극제'로 활용해야 한다. 정서를 다시 불러일으키기 위해서는 자기 의자에 앉은 내담자에게 표정이나 몸의 자세 등 상대방이 지금 어떤 모습인지 물어보는 것만으로도 충분할 수 있다. '지금 그의 얼굴이 어떻게 보이나요? 그것에 대해서 그는 지금 뭐라고 말할까요?' 지금 이 순간 내담자에게 가장 생생하게 나타나는 것에 주의를 기울이고 이를 따라가며 감정을 고조시켜야 한다.

현재 경험에 머물기 현재 시제의 관점을 유도하는 개입을 해야 한다. 과거에 대해 질문하지 말고 내담자를 현재로 끌어들여 현재의 느낌을 불러일으켜야 한다. 예를 들어, '이 이야기를 하는 지금 기분이 어떠세요?' '몸에서 무슨 일이 일어나고 있나요?' 등 현재에 초점을 맞춰 내용과 이야기를 지금 이 순간의 느낌과 연결한다. 그런 다음 내담자에게 이것을 상대방에게 표현하도록 지시한다. 중요한 이야기에는 모든 정서가 담겨 있으며, 모든 중요한 이야기는 중요한 정서에 기초하고 있다는 것은 사실이다(Angus & Greenberg, 2011). 일반적으로 사람들은 정서보다는 이야기에 초점을 맞추는 말하기 방식에 더 익숙한 것도 사실이다. 하지만 EFC에서는 이야기보다 정서에 우선순위를 두되, 이야기를 희생시키지 않으려 한다. 이를 통해 내담자가 이야기를 구체화하도록 돕고, 3장에서 설명한 정서에 깊이 들어가는 과정을 통해 새로운 이야기를 만들 수 있는 가능성을 열어준다.

내용보다 과정에 집중하기 일반적으로 '왜'라는 질문은 경험을 심화시키지 않는다. '어떻게'와 '무엇'이라는 질문이 더 좋다. 의자 대화를 활용하면 표현 차원이 추가되는 이점이 있다. 의자 대화는 소심하거나 적대적인 대화 방식과 같은 '어떻게'를 드러낸다. 내용보다 정서 과정과 표현 방식을 따라가야 한다. 내담자가 어떻게 표현하는지에 주목한 다음, 그 과정을 내용으로 전환해야 한다. 즉, '이 작업을 하면서 어떻게 말하고 있는지 알고 있나요?' 또는 '지금 당신의 태도는 무엇을 표현하고 있나요?'라고 물어보아야 한다. 신체언어에 주의를 기울여야 한다. 메시지를 전달하는 방식이 그 사람의 핵심 메시지인 경우가 많다. 예를 들어, 내담자의 태도가 경멸적이라면 상대방에게 '나는 당신을 경멸해요.'라고 말하도록 지시한다. 비언어적 표현에 주목하고 이를 대화에 반영할 수 있다. 예를 들어, 내담자의 손이 방패처럼 올라갔다면, 이는 상대방으로부터 보호받아야 한다는 신체적 신호일 수 있다.

표현과 내적 경험의 균형 맞추기 그러나 감정을 표현하는 것, 특히 매우 극적으로 표현하는 것은 때때로 감정 경험에 방해가 될 수 있다는 점에 유의하는 것이 중요하다. 따라서 내담자가 표현한 후에는 '눈물을 흘리는 기분이 어떤가요?'와 같은 질문으로 내면에 초점을 맞추어야 한다. 또는 내담자가 분노를 표현한 후에는 '기분이 어떤가요?'라고 질문한다(이 흐름에서는 분노와 슬픔의 순서가 바뀔 수 있다).

감정과 욕구를 타당화하고 내담자가 직접 표현하도록 돕기 정서 표현뿐 아니라 애착, 타당화 또는 분리에 대한 충족되지 못한 기본적인 대인관계 욕구를 표현하고 타당화하는 것도 정서를 불러일으킨다. 이러한 욕구는 원래의 관계에서는 표현할 자격이 없다고 느끼거나 욕구가 충족되지 않을 것이라고 생각하여 한 번도 표현하지 않았던 욕구들이다.

격렬한 정서 표현은 정화보다는 대인관계의 타당화에 더 가깝다는 점에 유의해야 한다. 단순히 표현한다고 해서 분노나 슬픔이 사라지는 것은 아니다. 그 정서와 그 강도를 정당화해야 한다. '그녀에게 말하세요. 나는 부당한 대우를 받았어… 당신은 내 경계를 침범했어.'와 같은 개입으로 부당한 느낌이 정당하다고 타당화해 주어야 한다. '분노를 느껴도 괜찮아요.'라고 말해 분노를 타당화하고 정서를 고조시킬 수 있다. 분노가 극에 달할 때 '무엇이 필요했나요?' 또는 '이 일을 끝내기 위해 상대방에게 원하는 것이 있나요?'라고 질문한다. '무엇이 필요하다.' 또는 '그럴 자격이 있다.'와 같은 내담자의 말이 마음 깊은 곳의 상실감이나 강한 분노, 정당성의 감정에 충분히 바탕을 두고 있는지 파악하는 것이 중요하다. 만약 그렇지 않다면, 강한 분노나 애도로 유도해야 한다.

치료가 생산적으로 이루어지려면 욕구가 박탈에 대한 항의나 상대방에 대한 비판이 아니라, 자기에 속하고 자기에게서 나오는 것이어야 하고, 권리의식(sense of entitlement)을 가지고 표현되어야 한다. 따라서 이것은 절박한 궁핍함의 표현이라기보다는 욕구에 대한 자격을 주장하는 것이므로 욕구에 귀를 기울이고, 포착된 욕구를 신속하게 타당화하고, 내담자가 이를 표현하도록 격려한다. 이 단계는 사람들이 다른 사람과 분리되어 독립적으로 존재하는 개인적 주체성(즉, 삶의 주체로서의 자기)을 확립하도록 돕는 데 매우 중요하다.

이 단계에서 상담자는 감정과 욕구를 모두 표현하도록 격려한다. 또한 상담자는 내담자가 경계를 상징화하고 주장하는 것, 예를 들어 침입에 대해 '안돼요'라고 말하는 것, 또는 자신의 권리를 재확인하는 것을 돕는다. 상담자들은 사람들이 초기 경험에서 자신의 기본적인 욕구를 거부해야 한다는 것을 알게 되고, 그 결과 그러한 욕구에 자동으로 주의를 기울이거나 표현하지 않는다는 것을 알고 있다. 따라서 이 단계에서 상담자는 욕구 발생에 귀를 기울이고, 욕구가 발생하면 이를 즉시 타당화하고 내담자가 표현하도록 격려한다. 다음 예시에서 볼 수 있듯이 감정을 철저히 탐색한 다음에는 일반적으로 관련 욕구에 대한 진술이 이어진다.

Margaret: 그래요. 원치 않는 존재라는 느낌, 관심받지 못한다는 느낌, 그리고 (잠시 멈춤) [공감적 인정]

Jonah: 빌어먹을 호구가 된 기분! (훌쩍). 제 인생에서 진짜 화를 낸 적이 세 번밖에 없다고 말씀드렸듯이, 그런 감정을 잘 다스리는 것도 그 일부인 것 같아요. 엄마는 아니고 아내에게와 직장에서요.

Margaret: 네.

Jonah: (한숨) 네, (훌쩍) 인생의 모든 열정과 힘을 모두 병에 담아 죽인다면, (잠시 멈춤) 아마 그럴 수 있을 것 같아요. (한숨)

Margaret: 음-흠. 지금 기분이 어때요?

Jonah: (훌쩍-한숨). 음, 모든 종류의 것들. 음, (한숨) 화나고, 속고, (한숨) 부끄러워요. (잠시 멈춤) 그리고 그 공포는, 제 생각에, 어렸을 때 공포를 느꼈던 것 같아요.

Margaret: 당신이 느꼈던 공포는 무엇에 대한 것이었나요?

자신이 얼마나 두려웠는지 표현한 후, 그는 안전에 대한 욕구에 접근하고, 보호받지 못한 것에 대한 분노에 접근한다. 5분 후:

Margaret: 그래서 무엇이 필요했나요?

Jonah: 저를 때리거나 위협하지 않는 엄마가 필요했어요. 안전하다고 느낄 수 있는 방법이 필요했어요.

Margaret: 이 말을 하면서 어떤 기분이 드세요?

Jonah: 화가 나고 분노가 치밀어요. 저는 보호와 사랑, 두렵지 않은 어린 시절을 보낼 자격이 있었어요.

위에 제시한 부분에서는 해결되지 않은 분노와 슬픔의 감정이 표현되고 핵심적인 부적응적 공포가 유발되어 처리되기 시작한다. 작업에 참여하면서 Jonah는 처음으로 자신이 어머니에게 얼마나 화가 났는지 경험하게 되었다.

빈 의자 작업의 완료 및 처리 단계

5단계: 완료: 해결되지 않은 감정과 욕구 놓아버리기 적응적 일차 정서의 강한 표현은 일반적으로 자기와 타자에 대한 새로운 관점으로 이어지지만, 여기까지 도달하는 데는 여러 회기가 필요할 수 있다. 내담자는 상대방으로부터 충족되지 못한 주요 욕구에 접근하여 직접 표현할 때 이 단계에 진입한다. 그런 다음 작업은 내담자가 충족되지 못한 욕구를 충족할 자격이 있다고 느끼도록 돕고, 내담자가 자기와 타자를 바라보는 방식의 변화를 지지하는 단계로 넘어간다. 상대방에 대한 관점의 변화는 자기의 정서적 각성과 이전에 충족되지 않았던 욕구에 대한 동기와 권리 의식을 통해 촉진된다. 욕구에 접근하고 그 욕구에 대한 자격이 있다고 느끼면 내담자의 자기감이 무가치한 존재에서 가치 있는 존재로 바뀐다. 빈 의자에 욕구를 적극적으로 표현하면 주체적인 느낌을 갖게 되고, 이는 이전의 수동적인 피해 경험을 보다 능동적인 경험으로 변화시킨다. 상처의 핵심은 믿었던 상대방이 상처받은 사람의 욕구를 무감각하게 인식하지 못했거나 관계에서 필요한 것을 상처를 주며 보류했다는 사실에 있는 경우가 많다.

충족되지 못한 욕구에 대한 상대방의 반응 실연하기 이 시점에서 내담자에게 상대방을 실연하도록 제안하는 것이 유용하다. 이를 통해 내담자는 상내방의 세계관을 구체화하여 상처를 준 사람에 대해 공감할 수 있고, 상담자는 내담자가 상대방을 더 잘 이해하거나 책임을 요구하도록 하는 데 도움을 줄 수 있다. 용서의 핵심은 상대방에 대한 어떤 형태의 공감을 발달시키는 것이다. 여기에는 상대방의 관점에서 세상을 바라보고 그 관점에 대한 연민이나 이해를 갖는 것이 포함된다. 상대방에 대한 관점의 변화 또는 상대방에 대한 새로운 경험은 변화의 과정에서 매우 중요한 부분이다. 상대방에 대한 관점의 변화를 촉진하기 위해서는 상대방의 세계관을 정교화하고 이해하는 작업이 필요하다. 이 작업은 상대방의 관점을 취하고 상대방의 내면이 어땠는지 정교하게 묘사해야 하기 때문에 다소 인지적인 측면이 있다. 상대방의 관점을 취한다는 것은 상대방에 대한 공감을 발전시키고 상대방이 변화할 것이라는 기대를 버리는 것을 포함한다.

충족되지 못한 욕구 놓아버리기 이 가상현실, 치료 상황에서는 상대방에 대한 관점이 변화하여 욕구에 반응할 수 있는 경우가 많다. 그러나 심상화된 상대방이 반응하지 않는다면, 내담자는 얻을 수 없는 욕구에 대해 애도하고 놓아버리는 데 도움이 필요할 수 있다. 상대방이 욕구를 충족시킬 수 없었거나 충족시키지 않는 상황에서도 내담자가 과거에 상대방으로부터 욕구를 충족시킬 수 있었던 자신의 권리를 인식하도록 하는 것이 중요하다. 대화의 이 시점에서 상담자는 충족되지 못한 희망과 기대를 놓아버리도록 지지하고 촉진한다. 놓아버리기가 일차 정서의 표현에서 자연스럽게 흘러나오지 않을 때, 상담자는 내담자가 충족되지 못한 기대가 상대방에 의해 충족될 수 있는지, 충족되지 않을 경우, 이때 기대에 매달리는 것이 어떤 영향을 미치는지 탐색하고 평가할 수 있도록 도울 수 있다. 이러한 상황에서 상담자는 내담자에게 '당신을 놓지 않을 거예요.' 또는 '당신이 변할 것이라는 희망을 놓지 않을 거예요.' 라고 주요 타자에게 표현하도록 하는 것을 고려할 수 있다. 놓아버리기는 내담자가 애착 대상으로부터 욕구를 충족시킬 수 있는 가능성을 상실한 것을 애도하는 또 다른 애도 작업을 만들어 낼 수 있다. 이 과정은 가장 가슴 아프고 고통스러운 경험인 경우가 많다. 내담자가 진정으로 애도할 수 있게 되면, 예를 들어, 한 번도 가진 적 없거나 실망시켰다고 느꼈던 부모에 대해 애도할 수 있으면, 내담자는 마음을 놓아버리고 앞으로 나아갈 수 있게 된다.

해결의 형태 내담자는 정서적 각성과 직접적 표현을 통해 자신의 욕구가 정당하다는 것을 경험하게 되면서 자기와 타자에 대한 편협하고 고착화된 시각을 버리기 시작한다. 내담자가 자신이 가치 있는 존재라고 느끼고 이전에 해소되지 않은 나쁜 감정을 놓아버릴 수 있을 때 해결이 이루어진다. 이러한 놓아버리기는 세 가지 주요 방법 중 하나로 이루어진다. (1) 자기를 인정하면서 동시에 경험한 상처에 대해 상대방에게 책임을 묻거나, (2) 충족되지 못한 욕구를 놓아버리고 앞으로 나아가거나, (3) 상대방에 대한 이해를 높이고 과거의 잘못에 대해 상대방을 용서함으로써 가능하다. 학대가 아닌 경우, 내담자는 상대방을 더 잘 이해하고 공감과 연민, 때로는 용서의 마음으로 상대방을 바라볼 수 있다. 학대 또는 외상과 관련된 상황에서 놓아버리는 것은 대부분 상대방에게 책임을 묻고 앞으로 나아가는 것이지만, 공감과 용서도 일어날 수 있다.

상실에 대한 애도 애도의 가장 완전한 형태는 상실 후에도 상대방에 대한 사랑을 간직할 수 있도록 관계의 좋은 측면을 통합하는 것이다. 그러나 종종 화와 큰 분노가 이러한 완전한 애도를 방해한다. 특히 자신에게 상처를 준 사람이 사망한 경우에는 더욱 그렇다. 사망한 부모에 대한 내적 표상이 미워하거나 버리는 박해적인 타자로 남아 있다면, 부모와 필요로 했던 것을 잃은 상실감을 제대로 애도할 수 없다. 사람은 한 번도 존재하지 않았던 좋은 것을 받아들일 수 없으므로, 좋은 타자에 대한 내면에 살아 있는 이미지를 형성할 근거가 없게 된다. 사별과 애도의 과정은 사람마다 다르지만, 상처로 인한 상실을 애도하는 것이 매우 중요하다는 것은 분명한 것 같다. 애도 과정을 가로막는 가장 큰 장애물은 해결되지 않은 분노이다. 내담자의 분노와 상처로 인한 고통을 상담자와 함께 지켜보는 경험을 하게 되면, 상대방의 긍정적인 면이나 사랑스러운 측면을 기억할 수 있을 만큼 내담자의 정서적 고통이 감소하게 된다. 상대방이 자신에게 상처를 주거나, 버리거나, 방임하거나, 심지어 학대했더라도 일반적으로 상대방이 자기를 돌보고, 사랑하고, 지지하거나 인정해 주고, 최선을 다했던 좋은 기억이 있다. 내담자가 이러한 기억을 되찾고 긍정적인 기억뿐만 아니라 부정적인 기억도 인식할 수 있게 되면 상대방과 상황에 대한 시야가 넓어진다. 이를 통해 내담자는 앞으로 나아가 새로운 기억과 새로운 이야기를 만들 수 있고, 상대방을 더 인간적인 존재로 볼 수 있게 된다.

상대방 이미지의 변화 자기에 대한 상대방의 이미지가 부드러워지는 것은 빈 의자 작업에서 중요한 변화 과정이다. 연구에 따르면 내담자가 회기 내에서 적어도 다소 높은 수준의 각성 상태에서 정서와 충족되지 못한 욕구를 표현할 수 있을 때 이러한 변화가 일어날 가능성이 더 높다(Missirlian, Toukmanian, Warwar, & Greenberg, 2005). 그러면 대개 상대방은 죄책감, 수치심, 슬픔, 후회, 자기에게 가해진 고통에 대한 연민을 표현하게 된다. 상대방의 연민을 심상화한 후 내담자는 안도감, 진정, 슬픔, 놓아버리기, 그리고 때로는 용서를 경험한다. 반면에 어떤 경우에는 상대방이 부드러워지지 않고 내담자가 '그녀가 미안해하길 바라지만 그녀는 절대 미안해하지 않을 거야! 그녀는 절대 이해하지 못할 거야!'라고 말한다. 이때 상담자는 '그녀가 그렇게 반응하지 않아서 당신이 얼마나 슬펐을까요. 너무 받은 것이 없네요.'라고 말할 수 있다. 이는 일반적으로 내담자가 더 많은 감정을 재처리할 수 있게 접근할 수 있도록 돕고, 상담자의 공감과 연민을 통해 위안을 받기 시작한다.

이러한 변화가 일어날 때 상대방에 대한 변화는 관계와 힘이라는 두 가지 주요 차원 중 하나에서 일어날 수 있다. 첫째, 방임하던 상대방이 보다 관계적이고 사랑스러운 상대방으로 바뀌거나, 둘째, 상대방의 이미지가 강력한 존재에서 나약하고 한심한 존재로 바뀔 수 있다. 후자는 상대방이 학대했던 경우가 많고, 내담자는 '이제 어른이 되었으니 당신이 얼마나 아픈 사람인지 알겠다.'고 말하게 된다. 여기서 상대방의 힘이 강하지 않다는 것을 감지하는 것은 내담자에게 힘을 실어준다. 따라서 관계 차원에서는 비관계적에서 관계적으로, 영향력 차원에서는 강하고 통제적인 것에서 약하고 복종적인 것으로 변화한다. 상대방에 대한 내담자의 이미지가 바뀌면, 적절한 경우 의자를 바꾸어 상대방이 되어 '당신의 삶이 어땠는지 (내담자에게) 더 자세히 말해 보세요.'라고 하여 내담자가 그 변화를 정교화하고 통합하도록 도울 수 있다.

자기 경험의 변화 어떤 유형의 해결책을 찾든, 내담자가 빈 의자에서 상처받은 상대방을 심상화하고 상호작용하도록 돕는 것은 내담자가 상대방을 경험하는 방식뿐만 아니라 자기 자신도 변화할 수 있는 기회를 만들어 준다. 이러한 변화에는 약하고 취약한 존재에서 자신을 돌보고 상처로 인한 고통에 대처할 수 있는 강인한 존재로, 또는 분노에 찬 무력감에서 견고하고, 자기를 존중하는 방식으로 경계를 지키는 것으로 전환하는 것이 포함될 수 있다. 이러한 변화를 통해 내담자는 상대방의 행동에 관계없이 자신이 상대방에게 가장 잘 대응하는 방법을 자유롭게 선택할 수 있고, 그러한 선택에 대해 책임질 수 있다는 것을 경험하게 된다. 마찬가지로, 내담자는 외롭고 사랑받지 못한다는 느낌에서 보살핌과 위로를 받는다는 느낌으로 바뀔 수 있다. 내담자의 자신에 대한 경험이 변화하고 더 적응적으로 변화하면, 상처를 주는 상대방에 대한 관점도 바뀔 것이다. 예를 들어, 어렸을 때 가혹하게 비판적인 부모의 주장에 대해 아이를 사랑하고 아이가 잘되기를 바라기 때문에 결점과 단점만을 지적하는 것이라고 믿었던 사람은 성인이 된 후 그 부모가 내담자를 그 자체로 소중히 여길 수 없거나 그럴 의사가 없었으며, 따라서 정말로 무감각하고 비판만 하는 사람이라는 것을 이해하게 될 수 있다. 이러한 전환을 통해 내담자는 자책하는 것을 멈추고 자신의 목표와 부모의 목표를 분리하는 작업에 착수할 수 있다.

놓아버리기의 어려움에 대처하기 만약 내담자가 상대방이 되어 이야기할 때 부드러워지지 않고 여전히 비판적인 태도를 유지한다면 상담자는 내담자가 즉시 자기 의자로 돌아가도록 제안하는 것이 가장 좋다. 이 시점에서 내담자와 내담자의 이야기에 대해 알고 있는 정보를 바탕으로 내담자가 부드러워지기를 원하지만 주저하고 있다는 느낌을 받을 때가 있다. 이 경우 내담자가 자기가 되어 자신의 감정과 욕구를 자세히 표현하도록 한 번 더 시도하여 상대방의 변화가 가능한지 확인할 수 있다. 그런 다음 상대방의 변화가 불가능하다고 판단되면 '(내담자의 이름), 당신은 여전히 이것을 바라면서 무덤까지 갈 건가요?' 라고 공감적인 태도로 질문한 다음 '당신은 그 사람의 사랑/인정을 간절히 원한다고 들었는데, 동시에 그것이 절대 이루어지지 않을 것을 알고 있죠? 정말 꼼짝 못하겠다고 느낄 것 같아요. 진짜 딜레마네요.'와 같이 내담자의 딜레마를 공감적으로 개념화할 수 있다. 이 전략은 상황을 놓아줄 것인지 말 것인지에 대한 갈등으로 재구성한 다음 6장에서 설명한 방법을 사용하여 해결해 나가는 것이다. 갈등을 나누는 것을 탐색한 후, 내담자는 다시 빈 의자 작업으로 돌아가 인내심을 갖고 문제를 다시 해결할 준비가 될 수 있다.

우리는 특히 사람들이 충족되지 못한 욕구를 충족시키기 위해 상대방을 놓아버리는 데 어려움을 겪을 때는 더 깊은 애도가 필요한 경우가 많다는 사실을 발견했다. 여기서 그 사람은 일차 애착 대상의 상실을 슬퍼해야만 놓아줄 수 있다. 충족되지 못한 욕구를 놓아줄 때, 놓치거나 상실한 것을 인정하고 슬퍼하며 포기해야 한다. 놓아버린다는 것은 원하는 것을 얻을 수 있다는 희망이나 가능성을 포기하는 것이다. 또한 과거를 바꾸려는 노력도 포기하는 것이다. 안도감이 들 수 있지만 씁쓸한 일이다.

부정적인 상대방에게 매달리는 것은 그것이 자신이 가진 전부이고 사랑이라고 이해하는 것이기 때문에 안정감을 준다. 그 사람은 충족되지 못한 욕구를 놓아버리면 자신이 산산조각이 날 것이라고 느낄 수 있다. 이러한 소멸에 대한 절망적인 두려움을 있는 그대로 인정해야 하며, 내담자가 그러한 불안을 피하기 위해 하는 모든 행동도 밝혀내야 한다. 내담자가 이러한 깊은 갈망('엄마가 없으면 난 죽을 거야!')을 표현하고 탐색하도록 도와주면 그 경험에서 더 많은 의미를 찾고 오래되고 억눌린 절망감을 극복하는 데 도움이 될 수 있다. 이 시점에서 내담자가 충족되지 못한 욕구를 놓았을 때 소중히 지켜온 신념(예: '누군가를 사랑하면 상처를 주지 않는다.')을 식별하는 것을 포함하여 의미 창조 작업(Clarke, 1989)을 하도록 격려할 수 있다. 이는 자비로운 자기진정(8장에서 설명)와 마찬가지로 정서조절에도 도움이 된다. 이를 통해 내담자는 욕구 충족에 대한 소중한 믿음을 여전히 붙잡고 있을 수 있는지, 그 대신 무엇을 할 수 있는지(예: '이것을 포기하고 살아남으려면 무엇이 필요한가?')를 고려할 수 있다. 마지막으로, '그리워하게 될 것들에 작별 인사하기' '이런 것들이 나에게 어떤 의미가 있을까' 등 상실을 구체화하면 애도를 덜 압도적으로 만들 수 있다. '어떻게 긍정적인 것을 통합하여 가져갈 수 있을까?' 또는 '내가 이 일을 어떻게 할 수 있을까?'로 보완할 수 있다(이는 자비로운 자기진정으로 돌아간다. 8장 참조).

12회기에서 빈 의자 작업을 마친 Jonah로 다시 돌아와서, 그에게 놓아버리기 단계가 어땠는지 알아보기 위해 이후 회기를 미리 살펴봐야 한다. 사실, Jonah의 치료에서 중요한 목표는 자신이 원했던 어머니를 갖지 못한 것을 슬퍼하는 것이 되었다. 14회기에는 어머니를 바라보는 시각이 고의적으로 상처를 준 사람에서 상처를 주는 것을 인지하지 못했을 수도 있는 사람으로 바뀌었고, 자신에 대한 시각은 상처가 치유되고 있는 사람으로 바뀌었다. 회기가 진행되는 동안 Jonah는 자신의 고통스럽고 두려운 정서에 대한 인식이 높아졌고, 비언어적 정서적 의미를 자신에 대한 새로운 의식적 공식과 일치시키면서 정서를 더 잘 견뎌낼 수 있게 되었다. 그는 자신을 더 수용할 수 있게 되었고, "저는 예전만큼 자책하지 않아요. 만약 기분이 나쁘면 스스로에게 이렇게 말할 수 있어요. '그래, 기분이 안 좋네. 그렇지만 영원히 지속되지는 않을 거야.' 저는 기분이 나쁘다고 해서 나쁜 사람은 아니에요. 그냥 기분이 나쁠 뿐이에요. 그래서 그 상황을 피할 거예요."라고 보고하였다. 다시 말해, Jonah는 더 이상 자신이 나쁜 사람이라고 생각하지 않았다.

Jonah: 어쨌든 제가 여기서 말하고자 하는 요점은, 저는 그렇게 믿고 자랐어요. 어, 아마도 이게 제게는 우주의 기초일 것 같은데, 어, 엄마는 저에게 항상 화가 나 있었기 때문에 항상 화를 냈고, 엄마가 항상 나에게 화가 난 이유는 내가 나쁜 사람, 수준 낮은 사람이기 때문이었어요.

Margaret: 그게 근본적인 원인이라고요? [공감적 추측]

Jonah: 네, 그 이유였어요. 그래서 저는, 그래서 저는 항상, 그러니까 그 시점부터 누군가가 화를 내면 그건, 제가 뭔가 잘못한 게 틀림없다고 생각했죠.

Margaret: 이제야 이해가 되시네요. [공감적 반영]

Jonah: 네, 말씀드렸듯이 저는 그 일에서 몇 발자국 물러나고 계속 물러서서 제 잘못이라고 생각하지 않으려고 노력 중이에요. 그런 일이 일어나지 않는다고는 말하지 않겠습니다. 여전히 일어나지만 예전만큼 폭력적이지는 않고, 저에게 폭력적이라는 것은 제 자신에 대한 느낌을 나타내는 적절한 단어라고 생각해요.

6단계: 의자 작업 후 과정 내담자가 해결되지 않은 감정과 욕구를 놓아버렸거나 회기에서 남은 시간이 얼마 없어 빈 의자 작업이 끝나면 상담자는 내담자가 작업을 마무리할 수 있도록 도와줄 준비를 하는 것이 좋다. 작업의 중요성이나 어려운 특성에 대해 이야기하고 몇 분 후에 마쳐야 한다는 것을 언급하는 것으로 충분하다. 내담자가 과제를 부분적으로나마 해결했다면 몇 분 정도 시간을 내어 내담자가 경험한 변화와 자기인정 또는 힘을 얻은 것에 대해 돌아볼 수 있도록 도와주는 것이 유용할 수 있다. 의미 만들기는 개입이 끝날 때 특히 중요하다. 상담자는 내담자가 빈 의자 작업에서 얻은 경험에 대해 어떤 의미를 부여하고 있는지에 대한 내담자의 관점을 알 수 있으며, 이를 통해 주요 고착 지점 및 앞으로의 방향을 포함하여 처리 과정의 작동 방식에 대한 공유된 개념화로 구축하는 데 도움이 된다. 이는 또한 회기 후 성과를 통합하는 데도 도움이 된다. 그러나 너무 일찍 의미 만들기부터 시작하지 않는 것이 중요하다. 내담자가 정서적 각성을 경험한 '후에' 시작해야 하며, 그렇지 않으면 공허한 개념화가 되어 아무것도 바꾸지 못할 위험이 있다. 이처럼 각성된 정서적 경험을 바탕으로 의미를 만드는 것을 강조하는 것은 EFT와 순전한 해석적, 인지적 접근방식과 구별하는 것이다. 또한 빈 의자 작업 회기가 끝난 후에는 회기에서 발견한 것을 강조하기 위해 알아차림 과제를 내줄 수 있다. 예를 들어, '한 주 동안 분노가 슬픔으로 무너지는 순간에 주의를 기울일 수 있는지 살펴보세요.' 또는 자기방해에 가로막힌 내담자에게 스스로 정서를 느끼는 것을 어떻게 막고 있는지 알아차리도록 할 수 있다. 내담자에게 일기를 쓰도록 제안하는 것도 괜찮다. 예를 들어, 매일 저녁 앉아서 그날 느낀 정서나 상대방에 대한 감정 등을 최소한 세 가지 이상 나열해 보라고 제안할 수 있다.

Jonah의 12번째 회기로 돌아가서, 다음과 같이 Jonah가 자신의 문제가 분노라는 것을 인정하면서 회기가 종료되었다.

Jonah: 하지만 막상 일어서려고 하면 엄청난 분노가 치밀어 오르고 거의 미칠 지경이죠.

Margaret: 바로 그 분노가 우리가 여기서 활용해야 할 부분이에요. 당연히 분노가 많으니까요. [공감적 개념화]

Jonah: 하지만 요점이 뭐죠? 난 아닌데… (한숨) 그걸 활용한다는 게 무슨 뜻이죠?

Margaret: 글쎄요, 분노를 다루는 거죠.

Jonah: 그런다고 해결되는 건 없잖아요. 해결될까요?

Margaret: 음-흠 (잠시 멈춤) 음-흠. 엄마도 바뀌지 않고, 상사도 바뀌지 않지만, 그 메시지를 받아들이고 무엇을 해야 하는지 알게 된다면 당신은 바뀔 수 있어요. 당신은 마음속에 화약을 품고 다니고 있고(잠시 멈춤), 어떤 일들이 화를 유발해요. 하지만 분노의 밑바닥에는 끔찍한 두려움과 수치심이 있다고 생각해요. [내담자 과정의 공감적 개념화]

Jonah: 음, (한숨) 저는 제가 화가 났다고 생각해 본 적이 없어요.

Margaret: 네, 그냥 생각해 보세요, 갑자기 분노를 표현하라는 뜻이 아니라 다음 주 동안 좀 생각해 보고, 실제로 좌절감이나 분노를 얼마나 자주 느끼는지 주의를 기울여 보세요. [알아차림 과제]

Jonah: 저는 제가 엄마에게 화가 났다고 생각한 적이 없어요. 나는 그것이 매일 일어나는 다른 더러운 일들 때문이라고 생각했죠(훌쩍).

Margaret: 이제야 엄마에 대한 분노도 꽤 있다는 것을 깨닫고 있군요. [과정 반영]

Jonah: 그리고 현재나 미래의 행동에 대한 것만이 아니에요.

Margaret: 맞아요. 과거의 상처 때문에도 그렇죠.

Jonah: 엄마가 그걸 인정하지 않아서 화가 나는 것 같아요.

빈 의자 작업의 변형

확인한 것처럼, 빈 의자 작업은 크고 복잡한 작업이며, 가능성과 뉘앙스가 다양해서 숙달하려면 상당한 집중 연습이 필요하다. 이 부분에서는 외상에 초점 맞춘 빈 의자 작업, 현재의 갈등 관계, 빈 의자 작업의 대안인 진실 말하기 등 빈 의자 작업의 몇 가지 변형에 대해 살펴볼 것이다.

외상에 대한 빈 의자 작업 다음 두 상황에서는 내담자에게 빈 의자 작업을 강요하는 것이 현명하지 않고 해를 끼칠 수 있는 것을 기억하는 것이 중요하다. 첫째, 해결되지 않은 경험이 심각하게 외상적이고 재외상을 입을 위험이 있는 경우, 둘째, 내담자가 최근 자해(예: 자기긋기 또는 자살 시도) 또는 타해(예: 공격적이고 폭력적인 행동, 타인을 위험에 빠뜨리는 충동적인 위험 감수) 행동을 한 적이 있는 경우이다. 이러한 행동이 내담자가 극심한 고통이나 각성에 대응하는 방식의 일부가 되었다면, 상담자는 적어도 초기에는 덜 자극적인 개입을 활용하고, 강한 치료적 관계가 형성되고 일련의 적응적 정서조절 전략이 확립될 때까지 빈 의자 작업과 같은 개입의 도입을 미룰 것을 강력히 권장한다(〈표 3-2〉 참조; 예: 내담자가 내부적으로 갈 수 있는 안전한 장소 파악). 빈 의자 대화를 시작하기 전에 심상화된 학대하는 상대방과 마주할 수 있는 충분한 내적, 외적 지지를 구축하는 것이 필수적이다.

외상에 기반한 빈 의자 작업은 일반적으로 방임 또는 잘못된 양육과 관련된 미해결 과제일 때보다 더 강도가 높다. 외상으로 인한 상처를 입은 사람은 연약하고(정서조절이 잘되지 않음) 원치 않는 기억과 마음을 쇠약하게 하는 정서적 아픔으로 고통받는다. 지속적인 변화를 촉진하려면 먼저 조절되지 않는 정서를 다룰 수 있는 방법을 찾도록 관심을 기울이고 도와주는 것이 중요하다. 그러나 이러한 유형의 문제를 가진 사람들은 대개 학대한 사람과의 빈 의자 작업을 포함하여 외상의 근원으로 돌아가서 직면하고 싶은지에 대해 양가적인 태도를 보인다. 한편으로는 침습적인 기억을 없애기 위해 이 문제에 이끌리기도 한다. 다른 한편에는 조절 문제와 재외상의 위험이라는 심각한 고통이 있다. 따라서 빈 의자 작업은 안전이 확보되고 내담자가 학대자와 직면할 준비가 되었다고 느낄 때만 제안해야 한다(Paivio & Pascual-Leone, 2010).

학대적 관계에서 입은 정서적 상처를 다룰 때, 빈 의자 작업은 내담자가 안전한 상담 장면에서 학대하는 상대방에게 분노를 표현할 수 있도록 돕는 데 활용된다. 이는 내담자가 상대방과 더 효과적인 경계를 설정하는 데 도움이 된다. 그러나 반대로, 일반적으로 학대하는 상대방에게 슬픔을 표현하지 않는 것이 좋다. 각 정서는 적절한 대상을 찾아야 하며, 따라서 슬픔은 학대하는 상대에게 표현하기보다는 상담자나 내담자의 삶에서 보호자 같은 다른 사람에게 표현해야 할 수 있다.

과거의 학대와 공포 상황에서는 원래의 상황에서 느꼈던 핵심적인 두려움이 신체 수준에서 코드화되어 있어 다루기 어려운 경우가 많다. 이러한 외상과 관련된 두려움은 적응적 분노로 대응해야 한다. 분노가 두려움 아래에 묻혀 있는 한, 그 사람은 언제까지나 대항할 수 있지만 나아지는 것 없이 계속 무력감을 느낄 것이다. 변화를 위해 필요한 것은 원래 상황에서는 표현할 수 없었던 보호적이고 적응적인 분노를 동원하는 것이다. 외상 경험에 갇힌 사람들은 그동안 자신을 구하기 위해 필요한 어떤 행동도 할 수 없었다. 이들에게 필요한 것은 더 행동하도록 촉진하는 것과 억압에 대한 최종적인 승리의 느낌이다. 굴복을 경험한 사람은 가해자를 패배시킬 수 있다는 경험을 해야만 패배감을 극복할 수 있다. 분노는 자신이 아니라 외부로 향해야 하며, 다른 정서(예: 슬픔, 수치심, 또는 고통)와 구별되어 명확하게 느껴져서 내담자가 촉진된 행동을 바탕으로 경계를 설정할 수 있어야 한다. 또한 분노는 피해자로서가 아니라 완전한 주체성과 주인의식을 가지고 상황에 맞는 강도로 단호하게 표현해야 한다. 마지막으로, 분노에 담긴 의미를 탐색하고, 상징화하고, 정교화하여 분노가 자신을 위한 자원이 될 수 있도록 해야 한다.

변형된 표식과 과업: 현재 갈등 관계 우리는 이 장의 서두에서 빈 의자 작업은 과거의 정서적 상처가 있을 때 가장 잘 적용된다고 말했다. 그러나 변형된 형태의 표식이 있는데, 현재 주변 사람과 갈등을 겪고 있는 경우이다. 예를 들어, 현재 자녀 양육 방식이나 지속적인 신체적 또는 정서적 학대로 배우자와 갈등이 있는 경우, 빈 의자 작업을 다르게 수행해야 하며 목표도 다소 달라져야 한다. 내담자가 빈 의자 작업을 강한 감정 표현을 위한 연습으로 이용할 위험이 있고, 현재 상황에서는 비생산적일 수 있기 때문이다. 그렇지만 현재 대인관계의 어려움이 미해결과제를 떠올리게 하는 복합적인 상황도 있다. 예를 들어, 현재 어머니와 어려움을 겪고 있는 청년 내담자가 방을 정리하지 않거나 설거지를 하지 않는다고 잔소리를 하는 어머니에 대해 불평하

는 경우(현재 상황), 어머니의 행동과 태도를 내담자가 아홉 살 때 아버지가 돌아가신 이후부터 일어나고 있는 일(예: '아버지가 돌아가신 때부터 어머니는 내가 자신을 지지해 주기를 기대했다.')을 떠올리게 하는 것으로 경험하기도 한다. 그는 현재 대인관계 갈등을 겪고 있지만 미해결과제도 있다. 과거의 미해결과제는 현재의 대인관계 갈등과는 다르다. 현재 갈등 상황에 처한 내담자를 도울 때 목표는 진정으로 느끼는 감정(적응적 일차 정서)을 명확히 한 다음, 그 감정을 바탕으로 내담자가 무엇을 해야 하는지에 초점을 맞추는 것이다. 일반적인 미해결과제에서는 해결되지 않은 과거의 감정을 처리하는 것이 목적이며, 현재 내담자를 어떻게 다룰 것인지가 아니라 억눌린 고통스러운 감정을 해결하는 것이 목표이다.

진실 말하기: 빈 의자 작업의 대안 내담자가 실제로 빈 의자에 앉은 사람에게 말하게 하지 않고도 과거의 정서적 상처를 해결하는 과정을 진행하는 것이 가능하다. 앞에서 설명한(그리고 〈표 7-1〉에서 설명한) 과정을 공감적으로 따라가고 안내함으로써 실제 실연 없이 해결 과정을 촉진할 수 있다. 이는 포커싱 과정을 활용하여 수행할 수 있다(5장 참조). '그들이 여기 있다면 뭐라고 말하겠어요?' '상대방에 대해 진실을 말할 수 있다면 그들에게 뭐라고 말하겠어요?'와 같이 말할 수 있다. 심상화된 상대방의 반응을 가지고 작업할 수도 있다. '그들이 뭐라고 대답할 것 같나요?' '그 사람들이 과거에 당신에게 어떤 말을 했나요?' '그 말을 듣는다고 상상해 보세요. 어떤 느낌일까요?' 심상화는 해결되지 않은 정서를 불러일으키기 위해 다른 다양한 방법으로도 활용될 수 있다. 시각 체계는 정서와 밀접한 관련이 있기 때문에 심상화를 통해 해결되지 않은 정서를 불러일으키거나, 심상화하여 대화를 나누거나, 새로운 정서를 경험하거나, 상황이나 장면에 사람이나 자원을 추가하여 내담자가 새로운 방식으로 장면을 경험할 수 있도록 심상화하는 등 일종의 마음속 극장을 만들 수 있다.

다음은 이 대안의 간략한 개요이다.

- 접촉을 설정하기: 내담자에게 마음속으로 상대방을 심상화해 보라고 요청한다.
- 느낌에 접근하기: 내담자에게 '몸에서 어떤 감각이 느껴져요?'라고 질문한다(예:

내담자: '무겁고 슬픈 느낌이 들어요.').

- 내담자에게 몸의 어디에서 이런 느낌이 드는지 물어보고 그 느낌에 머물도록 하여 내담자가 이 경험에 빠져들고 그 느낌을 맛보도록 돕는다(예: 내담자: '가슴에서 느껴져요. 여기요. 그리고 너무 외로웠어요.').
- 내담자에게 '무엇을 놓쳤나요?'라고 물어본다. '어떤 느낌인지, 무엇을 놓쳤는지 그들에게 말하는 것을 상상해 보세요.'와 같은 제안을 통해 이 개입은 슬픔의 포장을 풀고 슬픔을 여는 데 도움이 된다.
- 상처를 타당화한다(배경에서 분노의 소리가 들리더라도).
- 감정을 통해 욕구에 접근하기: 내담자에게 '당신이 필요로 하는 것을 그들에게 말한다고 상상해 보세요.'라고 말한다.(예: 내담자: '난 그저 나를 사랑한다고 말해 주길 바랐어요.')
- 적응적 정서의 잦은 등장: 고통과 괴로움에 대해 공감적 인정을 제공하고, 자비로운 자기진정 과업으로 넘어간다(8장 참조).

추가 탐구

··· 읽을거리

Elliott, R., Watson, J., Goldman, R. N. & Greenberg, L. S. (2013). 정서중심치료의 이해: 변화를 위한 과정–경험적 접근[*Learning emotion-focused therapy: The process-experiential approach to change*]. (신성만, 전명희, 황혜리, 김혜정, 김현정, 이은경 역). 서울: 학지사(원전은 2004에 출판). [12장]

Greenberg, L. S., & Woldarsky Meneses, C. (2019). *Forgiveness and letting go in emotion-focused therapy*. Washington, DC: American Psychological Association. [3, 4장]

··· 볼거리

Elliott, R. (2016). *Understanding Emotion-Focused Therapy with Robert Elliott*. Counselling Channel Videos, Glastonbury, UK. https://vimeo.com/ondemand/understandingeft/167235549에서 시청 가능 [Inexpensive demonstration session with male client featuring empty chair work and compassionate self-soothing [빈 의자 작업과 자비로운 자기진정을 적용한 남성 내담자와의 저렴한 시연 회기 영상]

Greenberg, L. S. (2007). *Emotion-Focused Therapy for depression*. American Psychological Association Videos. [빈 의자 작업의 명확한 예는 이 2회기짜리 비디오의 2회기 참조]

··· 성찰하기

1. 이 장에는 많은 정보가 담겨 있다(이 책에서 가장 긴 장이다). 이 장을 다 읽었다면 잠시 시간을 내어 다음 질문을 생각해 보라.
   - 이 책을 읽은 경험은 어땠는가?
   - 이 장에서 읽은 내용을 되돌아보고 유용하거나 흥미로웠던 점 세 가지를 기억할 수 있는지 살펴보라. 이를 메모해 두라.
2. 이 장에는 Jonah의 상담 축어록이 많이 있다. 친구나 동료에게 Jonah와 그의 상담자 Margaret의 역할을 맡아서 여러 부분을 읽어 보게 하라(이것은 의도적인 연습의 한 형

태이며 상담에 대한 새로운 접근법을 배우기 시작할 때 유용할 수 있다).

3. 당신 자신의 개인적인 경험을 활용해서, 인생에서 중요했던 사람, 좋든 나쁘든 나를 형성한 사람과의 해결되지 않은 문제를 찾아보라(부모님, 형제자매, 가장 친한 친구나 파트너, 또는 선생님이나 상사와 같은 중요한 권위자가 될 수 있다). 해결되지 않은 부분에 대한 간단한 설명을 작성한다. 그런 다음, 주변에 아무도 없는 상태에서 혼자서 그 사람이 다른 의자에 앉아 있다고 심상화하고 그 문제에 대해 이야기해 보라. 이렇게 할 때 어떤 느낌이 드는지 주목하라.

후기 작업 단계: 공감적 인정 및 자비로운 자기진정 08

개요

취약성과 정서적 고통 다루기
취약성에 대한 공감적 인정: 고전적인 인간중심 과업
괴로움에 대한 자비로운 자기진정
Bethany의 후기 작업 단계
추가 탐구

취약성과 정서적 고통 다루기

내담자 취약성, 강한 정서적 고통 및 괴로움은 정서중심상담(Emotion-Focused Counselling: EFC)의 후반 작업 단계에서 흔히 발생한다. 이 장에서는 두 가지 관련 작업을 제시한다. 이러한 표식(marker)의 공통점은 고통스러운 취약성이다. 이러한 과업은 EFC의 과업 단계가 진행되고 내담자가 핵심 고통을 향해 나아감에 따라 점점 더 많이 나타난다. 이 중 첫 번째인 '취약성에 대한 공감적 인정'은 인간중심적 전통에서 비롯된 것으로 Laura Rice와 Les Greenberg가 개념화했으며(Rice & Greenberg, 1991)

두 번째 작업인 '괴로움에 대한 자비로운 자기진정(Compassionate Self-Soothing for Anguish)'은 2000년대에 들어 EFC에서 두드러지게 나타났으며(Goldman & Fox, 2010; Ito, Greenberg, Iwakabe, & Pascual-Leone, 2010; Sutherland, Peräkylä & Elliott, 2014), 특히 EFC가 불안장애에 적용되기 시작하면서 두드러지게 부각되기 시작했다. 이 두 과업은 서로를 보완한다. 취약성은 주로 '나는 피부가 없는 것처럼 노출되고 보호받지 못해요.'와 같은 지금 여기의 느낌이다. 반면에 괴로움은 주로 어린 시절의 경험에서 비롯된 취약한 느낌과 지지없이 느끼는 정서적 고통에 대한 과거의 기억을 환기시키는 것과 더 관련이 있다. 현재 상황과 관련해 발생하는 취약성은 내담자와 상담자 관계에서 가장 잘 다루어지는 반면, 괴로움은 일반적으로 두 의자 과업과 빈 의자 과업의 연장선상에서 의자 과업을 활용하여 가장 잘 다루어진다. 두가지 모두 취약성을 포함하기 때문에, 예를 들어 내담자가 의자 과업을 거부하거나 치료자의 공감적 인정만으로는 내담자가 앞으로 나아가는 데 충분하지 않을 때 서로의 대안으로 활용될 수 있다.

취약성에 대한 공감적 인정: 고전적인 인간중심 과업

인간중심상담은 풍부한 사례를 가지고 있으며 EFC의 창립자 중 한 명인 Laura Rice가 취약성에 대한 공감적 인정을 개념화한 것도 바로 이로부터 아이디어를 얻었다. 이 과업에서 작업은 전적으로 내담자–상담자 대화 내에서 수행된다. EFC 과업은 일반적으로 행위(doing)와 존재(being)를 결합하는 것을 추구하는 반면, 공감적 인정에서는 '존재' 측면에 훨씬 더 중점을 둔다. 상담자는 내담자가 자신의 취약성에 깊이 들어가고 핵심 고통에 도달하는 동안 강력한 공감적 연결과 현존을 유지하려고 노력한다. 〈표 8–1〉은 상담자가 내담자에게 강한 공감, 진정, 타당화를 제공하는 고전적인 인간 중심 과업을 보여 준다. 과업이 진행됨에 따라 상담자는 내담자가 희망이나 성장에 접근하기 시작하거나 심지어 스스로 이해받고, 타당화받고, 위로나 진정을 느끼는 징후에 대해서도 세심한 주의를 기울인다.

표 8-1 취약성에 대한 공감적 인정: 과업 해결 모델

과업 해결 단계	상담자 반응
1. 표식: 심각한 취약성 주로 현재에 기반을 둔 강한 부정적 자기 관련 괴로움(예: 연약함, 수치심, 절망, 무망감, 피로)을 표현하기	• 취약성을 경청하고 반영하기 • 내담자의 정서적 고통에 공명하고 내담자에 대한 진정한 연민갖기
2. 초기 심화 취약성의 형태를 설명하고, 상담자의 공감적 인정에 대한 반응으로 더 깊은 정서 나타내기	• 공감적 인정/칭찬으로 전환 • 공감적 이해, 취약성의 형태에 대해 숙고하기 • 느리고 온화한 태도 취하기 • 공감적 타당화를 제공하고 필요에 따라 내담자가 스스로 진정할 수 있도록 지지하기
3. 강렬한 심화/바닥을 찍기 마치 바닥을 찍은 듯, 두려운 정서나 고통스러운 자기의 측면을 강력하게 표현하기	• 공감적 인정/칭찬 모드 계속하기 • 취약성을 파악하고 심화하기 위해 경청하고 은유 제공하기
4. 성장/희망으로 다시 돌아오기 적응적 일차 정서와 관련된 욕구/행위 경향성을 표현하기	• 희망/성장 욕구 또는 행위 경향성에 귀 기울이고, 성찰하고, 숙고하기
5. 감사하기 고통의 감소, 더 큰 평온함을 표현하고, 상담자와의 관계에 대한 감사를 표현하고 자신을 온전하고 수용 가능하며 능력 있는 존재로 표현하기	• 안도감과 평온함을 탐색하고 지지하기 • 자기도식의 변화를 탐색하고 지지하기
6. 처리하기 취약한 상태에서 벗어나기. 과업에 대해 성찰하고 의미를 창출하기	• 내담자가 과업과 그 의미를 성찰하도록 도와주기

취약성 표식 취약성은 삶의 현재 순간에 취약성, 깊은 수치심 또는 불안감을 느끼는 특정한 형태의 정서적 고통으로, '내게 남은 것이 아무것도 없는 것 같아요.'처럼 느끼는 것이다. 취약성은 삶의 스트레스에 직면한 현재의 나약하고 취약한 상태를 말한다. 더 많은 것을 포함하여 다양한 형태를 취할 수 있다. 취약성은 회기 내 탐

색을 통해 자각하게 되는 보다 긴급한 적응적 일차 고통을 포함하여 다양한 형태로 나타날 수 있지만, 개인의 현재 상황에 존재하는 보다 일반적이고 고착화된(부적응적 일차) 취약성을 치료에서 다루어야 할 문제 상태로 가져오는 경우도 있다. 이러한 취약한 상태에서 사람들은 자신을 보호할 피부가 없는 것처럼 매우 취약하다고 느끼며, 자신의 취약성에 대해 이차 수치심이나 불안감을 느낄 수도 있다. 이러한 상태의 내담자는 무엇보다도 상담자의 확고한 공감적 조율이 필요한데, 상담자는 내담자가 느끼는 정서의 내용을 파악할 뿐만 아니라 템포, 리듬 및 어조를 반영하여 내담자의 에너지와 정서에 주목해야 한다. 또한 이는 상담자가 내담자의 경험을 타당화하고 정상화할 때도 유용하다. 해결방법은 회복탄력성과 지속 의지에 대한 접근이 포함되며, 이는 자기감의 강화로 이어진다. 이 과업의 가장 좋은 예 중 하나는 Carl Rogers의 1955년 비디오 'Miss Mun'(Greenberg et al., 1993에서 인용; Gundrum, Lietaer, & Hees-Matthijssen, 1999 참조)이며 여기에 간략한 발췌 내용을 제시하였다.

Miss Mun [머뭇거리며]: 암이 아닌지 확인해야 할 것 같아서 무서워요. 그게 정말 너무 무섭고 (Rogers: 음) '혹시 암일지도 몰라, 암이면 어떡하지'라는 생각이 들었을 때, 그때부터 너무 외로움을 느꼈어요. [취약성 표식]

Rogers: 음, 그래요, 그런 일이라면 정말 외로움을 느끼시겠네요. [공감적 인정 반응]

Miss Mun: (침묵) 그리고 정말 무서운 외로움이에요. 누가 함께할 수 있을지 모르니까요.

Rogers: 그런 말씀인가요? 그런 두려움, 공포, 외로움 속에서 당신과 함께할 수 있을까요?

Miss Mun: (오랜 침묵 끝에 눈물을 흘린다.)

Rogers: 정말 가슴이 '너무' 아프네요. [공감적 인정과 함께 환기적 반영]

이 과업에서 상담자의 주요 도전 과제는 내담자에 대한 진정한 연민에 접근하기 위해 내담자의 강렬한 취약성에 깊이 공감할 수 있도록 하는 것, 그리고 내담자가 고통 속으로 충분히 깊이 들어갈 수 있다면(핵심 고통에 도달하면) 고착에서 벗어나 희망과 전진을 향해 자발적으로 다시 일어설 것이라는 믿음을 갖는 것이다. 잠시 후, Miss Mun과 Rogers는 상담의 다음 대화에서 설명한다.

Miss Mun: (긴 침묵) 아마도 기본적으로 혼자서 해야 할 부분이 있을 것 같아요. 다른 사람과 함께할 수 없는 부분도 있을 테니까요. 그래도 혼자가 아니라는 것은 일종의 위안이 되네요.
Rogers: 외로움이나 두려움 같은 기분을 누군가와 함께 나눌 수 있다면 정말 좋을 것 같네요.
Miss Mun: (침묵). 그런 것 같아요.

상담자는 고민에 빠진 내담자를 고치려고 서두르거나 과도하게 조절하거나 과도하게 타당화하지 말고 인내심을 갖고 내담자가 상담자의 공감적 인정을 받아들일 수 있도록 시간을 허용하여 상담자의 인정을 자기 인정으로 전환하는 과정을 시작하는 것이 중요하다는 점을 여기서 지적하고 싶다. 이 과업에 대한 자세한 내용은 Elliott 등(2004)과 Greenberg 등(1993)에서 확인할 수 있다.

괴로움에 대한 자비로운 자기진정

내담자의 괴로움을 다루기 위한 또 다른 최근의 EFC 과업은 내담자가 자신을 위로하거나 진정시키는 두 의자 과업의 한 형태이다. 이는 본질적으로 두 의자에 걸친 자기비판적 분열 과업(6장에서 설명)과 반대이다. 동시에, 이 과업은 빈 의자 과업의 마지막 단계에서 자주 등장하는데, 그때 내담자는 자신의 충족되지 못한 욕구를 충족해 주기를 바랐던 사람이 결코 그렇게 할 수 없다는 사실에 직면하게 된다.

물론 물질을 사용하거나 위험하고 충동적인 활동을 하는 등 불편하거나 고통스러운 정서를 차단하려고 시도하거나 무감각하게 하거나 주의를 돌리려는 부적응적인 자기진정법이 많이 있다. 이러한 행동은 단순히 불편함을 은폐하거나 지연시켜 근본적인 고통을 방치해 종종 고통을 악화시킬 수 있다. 일반적으로 정서적 고통(취약성이라고 부르든 괴로움이라고 부르든 상관없이)은 대인관계에서 충족되지 못한 강력한 욕구(예: 사랑이나 인정에 대한 욕구)가 과거에 남아 있고 부정적인 자기대우에 의해 악화될 때 발생한다. 고통을 완화하기 위해서는 이러한 욕구를 해결해야 한다.

괴로움 표식 취약성보다 더 일반적인 표식인 괴로움은 종종 어린 시절 지지받지 못하거나, 방치되거나, 고통스럽게 홀로 남겨지거나, 타당화받지 못했던 기억에서 유발된다. 이는 다양한 형태로 나타날 수 있는 강한 정서적 고통을 의미하며, 조절이 부족하고 무질서하거나 조절이 과도하고 적어도 부분적으로 방해받을 수 있다. 내담자는 정서적으로 고통받고 있고 버림받거나 굴욕감을 느낀 경험으로 인해 끔찍하게 외롭고 지지받지 못한다고 가장 분명하게 느낀다. 자해를 저지르거나 정서를 조절하기 위해 자가 약물을 사용하는 사람들이 종종 이런 경우에 해당한다. 타자나 자기에 의해 기본적인 욕구가 무시되거나 짓밟혀서 생긴 일종의 정서적 상처나 손상으로 괴로움을 경험하는 경우, 자비로운 자기진정 과업의 표식으로 적절하다.

과업 연민은 자기비판의 반대 개념으로, 자신에 대해 연민을 표현하는 것은 고통스러운 정서(예: 수치심, 두려움, 슬픔)를 내부적으로 다른 정서로 직면함으로써 고통스러운 정서로 변화시키는 방법이다. 자비로운 자기진정 작업은 내담자가 괴로워하는 자신에게 필요한 것을 줄 수 있는 위로와 인정을 해 주는 사람을 상상하거나 만들어 내도록 돕는 것으로, 종종 박탈감이나 타당화받지 못하는 장면에 다시 들어가 이전에는 없던 연민과 일종의 자기진정 또는 자기위안을 제공하는 것이다. 이는 작업 중인 내용과 내담자에게 가장 적합한 방법에 따라 다양한 선택으로 수행할 수 있으며, 다양한 선택에 대한 개요는 〈표 8-2〉를 참조하라.

예를 들어, 괴로움 표식이 빈 의자 작업에서 나온 경우, 내담자의 성인 자기가 다시 환기된 장면에 들어가서 상실한/외로운/상처를 입은 아이 자기에게 돌보는 반응을 제공하는 것을 상상하도록 제안하는 것이 유용한 접근 방식이다. 또는 내담자가 한

표 8-2 자비로운 자기진정의 차원

1. 모드(진정/위안이 수행되는 방법):
   a. 안내된 심상화
   b. 대화 실연(enactment)

2. 근원/자원(진정/위안을 제공하는 사람):
   a. 성인/현재 자기
   b. 실제 또는 상상의 돌보는 부모의 모습

3. 대상(진정/위안을 받는 사람):
   a. 현재 취약한 자기
   b. 아이 자기
   c. 다른 아이(특정 또는 보편적)
   d. 다른 취약한 존재(예: 유사한 친구 또는 반려동물)

4. 양식(반응 모드):
   a. 공감 보여 주기('그것이 네가 살아가는 힘든 방식이었구나.')
   b. 돌봄/사랑 드러내기('사랑해.')
   c. 칭찬/타당화하기('너는 이것을 잘해.')
   d. 배려하는 조언 제공하기('너는 최선을 다해야 하고 그것이 모두가 요구하는 전부야.')
   e. 보호 제공하기('내가 널 안전하게 지켜줄게. 더 이상 상처받게 하지 않을게.')
   f. 함께 있어주기('내가 여기 있어. 나는 어디에도 안 가.')

의자에서 성인 자기로서 다른 의자의 상처받은 아이를 달래도록 요청하는 의자 간 대화로 진행할 수 있다. 여기에서 목표는 자기에 대한 진정을 불러일으키는 것이다. 자기연민과 자기공감은 내담자가 자비롭고 공감하는 상담자로부터 이러한 자질을 내면화함으로써 발전시킬 수 있지만(앞서 설명한 공감적 인정 과업에서처럼), 이러한 내면화는 여러 회기의 치료가 필요할 수 있다. 회기에서 내담자가 성인으로서 고통받는 자기에게 연민을 제공한다고 제안하면 이 과정을 가속화하고 촉진할 수 있다. 〈표 8-3〉에는 이 과업이 요약되어 있다.

예를 들어, 상담자는 내담자에게 그 사람이 살아오면서 고통을 겪은 아이가 의자

표 8-3 정서적 고통이나 괴로움에 대한 자비로운 자기진정: 과업 해결 모델

내담자 해결 단계	상담자가 반응을 촉진하기
1. '표식': 부분적으로 상징화되고 주로 과거 경험에 기초하여 친숙한 절망과 고착으로 인한 괴로움(조절되지 않은 수치심/두려움 또는 충족되지 못한 실존적 욕구)을 표현하기	• 표식 반영; 과업 제안하기
2. '들어가기': 적절한 형태의 경험하는 자기와 자비로운 타자의 역할극을 찾아서 시작하기	• 내담자가 실연할 적절한 자기 및 타자 조합을 식별하도록 제안하거나 찾도록 돕고 필요에 따라 조정하기 • 내담자에게 경험하는 자기와 자비로운 타자를 상상해 보도록 요청하고 환기적 언어를 활용하기 • 내담자의 괴로움과 익숙한 절망과 막힘에 대한 확고한 공감을 제공하기
3. '깊이 들어가기': 진정/자기진정이 불가능하다는 항의/애도, 진정 부재라는 실존적 본질에 직면하기	• 자비로운 타자를 통해 경험하는 자기진정을 제안하기 • 진정되는 것이 불가능하다고 인식된 항의와 직면을 타당화하기 • 내담자가 자기를 지지하지 않는 타자에게 책임을 묻도록 지지하기 • 내담자가 이전에는 몰랐을 수도 있지만 이제 자신에게 지지/진정을 제공할 수 있는 선택권이 있다는 것을 분명히 하여 직면하도록 돕기 • 내담자가 일차 정서와 그 정서가 갈망하거나 필요로 하는 것/도움이 될 수 있는 것에 접근할 수 있도록 돕기 • 강력한 치료적 현존 제공하기
4. '부분적 해결': 자기진정을 제공하기	• 자비롭고 진정시키는 제안에 반응하는 신체적 느낌의 변화를 경청하고 반영하기 • 내담자가 새로운 느낌에 머물도록 격려하기
5. '정서적/신체적 안도감 경험하기': 보다 긍정적이고 권한이 부여된 자기감으로 변화	• 내담자가 새롭고 떠오르는 더 강한 자기감을 탐색하도록 돕기 • 더욱 강화된 자기감을 타당화하기
6. '완전한 결심': 이 과정을 그들의 삶에서 확장하는 방법을 고려하기	• 내담자가 자신의 삶에서 자기를 진정시키거나 힘을 키워 나아갈 수 있는 가능성을 탐색하도록 돕기

에 앉아 있다고 상상해 보라고 요청할 수 있다. 그 아이의 고통을 불러일으키기 위해 상담자는 그 사람의 역사에서 가장 가슴 아픈 세부 사항을 설명한 다음 '그 아이에게 뭐라고 말하시겠습니까? 그 아이에게 어떤 정서를 느끼시나요?'라고 질문한다. 이 질문은 일반적으로 아이와 아이의 상황에 대한 진정 어린 반응과 아이에게 필요한 것이 무엇인지에 대한 인식을 불러일으킨다. 다음은 Zahra라고 부르는 여성 상담자가 Nour라는 여성 내담자와 상담한 예시이다.

Zahra: 여덟 살짜리 아이가 거기 앉아 있다고 상상해 보세요. 어머니는 아이를 거의 쳐다보지도 않고 말을 걸어도 않아요. 아버지는 아내에게서 받지 못한 사랑을 정서적으로 딸에게 의지하고, 딸이 필요하지 않을 때는 딸을 거부해요. 딸은 어떤 기분일 것 같나요?

Nour: 모르겠어요. 자신이 너무 안쓰럽겠죠.

Zahra: 만약 그녀가 당신의 아이라면 뭐라고 말하시겠어요?

Nour: 아무도 없으면 너무 외로울 거라는 걸 알아요. 아이는 더 많은 것을 받을 자격이 있어요.

Zahra: 아이에게 필요한 것을 좀 주실 수 있나요?

Nour: 내가 여기 있으니 혼자가 아니라는 걸 알아줬으면 좋겠어요.

Zahra: 자, 저기 의자에 앉아 있는 슬프고 외로운 아이의 모습이 상상되나요?

Nour: 예, 알겠어요.

Zahra: 그 아이에게도 같은 방식으로 반응해 줄 수 있나요? 혼자가 아니라고 말해 주세요. 또 어떤 말을 해 줄 수 있나요?

자비로운 자기진정을 촉진하기 위한 제안 이 과업에서는 진정시켜야 할 자기의 부분이 아닌 낯선 사람이나 일반적으로 아이부터 시작하는 것이 중요해 보이는 경우가 많다. 사람들은 자신이 해야 할 일의 의미를 이해하더라도 일반적으로 아이를 진정시키는 데 더 잘하는 것 같다. 일단 도움이 필요한 아이와 관계가 좋아지면 이 느낌을 자기 자신에게 전달하기가 더 쉽다. 시간이 지남에 따라 상담자의 정서적 조율을 통해 제공되는 공감적 인정과 함께 이 과업을 수행하면 자기진정 능력을 개발하는 데 도움이 된다.

이 과업에서 상담자는 먼저 내담자가 자신의 핵심 고통과 그와 관련된 충족되지 못한 욕구에 접근할 수 있게 고통의 감각을 심화하도록 돕는다. 그런 다음 상담자는 위에서 설명한 두 의자 과정을 제공하여 내담자가 자신에게 필요한 것(예: 타당화, 지지, 보호)을 스스로 제공하도록 요청할 수 있다. 위로의 원천은 자기의 강하고 양육적인 측면 또는 이상적인 부모의 모습 또는 기타 긍정적인 힘으로 표현된다. 이 과업의 해결에는 자기에 대한 연민을 느끼는 것뿐만 아니라 충족되지 못한 욕구에 접근하고, 충족되지 못한 슬픔을 느끼고, 잃어버린 것에 대한 연민을 느끼는 것이 포함된다.

이 과업에서 정서를 불러일으키기 위해 심상은 다른 다양한 방법으로 활용될 수 있다. 시각 시스템은 정서와 밀접하게 관련되어 있으므로 상상을 통해 해결되지 않은 정서를 불러일으키거나, 새로운 정서를 경험하기 위해 상상 속에서 대화를 나누거나, 상황이나 장면에 사람이나 자원을 추가하여 새로운 방식으로 장면을 경험하는 것을 상상할 수 있다. 따라서 내담자에게 핵심 고통에 접근하기 위해 삶의 한 장면이나 시간에 다시 들어가는 것을 상상하도록 요청할 수 있으며, 필요한 것을 표현하거나 보호자를 어린 시절의 장면에 데려옴으로써 고통스러운 정서를 변화시키는 것을 촉진할 수 있다. 보호자는 부족했던 보호 장치를 제공하거나 방을 잠글 수 있는 자물쇠와 열쇠 또는 두려운 사람을 가둘 수 있는 감옥과 같이 당사자에게 힘을 주거나 보호할 수 있는 자원을 가져오는 것을 상상하게 할 수 있다. 이는 오래된 정서를 바꾸기 위한 새로운 정서를 생성하는 데 도움이 된다. 예를 들어, 상담자는 다음과 같이 말할 수 있다.

> 눈을 감고 어떤 상황에서 자신이 겪었던 경험을 기억해 보세요. 가능하면 구체적인 심상을 떠올려 보세요. 그 속으로 들어가 보세요. 이 장면에서 자신의 아이가 되어 보세요. 무슨 일이 일어나고 있는지 말해 주세요. 그 상황에서 무엇을 보고, 냄새 맡고, 듣나요? 몸에서 무엇을 느끼고 어떤 생각이 드나요?

잠시 후 상담자는 내담자에게 다음과 같이 말하여 관점을 바꾸도록 요청할 수 있다.

> 이제 어른이 되어서 이 장면을 보셨으면 좋겠어요. 무엇을 보고, 느끼고, 생각하세요? 아이의 표정이 보이나요? 무엇을 하고 싶으세요? 그것을 해 보세요. 어떻게 개입할 수 있나요? 지금 상상 속에서 시도해 보세요.

관점을 다시 바꿔, 상담자는 내담자에게 아이가 되어 달라고 요청할 수 있다.

> 아이로서 당신은 무엇을 느끼고 생각하나요? 어른에게 필요한 것은 무엇인가요? 당신에게 필요하거나 바라는 것이 무엇인지 물어보세요. 어른은 무엇을 하나요? 또 무엇이 필요하나요? 물어보세요. 도움을 요청하고 싶은 다른 사람이 있나요? 제공되는 돌봄과 보호를 받으세요.

이 개입은 상담자가 예를 들어 상담자가 다음과 같은 질문을 통해 내담자가 경험을 처리하도록 돕는 것으로 마무리된다.

> 지금 당신의 기분이 어떤지 확인해 보세요. 이 모든 것이 당신에게, 당신이 필요로 했던 것에 대해 무엇을 의미하나요? 현재, 지금의 어른이 된 자신에게로 돌아오세요. 기분이 어때요? 지금은 아이에게 작별 인사를 할 수 있나요?

Bethany의 후기 작업 단계

Bethany 상담의 후기 작업 단계, 특히 9회기부터 15회기까지는 빈 의자 작업과 자비로운 자기진정이 핵심적인 역할을 하고, 이것이 EFC 초기 작업 단계의 포커싱과 두 의자 작업을 어떻게 구축하고 공감적 인정의 보조 역할을 하는지를 보여 준다. 6회기에서는 Bethany가 빈 의자 작업을 처음 경험했는데, 엄마는 화를 잘 내는 십대라는 이유로 Bethany의 사과를 무시하고, Robert는 Bethany에게 아버지를 다른 의자에 앉힐 것을 제안하는데, 아버지가 훨씬 더 지지적이고 배려하는 것으로 나타났다.

Bethany의 9회기에서는 7장과 8장에서 다룬 많은 내용을 설명한다. 상담 도중에 그녀는 울고 싶은 마음이 들지만 스스로를 바보라고 부르며 막고 있다고 밝힌다. 잠시 자기방해 분열에 대한 두 의자 작업을 하면서 Bethany는 자신이 우는 것을 무서워한다는 것을 깨닫는다. 상담자는 무엇이 그렇게 무서운지 묻고, 그녀는 어렸을 때 엄마가 우는 것에 대해 야단을 쳤던 것을 기억하고, 상담자는 먼저 공감적 인정 반응을 보이며 그녀를 만난다. 그런 다음 상담자는 Bethany의 엄마와 함께 빈 의자 작업으로 바꾸고, Bethany가 다른 의자로 이동하여 엄마가 '너무 한심하게 굴지 말고 울지 말고 철 좀 들어라.'라고 말하는 장면을 실연하도록 한다. 이를 통해, Bethany는 처음에는 무서웠고 그 다음에는 슬프고 외로웠다고 말한다. 상담자의 도움으로 그녀는 전체 과정을 재구성하고 재경험한다. 엄마는 '화가 나고 날카로워' 보이며 Bethany는 상처받을까 봐 두려워져 울기 시작한다. 그녀는 엄마의 경멸스러운 표정과 목소리 톤을 기억하면서, 자신이 얼마나 부끄러웠는지, 그래서 슬프고 외로웠는지를, 그래서 결국 친구의 가족에게 달려갔던 것을 기억한다. 자비로운 자기진정 과업으로 넘어가면서 상담자는 Bethany에게 슬프고 외롭고 부끄러워하는 어린 소녀가 되어 보라고 제안하고 '그 소녀에게 필요한 것은 무엇일까요?'라고 묻는다. Bethany는 '정서적 자유'라고 말한다. 아버지와 훨씬 더 긍정적인 관계를 맺었던 것을 기억한 상담자는 '이걸 바꿔서 Bethany와 마주 보고 어린 Bethany를 거기 둡시다.'라고 말한 뒤, '아빠가 되어 그녀에게 무엇을 해줄 수 있을까요?'라고 제안한다. 울면서 그녀는 '네가 느끼는 감정이 무엇이든 두려워하지 마. 네가 너 자신으로 편안하게 지냈으면 좋겠어. 그냥 네가 느끼는 대로 받아들여.'라고 말한다. 상담자는 Bethany에게 다시 자기 의자로 돌아오라고 한 후 '그렇게 할 수 있겠어요?'라고 물었지만 Bethany는 그렇게 하지 못했고, 상담자는 대신 다른 의자에 앉은 한 살짜리 딸을 상상해 보라고 제안한다. 잠시 망설이던 Bethany는 딸이 그런 자유를 누렸으면 좋겠다고 말한다. 상담자가 '누가 Bethany에게 그런 자유를 줄 수 있을까요?'라고 묻자, 내담자는 '저 자신이요.'라고 대답한다. 상담자는 '슬퍼해도 괜찮다는 목소리를 내보세요.'라고 요청하고 그녀는,

'괜찮아, 최악의 일이 일어날 수 있는 게 뭐야? 네가 무서운 건 알지만 괜찮을 거야.'라고 스스로를 위로한다. 상담 시간이 얼마 남지 않은 상황에서 상담자는 Bethany에게 지금 기분이 어떤지 묻고, Bethany는 오늘 상담에 들어올 때 느꼈던 압박감에서 벗어난 안도감을 설명한다. 그런 다음 상담자는 회기가 어떻게 진행되었는지에 대해 이야기한다. Bethany는 내면의 싸움을 벌인 것 같고 몸은 지쳤지만 긴장은 덜했다고 말한다. 상담자는 회기를 간단히 복습한 후 알아차림 과제('당신 안에 있는 어린 소녀에게 필요한 것이 무엇인지 주목하세요.')를 제안한 뒤, Bethany는 기분이 좋아진 채 회기를 끝낸다.

11회기에서 Bethany는 엄마와 함께 빈 의자 작업으로 돌아와 엄마가 열네 살의 자신을 해로운 괴물이라며 거부했던 것과 반려견과 집을 탈출해 긴 산책을 하곤 했던 것을 재경험한다. 반려견과의 관계를 탐색하면서 상담자는 내담자에게 반려견을 다른 의자에 앉힌 다음, 반려견 의자에서 자신에게 자비로운 자기진정을 제공하도록 한다. 12회기에서는 다시 엄마에게 자신의 가장 깊은 진실을 말하도록 한다. 12회기가 끝난 후, 자발적으로 그녀는 실제로 엄마와 대화를 시도했지만 엄마의 형식적인 감사에 불만족을 느낀다. 그래서 13회기에서 상담자는 Bethany에게 실망하고 좌절한 자신의 일부에게 강하고 배려심 많은 자신의 일부가 안도감을 주도록 한다. 이러한 자비로운 자기진정에 대한 의자 작업은 15회기에 한 번 더 있다. 이는 다음 장에서 설명할 예정이다.

추가 탐구

… 읽을거리

Elliott, R., Watson, J., Goldman, R. N. & Greenberg, L. S. (2013). **정서중심치료의 이해: 변화를 위한 과정-경험적 접근**[*Learning emotion-focused therapy: The process-experiential approach to change*]. (신성만, 전명희, 황혜리, 김혜정, 김현정, 이은경 역). 서울: 학지사(원전은 2004에 출판). [공감적 인정 과업에 대한 제시는 7장 참조]

Gundrum, M., Lietaer, G., & Van Hees-Matthijssen, C. (1999). Carl Rogers' responses in the 17th session with Miss Mun: Comments from a process-experiential and psychoan-alytic perspective. *British Journal of Guidance & Counselling, 27*(4), 461-482. [공감적 타당화 과업이 포함된 Carl Rogers 회기의 완전 축어록 및 분석 자료]

Sutherland, O., Peräkylä, A., & Elliott, R. (2014). Conversation analysis of the two-chair self-soothing task in emotion-focused therapy. *Psychotherapy Research, 24*, 738-751. doi: 10.1080/10503307.2014.885146 [자비로운 자기진정 과업에 대한 상세한 분석]

… 볼거리

Elliott, R. (2016). *Understanding Emotion-Focused Therapy with Robert Elliott*. Counselling Channel Videos, Glastonbury, UK. Available at: https://vimeo.com/ondemand/under standingeft/167235549 [빈 의자 작업과 자비로운 자기진정을 특징으로 하는 남성 내담자와의 저렴한 시연 회기]

Psychotherapy.net (2014). *Carl Rogers and the Person-Centered Approach*. Available online at: www.youtube.com/watch?v=mmgOxMsBaJI [이 장에서 인용한 예시인 Miss Mun 사례의 취약성 표식과 공감적 인정 반응의 예를 보여 주는 짧은 YouTube 홍보 동영상]

… 성찰하기

1. 일기 쓰기를 위한 질문: 자기와 타자의 강한 정서적 고통과 당신은 어떤 관계가 있는가? 강한 정서적 고통을 겪을 때 어떻게 반응하는가? 그 고통에서 벗어나기 위해 회피

하는 자신을 발견하는가? 이를 처리하기 위해 어떤 전략을 사용하나? 이러한 전략은 고통을 무감각하게 하거나 고통으로부터 주의를 돌리는 것을 목표로 하는가? 아플 때 어떤 방법으로 자신을 위로하고 싶은가? 무엇이 당신을 멈추게 하는가?

2. 정서적으로 아픈 것을 찾을 수 있는지 살펴보고 그것을 느낄 수 있는 시간을 가져보라. 다음으로, 고통에 무엇이 가장 아픈지 물어보고 다시 한번 느껴볼 시간을 가지라. 마지막으로, 고통에 필요한 것이 무엇인지 물어보라. 어떤 일이 일어나는지 살펴보고 이를 시도하는 과정에서 막히는 부분이 있는지 주의를 기울여 보라.

09 통합 단계: 효과적인 종결 작업

개요

종결 과정 개요
Bethany의 통합 단계
종결의 치료적 과업
다양한 종결 유형
Jonah의 종결 상담
추가 탐구

종결 과정 개요

정서중심상담(EFC)을 성공적으로 실천하기 위해서는 반드시 종결 과정을 효과적으로 다루어야 한다. EFC에서 종결 회기는 내담자가 그동안 상담에서 어려워했던 작업을 정서적 의미에서 한걸음 뒤로 물러서서 성찰하는 시간이다. 상담이 종결되는 시점에서 내담자와 상담자는 이야기의 범위를 보다 확장하여, 지금까지 정서에 기반을 두고 공유해 온 이야기, 즉 그동안 내담자의 문제 과정이 어떻게 작동했고 앞으로 어떻게 하면 정서적으로 더 유연해지고 자기와 타자와 더불어 살 수 있을지에 대해 의미 있는 관점을 만들며 통합하는 과정에 참여한다. 물론 많은 이유에서 내담자가 종결에 대한 감정을 느끼기도 전에 종결할 수도 있다. 예를 들어, 해결할 작업을 내담자가 이미 마쳤다고 느낀다거나(적어도 그 순간만큼), 혹은 시간이나 기타 상황으로 한계가 있을 수도 있다. 물론 두 상황 모두 자연스럽게 일어날 수 있는 일이지만, 명심할 점은 종결의 본질을 떠나 내담자를 돕는 일이 그 무엇보다 중요하다는 것이다. 종결을 앞둔 내담자는 강렬하거나 예상치 못한 감정을 느낄 수 있기에, 상담자는 이러한 감정에 호기심을 유지하면서 적절하게 감정을 활용할 준비를 해야 한다.

Bethany의 통합 단계

Bethany의 통합 단계 시작하기 Bethany의 종결 상담을 통해서 우리는 내담자가 종결 준비를 하도록 신중하게 계획하고 체계적으로 다룬 예시를 볼 수 있다. 앞 장의 끝부분에 나오는 15회기는 회기 후반부 작업 단계와 종결 단계가 겹친다. 회기가 시작될 때 상담자인 Robert는 그녀에게 오늘 이후, 최대 5회기가 남았다고 알려주었다. 그녀는 상담을 통해 자신을 괴롭히는 모든 것을 말할 수 있는 안전지대의 가치를 깨달았기 때문에 종결이 걱정된다고 말하였다. 자신을 동물원에서 자란 북극곰에 비유한 그녀는 상담을 통해 자유로움을 느꼈으며, 이것은 매우 새로운 경험이었다고 말했다. 또한 그녀는 자신과 다른 사람들에게 원하는 것과 필요한 사람이 되는 것의 '기준'을 높일 수 있게 되었고, 남편과도 이전보다 솔직한 관계로 발전하려고 노력하며, 이는 남편도 마찬가지라고 말했다.

15회기가 끝나갈 무렵, Bethany는 상담 시작 전에 자신의 불안했던 내면을 회상했다. 그 순간 상담자는 심리적 어려움을 지속해 온 과정을 이해할 수 있는 시각적 개념화(visual formulation)를 그려보자고 제안했다. 이와 같이 동의를 구한 다음, 상담자는 내담자의 도움을 받으며 지금까지 공유하고 이해한 도식의 흐름, 즉 사회불안에서 피해로 인해 발생한 부적응적 일차 정서인 죄책감과 수치심까지, 역순으로 종이 위에 그려나갔다. 그동안 상담에서 다룬 내담자의 핵심 고통은 황폐함(그녀의 말을 인용하면, '내가 모든 걸 망쳤다.')과 완전히 외롭고 버려진 느낌이었다. 내담자와 상담자가 이러한 황폐함을 해결하기 위해 필요한 것을 검토해 본 결과, 그것은 '보호와 확인, 가족 안에 속하고 자신을 원하는 느낌'이라는 것을 확인하였다. 개념화를 바탕으로 Bethany에게 다른 방식으로 자기진정(self-soothing) 과업을 진행하였다. 성인이 된 자기가 14세의 자신에게 '그건 네 잘못이 아니야. 넌 네가 할 수 있는 최선을 다했을 뿐이야.'라고 타당화할 수 있도록 도왔다. 그리고 마침내 그녀는 받아들이기 시작했다. 상담자는 상담 과정을 그린 그림을 보여 주며 남은 회기는 그녀가 회복탄력성이라 칭하는 작업을 할 거라고 설명해 주었다.

최종 회기 16회기는 Bethany 자신에게 집중했던 작업을 현재 대인관계에서 어려움을 겪고 있는 두 가지 상황에 적용해, 그녀가 다른 사람과의 관계를 망치고 피해를 줄까 봐 불안해하지 않으면서 비판적이고 가혹한 자기에게 맞서도록 작업하였다.

17회기가 되자, 그녀는 상담을 되돌아보며 자신이 얼마나 멀리 왔는지 감사해 하였다. 다른 사람에게 피해를 줄 수 있다는 사회불안이 지금은 어떤 식으로 바뀌었는지 그녀에게 물어보았고, 그녀는 이전에 비해 걱정이 훨씬 줄었다고 답했다. 또한 Bethany는 자기진정 과업을 더 하고 싶다고 요청했고, 상담자는 이 작업을 한 번 더 진행했다. 이 행동을 통해서, 그녀가 어려운 대인관계 속에서 자신을 다독일 수 있게 되었다는 사실을 분명히 알 수 있었다. 또한 그녀는 다른 사람에 대한 두려움의 실체와 원인을 알게 되었고, 이와 관련한 문제 대부분을 해결했다고 보고하였다. 그리고 Bethany는 아직도 다른 사람을 두려워하는 부분이 있는데, 이것은 일종의 '사고 습관'일 뿐이며 이를 없애는 데 시간이 필요하다고 말했다. 상담자도 이 말에 동의하며 그녀가 다른 사람에게 느끼는 두려움이 정상적인 반응이라고 답했다. 그리고 세 번 남은 상담은 시간 간격을 두고 진행하기로 합의했다.

18회기가 시작되자, 최근에 일어났던 사소한 갈등 관계부터 다룬 뒤, 상담 경험을 처리하는 단계로 넘어갔다. Bethany는 종결할 준비가 된 것 같았지만 상담을 한 회기 더 받고 싶다고 말했다. 그래서 5주 뒤에 다시 만나기로 약속했다. 상담자는 Bethany

에게 "우리 둘 다 정말 열심히 작업했어요!"라고 말하며, 우리가 그동안 얼마나 열심히 노력했는지, 그리고 얼마나 멀리 왔는지 감사를 표했다. 그리고 5주 뒤인 19회기를 시작할 때 Bethany는 아직 종결할 마음의 준비가 되진 않았지만, 이번이 마지막 회기가 될 거라고 확신했다.

지난 5주 동안 내담자는 별다른 어려움 없이 잘 지냈고 '상담자보다 훨씬 위험한' 사람들과 함께 있으면서 자기 자신이 되는 연습을 해왔다고 말했다. 회기가 끝날 무렵, 그녀는 자신이 얼마나 멀리 왔는지 기쁘고 자랑스러우며 종결하는 것이 조금 슬프다고 말했다. 또한 상담이 자신에게 매우 중요한 일이었다며 눈물을 흘리며 말했고, 상담자도 함께 눈물을 흘렸다. Bethany는 "이제 어른이 될 준비가 된 것 같다."라고 말했고, 상담자는 Bethany를 통해 배운 경험과 그녀에 대한 마음을 어떤 식으로 간직하게 될지를 나누었다.

종결의 치료적 과업

Bethany 사례를 통해 EFC의 종결 과정을 살펴볼 수 있다. EFC의 핵심은 상담 종결이 불러일으키는 정서, 특히 슬픔뿐 아니라 불안과 자부심 등 다양한 정서를 조율하는 데 있다(Greenberg, 2002 참조). 종결 과정에서 기억해야 할 첫 번째 일반적인 원칙은, 모든 내담자가 자신만의 독특한 경험이 있기에 상담자가 항상 호기심을 가져야 한다는 점이다. 내담자들이 종결에 반응하는 모습을 볼 때마다 놀랄 때가 많다.

두 번째 일반적인 원칙은, 종결 상담을 연속적인 단계가 있는 치료적 과업으로 봐야 한다는 점이다. 〈표 9-1〉에서 치료적 과업을 6단계 구조로 나타낸 EFC 종결 작업 모델을 제시하였다. Bethany 상담의 통합/종결 단계에서 이러한 단계 대부분이 자세히 드러나 있다.

표 9-1 종결 작업: 종결 치료의 하위 과제 및 치료자의 촉진 과업

하위 과제	치료자의 촉진 작업
1. 표식(marker): 상담 종결 임박	• 내담자의 종결 준비에 대한 시작 시기 파악함 • 상담 시작부터 종결에 대한 시간제한을 명확히 하고 상기시킴 • 미해결된 문제를 위해 종결 시 3~4회기 확보함
2. 길 준비하기(Preparing the way): 내담자 종결 준비	• 종결 작업 시간을 확보하도록 제안함 • 회기 사이에 다음 사항에 대해 개인적으로 성찰할 시간을 가짐 (1) 내담자가 어떤 종결을 경험할지 (2) 상담자가 종결을 어떻게 느낄지
3. 종결 경험 탐색하기	• 공감적 자세로 종결에 대한 기대와 두려움 탐색함 • 내담자의 종결 경험을 가정하지 않음
4. 전망하기: 현재 진행 중인 프로젝트와 향후 인생 프로젝트 탐색	• 공감적 자세로 상담 종결 후 다음 단계에 대해 탐색함
5. 마무리하기: –내담자의 발전된(혹은 부족한) 경험 탐색 –치료 경험에 대한 상호공유	• 상담 전후, '그때와 지금'을 대조하고 탐색하도록 도움 • 내담자의 상태/경과에 대해 안정화와 정상화 제공함 (적절하고 진실한 방식으로) • 종결에 대한 진실한 반응 개방함
6. 종결 후 성찰하기: –내담자와 상담자는 함께 작업한 것과 성취한 것을 성찰함	• 내담자: 추후 연락해 자료나 소감문 수집함 • 상담자: 슈퍼비전이나 일지 작성을 통해 학습한 내용이나 미해결된 문제를 고찰함

1. 종결 임박 표식 이 종결 임박에 대한 표식은 상담 종결이 임박했으며, 상담 횟수가 줄어들고 있으므로 이제부터 새롭거나 심도 있고 고통스러운 문제를 꺼내놓기보다 작업을 마무리할 때라는 느낌으로 나타난다. 이러한 표식은 전체 상담 기간, 개방형 상담인지 시간제한이 있는 상담인지, 내담자가 정서적으로 얼마나 취약한 상태인지, 상담이 얼마나 성공적이었는지, 그리고 작업이 자연스러운 종결 단계에 있는지

아니면 아직 진행 중인지 등의 여부에 따라 달라진다. 만일 장기 상담이나 개방형 상담, 더욱 취약한 내담자와의 상담, 문제가 해결될 수 있는 성공 확률이 낮고 여전히 진행 중이라면 종결 과정에 더 많은 시간과 노력을 투입해야 한다. 반면에, 6회기로 제한된 상담이라면, 처음부터 내담자에게 시간제한이 있음을 알려줘야 하며 상담자는 종결 과정에 한 회기 혹은 최대 두 회기만 할애할 수 있다. 대조적으로, 최대 20회기까지 상담을 제공할 수 있는 경우라면, Bethany의 사례처럼 종결 과정에 3회기 내지 5회기를 할애해 내담자가 그동안 개선된 모습을 통합하도록 도움을 주는 것이 유용할 수 있다.

2. 길 준비하기 상담을 시작할 때 먼저 시간제한을 명확히 정해두는 것이 중요하다. 상담 횟수가 10회기에서 20회기 내로 제한되어 있다면, 상담자는 시간 간격을 두고 종종 내담자에게 이를 상기시킬 필요가 있다. 상담자는 내담자 스스로 도울 수 있도록 그들을 돕는 자원으로 존재한다는 태도로 임해야 한다. 이는 상담자가 내담자 스스로 정직하고 공감적이며 연민을 가지는 단계로 나아가도록 도와야 한다는 뜻이다. 정직하고 공감적이며 자비로운 존재가 되는 상담자는 내담자를 재양육하거나 편안한 의존관계를 형성하는 것이 아니라 내담자 스스로 그런 존재가 되도록 돕는다. 이와 같은 상담자는 첫 회기에 다음과 같이 말할 것이다. "자, 우리에게 X회기가 남아 있어요. 앞으로 가야 할 길이 멀 것 같지만 얼마나 빨리 도달할지 상상만 해도 놀랍지 않나요? 자, 어디서부터 출발하시겠어요?"

상담이 4회 이하로 남았을 때 내담자에게 알리는 것이 특히 중요하다. 예를 들어, "오늘 이후 상담이 네 번 남은 걸로 알고 있습니다. 어떻게 생각하시나요? 종결하기 전까지 특별히 나누고 싶은 말이 있으신가요?"라고 질문할 수 있다. 이런 식으로 종결 단계 작업을 시작하면 내담자가 회피하던 문제를 더 미루지 않도록 동기 부여할 수 있다. 그러나 시기와 상관없이 내담자가 종결에 대한 감정을 드러낸다면 귀를 기울여 탐색할 필요가 있으며, 내담자에게 종결 경험을 제대로 탐색하기 위해서 종결 시간에 여유를 두는 게 도움이 된다고 말할 수 있다.

이러한 작업을 하면서, 상담자는 개인 시간을 갖거나 슈퍼비전 시간을 할애해 상담자와 내담자가 이번 종결에서 어떤 경험을 할지에 대해 생각해 본다. 예를 들어, 내담자의 발달 배경, 현재 문제들, 문제해결을 위한 진행 상황을 살펴보면서 종결할 때 어떠한 경험을 할지에 대해 생각해 본다. 종결할 때 내담자는 어떤 어려움을 겪을 것인가? 버림받았다고 느낄 가능성이 있는가? 그리고 상담자인 나는 어떠한가? 지금까지 인생에서 종결과 관련한 이슈가 있었는가? 이번 내담자에게 나는 어떤 감명을 받았으며 어떤 것이 변화되었는가? 마지막 회기에 내담자에게 진실하고 도움이 되는 말을 한다면, 나는 어떤 말을 할 것인가?

3. 종결 경험 탐색하기 종결에 부여하는 의미는 매우 다양하다. 어떤 내담자는 상담을 종결한 뒤에 뒷걸음질 칠까 봐 두려워하고 불안해한다. 다른 내담자들은 스스로 도전할 수 있다는 기대와 설레는 정서를 느끼기도 한다. 공허감이나 상실감은 흔한 정서지만 때론 매우 가슴 아프게 만든다(Barge & Elliott, 2016). 외부로부터 종결을 강요받은 경우, 일부 내담자들은 아직 준비가 덜 되었다고 느끼기 때문에 이를 자신에 대한 포기나 거부로 경험할 수도 있다. 이런 내담자를 위해 상담자는 상담을 연장하거나 치료에 대한 대안을 찾기 위해 다소 노력할 필요가 있다. 종결에 대한 다양한 반응들 때문에 상담자는 내담자가 종결에 대해 어떤 정서를 느끼는지 예상하기보다 종결 회기 중에 적당한 때를 기다렸다가, "종결을 생각하면 어떤 생각이 드는지 궁금합니다."라고 한 번쯤 간단히 물어보는 것이 가장 좋다.

4. 전망하기 상담자는 처음부터 내담자를 적극적인 참여자로 바라보며, 이제 곧 스스로 관리해 나갈 사람이라고 생각해야 한다. 내담자가 완전히 종결할 준비가 되었다고 느끼지 않더라도 남은 한두 회기를 할애해 현재와 미래의 인생 프로젝트를 탐색할 기회를 주는 것이 좋다. '지금 생각하고 있는 앞으로의 계획은 무엇인가? 아직 마치지 못한 작업이 있는가? 앞으로 어떤 작업을 계속해 나갈 계획인가?' 만일 계속된 문제들이 내담자의 종결 경험에 중요한 부분을 차지한다면, 내담자가 처음 상담에 찾아온 시점에서 중단됐던 삶의 프로젝트로 거슬러 올라가 초기에 공유했던 문제를 되새기며 함께 탐색해 본다.

5. 마무리하기: 최종 회기의 하위 과업 최종 회기에서의 유용한 작업은 이전 회기를 내담자가 살펴보며 마무리할 수 있게 도와주는 일이다. 이를 위해 종결 시 내담자에게 도움이 되는 세 가지 하위 과업이 있다. 도움이 되는 첫 번째 종결 하위 과업은 상담 과정에서 '내담자 스스로가 발전하고 있다는 느낌(혹은 부족하다는 느낌)을 탐색'하는 일이다. 특정한 방식의 공감적 탐색 과정을 통해서, 상담자는 내담자의 현재와 이전 심리상태를 비교한다. 예를 들어, "상담을 시작했을 때를 되돌아볼 때, 지금과 비교해 어떤 점이 달라졌다고 생각하는지 궁금합니다."라고 말할 수 있다. 한동안 우울했거나 무기력한 상태에 있었던 내담자는 그 상태에서 벗어날 때까지 자기가 얼마나 우울하고 무기력했는지 깨닫지 못하는 경우가 많다. 이처럼 내담자의 현재와 이전 상태를 왔다 갔다 대조하면서 내담자의 현재 심리상태를 더욱 깊이 이해하도록 돕는다. 한 가지 상태만 탐색할 때보다 두 가지를 동시에 탐색할 때 내담자는 온전히 이해하고 감사할 수 있게 된다. 이 과정을 통해 상담자는 내담자에게 A에서 B 지점으로 어떻게 도달했는지 성찰해 보게 하면서 일관되게 정서에 기반을 둔 이야기로 통합할 수 있도록 돕는다.

두 번째로 도움이 되는 종결 하위 과업은 상담 종결 후에 느끼는 고통을 정상화하는 것이다. 이것은 내담자에게 잠정적으로 도움이 된다. Barge와 Elliott(2016)은 마지막 회기를 마친 후 많은 내담자가 예상치 못하게 힘든 감정, 특히 슬픔이나 불안한 감정을 느끼며 당황해한다고 밝혔다. 이 경우를 대비해 상담자는 내담자에게 예측 가능한 감정반응을 알려주고, 이것이 매우 흔하고 자연스러운 감정이라는 것을 알려줌으로써 경험을 정상화하도록 도움을 줄 수 있다.

내담자에게 도움이 되는 세 번째 종결 하위 과업은 상담 경험과 종결 경험을 상호 공유하는 일이다. 상담자는 진심 어린 호기심으로 내담자에게 다가가 "자, 우리가 상담을 종결할 때가 되었는데요, 그동안 함께 작업한 것에 대해서 어떻게 느끼시나요? 그리고 오늘 우리가 종결하는 것에 대해서도 어떻게 느끼시나요?"라는 질문으로 시작한다. 일반적으로 EFC 상담자는 내담자의 이야기를 듣고 내담자의 경험을 주의 깊게 반영한 후, 종결에 대한 자신의 경험과 내담자와 함께 작업하며 느꼈던 긍정적인 경험에 대해 개방한다. 이것은 매우 적절한 행동이며 내담자에게 도움이 된다. 예를 들어, "잠시 제 마음을 들여다보면, 종결이 조금 슬프기도 하지만 동시에 당신의 미래를 생각하면 기대됩니다. 그동안 당신이 상담하면서 힘들고 고통스러울 때가 있었다는 것을 잘 알지만, 이 모든 과정을 함께한 것을 영광으로 생각합니다."라고 말한다. 일반적으로 상담자에게 종결 경험과 내담자의 현재 상태를 분명히 이해하기 위해서 개인 작업이 필요할 수도 있다. 단, 내담자에게 어떤 내용을 개방하든, 그것은 내담자에게 진심을 담고 있으며 정말로 도움이 되는 것이어야 한다. 예를 들어, 발전해 나가는 모습에 대해 진심 어린 기쁨을 표현하는 것도 중요하지만, 그렇다고 믿지 못할 말을 지어내는 것은 안 된다.

6. 종결 후 성찰하기 EFC 종결 과정을 연구한 Barge와 Elliott(2016)은 연구 결과를 통해 다음과 같이 밝혔다. 종결 과정은 마지막 회기 이후에도 내담자들에게 계속되는데, 이는 상담에 관한 내용을 지속적으로 성찰하고 이해하려고 노력한다는 것이다. 물론 나중에 내담자가 자발적으로 편지나 이메일을 보내거나 재방문하지 않는 이상 이러한 사실을 알 수 없다. 그러므로 상담 환경에 따라 양적 혹은 질적 결과물에 대해 자료를 수집하고 정기적으로 내담자를 추적하는 일이 유용하다.

종결의 핵심은 상담자와 내담자 모두가 변한다는 사실을 인지하는 데 있다. 특히 성공적인 상담이라면 더욱 그러하다. 그러므로 상담자가 의미적 관점을 만들기 위해 해야 할 좋은 아이디어가 있다. 그것은 종결 후에 상담자가 개인 슈퍼비전이나 성찰적 글쓰기를 통해 다음과 같은 질문을 하며 각 내담자와 함께 작업한 내용을 돌아보는 것이다. 예를 들어, '이번 내담자와 상담을 마친 후 내게 남겨진 것은 무엇인가? 해결되지 못한 부분은 없는가? 여기서 배운 점은 무엇인가? 잘 진행된 점은 무엇인가? 앞으로 비슷한 내담자나 문제를 다시 만난다면 어떤 식으로 다르게 개입할 것인가?'이다. 모든 내담자를 진심으로 다가갈 때마다 상담자의 경험, 공감, 기술, 자신감 수준뿐 아니라, 인간에 대한 경험 총량이 더해진다. 상담을 시작한 지 6개월이 지나든 40년이 지나든, EFC로 첫 내담자와 종결하는 순간이 가장 감동적일 거라고 확신한다.

다양한 종결 유형

처음에 합의한 시간 내에서 내담자가 자신의 주요 문제를 성공적으로 해결하는 것이 분명 이상적인 상황이다. 하지만 아시다시피 인생에서 일어나는 일들은 그리 간단하지 않다. 다음은 일반적으로 볼 수 있는 종결 유형과 이를 다루는 방법이다.

1. 조기 종결 Bethany와 같이 내담자와 상담자가 특정 회기 동안 상담하기로 합의했어도, 내담자는 약속한 종결 회기가 되기도 전에 모든 작업을 이미 완료했을 수 있다. 이처럼 내담자들은 예상보다 빨리 치료 작업을 끝내 상담자를 놀라게 하거나 실망을 주곤 한다. 하지만 원래 합의한 시간보다 내담자가 빨리 종결할 준비가 되었더라도 일반적으로 이를 지지하는 것이 좋다. 내담자가 상담의 능동적인 주체이기 때문이다. 다른 인본주의 상담 접근법과 마찬가지로, EFC에서는 '건강으로의 도피(flight into health)'(Frick, 1999)라는 정신역동적 개념을 받아들이지 않는다. 그만두려는 내담자가 갑자기 예상치 못한 호전을 보일 경우, 내담자가 자신의 어려운 경험을 다루고 싶지 않아 도피하는 것으로 보지 않는다는 뜻이다.

하지만 어떤 경우든 상담자는 내담자의 진행 상황과 준비상태에 호기심을 갖고 탐구해야 한다. 의문이 들면 마지막 한두 회기를 분산하거나 후속 회기를 제안해, 한 달 후에 내담자가 정말로 종결을 받아들일 준비가 되었는지 확인해 보는 것도 한 가지 방법이다. 내담자가 지나치게 낙관적인 태도를 보인다면, 문제가 발생할 수도 있는 시간을 충분히 준 다음, 체면을 구기지 않고 계속 상담을 이어가게 할 수 있다. 일반적으로 상담자는 내담자의 개선 경험을 탐색하고, 필요할 경우 상담을 계속할지 말지를 명시적으로 결정하도록 한다. 또한 EFC 상담자는 지금 내담자가 특히 어려운 문제를 해결할 적절한 시점이 아닐 수도 있다는 사실을 인지하고 받아들여야 한다. 다만, 내담자의 결정을 타당화하되 내담자가 다시 돌아올 것을 대비해, 상담자는 가능성을 열어두어야 한다.

2. 종결하기 전에 회기가 남지 않은 상황 우리는 정신건강 서비스에 대한 예산이 부족한 시대 속에서, 6회기라는 엄격한 시간제한이 있는 상담을 할당받으며 살고 있다. 이는 내담자와 상담자 모두 회기 수 부족으로 임상적인 어려움을 겪을 수 있다는 것을 의미한다. 상담을 연장하는 것이 가능한 예도 있겠지만, 그렇지 않을 때는 다른 곳으로 의뢰할 수도 있다. 이러한 상황으로 인해, 처음부터 내담자와 상담자는 시간의 한계를 논의해야 한다. 그렇게 해야만 제한된 시간 내에 해결할 수 있고, 비교적 덜 고통스럽고 한정된 문제에 집중할 수 있다. 이 때문에 종종 우리는 EFC 상담을 받는 내담자들이 여러 개의 짧은 일화로 나누어 상담받거나, 일정한 시간이 지난 뒤 다시 돌아와, 그 전에 중단된 부분부터 다시 상담을 이어가는 것을 보곤 한다.

3. 작업할 것이 없지만, 끝낼 준비가 되지 않았다고 느끼는 상황 일부 내담자들은 상당히 회복되어 더 치료할 것이 없어도 아직 종결할 준비가 되지 않았다고 느끼는 경우가 종종 있다. 이러한 내담자들은 재발을 두려워하거나 자신을 지지해 줄 사회적 네트워크가 부족하다고 느끼는 예도 있고, 혹은 단순하게 주기적으로 상담받는 것이 소통에 도움이 된다고 느끼는 경우도 있다. 이러한 상황에서 도움이 되는 전략은, 격주, 월 1회, 또는 내담자가 필요하다고 느낄 때 등으로 만남의 빈도를 점차 줄이는 것이다. 이때 EFC 상담자는 가끔 모니터링 기능을 제공하면서, 내담자가 완전히 괜찮아졌다고 할 때까지 몇 년간 비정기적으로 상담을 지속한다.

4. 치료에 대한 포기 내담자들이 상담이 도움이 되지 않는다며 상담을 중단하고 싶어 하는 이유는, 상담이 맞지 않는다고 느낀다거나, 문제가 너무 어렵고 고통스럽게 느껴진다거나, 혹은 문제를 해결하는 게 비생산적으로 느껴질 때이다. 힘들어도 이러한 결정을 내린 이유를 탐색해 봐야 하는데, 그보다 먼저 해야 할 일은 내담자의 결정을 이해하고 존중하는 일이다. 상담자는 내담자가 상담을 계속하고 싶어 하지 않는 중요한 이유에 대해 공감적 이해를 개발하고 전달해야 한다. 예를 들어, 한 우울한 내담자는 대부분의 어려움을 해결하고 나면 부부관계에 문제가 생길까 봐 불안해하며 치료를 중단했다. 현재 그녀는 부부관계를 그다지 만족스러워하지 않았지만,

정서적 · 신체적으로 학대한 이전 배우자와의 결혼생활보다 낫다고 판단했다. 그녀의 이러한 상황을 이해하고 난 뒤, 상담자는 내담자의 결정이 합리적이라는 점을 인정하고 타당화하였다.

5. 개방형 종결 사설 상담 기관에 종사하는 상담자는 필요할 경우, 추수 회기를 제공할 수 있으며 내담자가 일정 기간 방문하도록 할 수 있다(Cummings & Sayama, 1995). 이것은 내담자에게 통제감을 부여하는 것으로, 특히 어렵고 오랜 기간 지속한 문제를 가진 내담자에게 적합하다.

Jonah의 종결 상담

마지막 회기에 늦게 도착한 Jonah는 자신의 인식 수준이 완전히 새롭게 바뀌었다고 전했다. 그는 올바른 방향으로 나아가고 있으며 예전만큼 빠르게 반응하지 않고 반응하기 전에 한 번 더 생각한다고 말했다. 이제 자신은 변했고, 자신의 가치를 다른 사람들로부터 받는 사랑과 인정의 양으로부터 분리하고 있다고 전했다. 그는 아무 이유 없이 자신을 괴롭힌다고 생각했던 사람들조차 이제는 자신과 무관하다고 여기기 때문에 공황 상태가 되지 않는다고 언급했다. Jonah는 전보다 훨씬 안정적이고, 흔들리지 않으며, 주변 사람들이 화를 낼 때 자신을 분리할 수 있다는 것에 안도감을 느꼈다. 우울증이 사라지고 그는 이전보다 희망적인 기분을 느끼고 있었다. 이렇게 변화할 수 있었던 것은, 상담에서 어머니에 대한 감정을 다룬 덕분이라고 말했다.

상담이 끝날 무렵, Jonah는 비판적으로 바라보던 어머니에 대한 시각을 잠정적으로 바꾸게 되었다. 즉, 어머니가 고의로 상처를 준 사람이 아니라 '나에게 상처 준 사실을 인식하지 못했을 것'이라고 생각하게 되었다. 또한 그는 어머니를 향한 분노를 견디기 시작했고 슬픔을 허용할 수 있게 되었다. 처음에 합의한 상담의 주요 목표는 어머니가 자기가치감(self-worth)에 미치는 영향을 다루어 우울증을 극복하는 것이었다. Jonah는 기대했던 어머니를 갖지 못한 것에 대해 애도함으로써, 수년간 품고 있었던 나쁜 감정들을 버릴 수 있게 되었다. 자신을 바라보는 관점도 상처가 회복되어 가고 있는 사람으로 바뀌었고, 이제 더는 자신을 나쁜 사람으로 바라보지 않게 되었다. 마지막 회기에서 Jonah는 상담 중에 일어났던 일과 자신의 변화를 돌아본 뒤, 치료자에게 고마움을 전했고 치료자도 Jonah와 함께 상담했던 일이 그리울 거라고 말하면서 Jonah의 눈물만 봐도 지금이 훨씬 나아진 상태임을 알 수 있다며 웃음 지었다. 그들은 서로의 건강을 기원하며 끝을 맺었고, 치료자는 그가 앞으로 추가 회기를 원한다면 주저하지 말고 전화하라고 했다.

추가 탐구

… 읽을거리

Barge, A., & Elliott, R. (2016). Clients' experiences of ending person-centred/experiential time limited therapy. Unpublished manuscript, Counselling Unit, University of Strathclyde, Glasgow, Scotland.

Frick, W. B. (1999). Flight into health: A new interpretation. *Journal of Humanistic Psychology, 39*, 58-81.

Greenberg, L. S. (2002). Termination of experiential therapy. *Journal of Psychotherapy Integration, 12*(3), 358-363.

… 볼거리

Greenberg, L.S. (2007). *Emotion-Focused Therapy over Time*. American PsychologicalAssociation Videos. [See session 6 for an example of the final session of short-term EFC]

… 성찰하기

1. 당신의 인생에서 종결과 관련한 경험을 돌아보는 시간을 가져보라. 다른 종결보다 더 힘들었던 종결이 있는가? 종결을 힘들게 했던 것이 무엇이었는지 적어보라. 이제 당신

이 경험했던 '좋았던' 종결을 한두 가지 떠올려 보라. 무엇이 좋았고, 무엇이 만족스러웠는가? 이러한 경험에서 일반적으로 종결에 대해 어떠한 태도를 배웠다고 생각하는가? 이것이 당신의 상담 업무에 어떠한 영향을 미쳤는가?

2. 종결할 준비가 되어 있지 않은 내담자와 종결할 때 어떤 어려움을 겪을 수 있는가? '지구상에서 사라진(즉, 상담에 오지 않고 메시지에 응답하지 않는)' 내담자에 대해서 어떻게 해야 하는가?

10 정서중심상담의 다음 단계

개요

개관
정서중심상담의 기타 측면
다른 내담자 집단에의 적용
간략한 EFC 과정 연구 요약
EFC 상담의 모니터링 방법
추가 학습과 상담 실무를 위한 권장 사항
결론

개관

이 장의 목적은 정서중심 상담자로서 자신의 상담을 발전시키려고 하는 사람들에게 다리를 놓아주는 것이다. 따라서 다른 과업, 다른 내담자 집단에의 적용, 정서중심 상담(Emotion-Focused Counselling: EFC)의 변화 과정에 대한 연구, 성과와 과정의 모니터링 방법, 그리고 심화 학습과 상담 실무를 위한 제안을 포함하여 이전 장에서 다루지 않은 내용에 대하여 간략히 개관할 것이다.

정서중심상담의 기타 측면

기타 EFC 과업 EFC 이론과 실무에 대한 이 간략한 개관에서 우리는 필요에 따라 상담 단계별로 구성되는 일련의 핵심 과업에 초점을 두었다. 한편으로는 4장의 내러티브 다시 말하기, 5장의 환기적 전개와 포커싱, 8장의 공감적 인정과 같은 '경험적 과업'을 간략하게 제시하였다. 이러한 과업은 인간중심-경험적 상담 전통에서 비롯되었고 EFC에서도 중요하다. 다른 한편으로는 갈등 분열에 대한 두 의자 작업(6장), 미해결 관계 주제에 대한 빈 의자 작업(7장) 및 자비로운 자기진정(compassionate self-soothing, 8장)을 포함한 여러 형태의 의자 작업에 대해 자세히 살펴보았다. 이러한 과업은 게슈탈트 치료와 사이코드라마 전통에서 가져왔다. 이 두 가지 일련의 과업은 EFC에서 활용하는 기본적인 것으로 EFC 학습을 위한 좋은 입문 세트가 된다.

그러나 우리는 EFC 전문가와 연구자가 개발하거나 받아들였으며, 살펴볼 가치가 있는 네 가지 더 전문화된 과업에 대해서는 간단하게만 보았다. 이것들은 〈표 5-1〉에 열거하였고, 대부분은 다른 곳에서 더 자세히 기술되어 있다(예: Elliott et al., 2004).

첫째, '관계적 대화(relational dialogue)'는 동맹의 어려움이나 균열을 회복하는 데 사용된다(Elliott & MacDonald, 2020; Elliott et al., 2004). 관계 어려움은 다음의 두 가지 유형으로 구분한다. 내담자가 상담자나 상담 자체, 또는 상담의 일부 측면에 대해 직접적 혹은 묵시적으로 불평하거나 불만을 표현하는 '직면의 어려움(confrontation difficulties)'과 내담자가 치료 작업에서 벗어나는 '철수의 어려움(withdrawal difficulties, 예: 회기에 늦게 오거나 치료 작업을 회피)'(Safran & Muran, 2000). 이런 일이 발생하면 상담자는 항상 자신이 어떤 식으로든 어려움에 기여했다고 가정하고, 그 어려움에서 각자가 수행한 역할에 대하여 내담자와 개방적으로 논의한다.

둘째, '공간 비우기(Clearing a Space)'는 포커싱과 밀접하게 관련된 과업이며, 내담자가 회기에서 생산적인 주의 초점을 발견할 수 없을 때 활용된다. 이것은 많은 걱정에 압도감을 느끼거나 반대로 회기에서 무엇을 작업할지 확인하지 못하는 것과 관련된다(Elliott et al., 2004; Grindler Katonah, 1999). 공간 비우기에서 상담자는 내담자가 자신의 다양한 걱정을 확인하고 그것을 상담실이나 가상의 안전한 공간에 한 번에 하나씩 치워 두는 것을 상상하는 일종의 포커싱 과정을 안내한다(5장의 마지막에 이에 대한 요약 버전을 연습으로 제시하였다).

셋째, '의미 재창조(Meaning Re-Creation)'는 Clarke(1989, 1991)가 비극적인 상실이나 배신과 같은 예기치 않은 외상 사건으로 인해, 압도되고 분노한 저항 상태에 있는 내담자에게 사용하기 위해 개발하였다. 이 '의미 저항(meaning protest)' 표식(marker; Elliott et al., 2004)은 빈 의자 작업에 대한 미해결 관계 주제의 표식과 다소 유사하다. 그러나 이 경우 내담자의 정서는 차단되지 않고 정서 조절 곤란의 지점까지 강하게 각성되어 적어도 그 순간에는 빈 의자 작업이 부적절하다. 이 과업에서 상담자는 내담자가 외상 경험과 외상으로 훼손된 '소중한 믿음(cherished belief)'을 상징화하는 것을 돕는다. 의미 재창조 작업은 내담자가 언어와 은유를 사용하여 위기 동안의 압도적인 정서를 조절하도록 돕고, 이후 빈 의자 작업(Clarke, 1993)을 할 수 있게 길을 만든다(자세한 내용은 Elliott et al., 2004 참조).

마지막으로, Carl Rogers의 제자이며 인간중심 상담자인 Gary Prouty(1998)에 의해 개발된 것이지만 '접촉 작업(Contact Work)' 역시 EFC 과업의 틀에 잘 맞는다. '심리적 접촉의 상실'이라는 표식은 내담자가 회기에서 정신병적, 해리성 또는 공황 에피소드를 보일 때 발생한다. 상담자는 내담자의 행동('당신은 시선을 돌린다.' 'George는 앞뒤로 흔들고 있다.') 또는 즉각적인 상황('카펫은 파란색이다.' '밖에 차가 지나가고 있다.')에 관하여 구체적이고 특정한 과정 성찰을 내담자에게 제공한다. 이러한 반응은 일련의 단계를 통해 내담자를 점차 심리적 접촉으로 돌아오게 한다. 이 과업을 추가하는 것은 EFC가 정신병적 또는 해리성 과정이 있는 내담자에게 활용될 수 있다는 것을 의미한다(자세한 내용은 Sanders, 2007 참조).

EFC의 다른 양식 이 책에서는 커플과 가족이 아닌 개인을 위한 EFC에 초점을 두었다. 그러나 '커플을 위한 정서중심치료(emotion-focused therapy for couples,

EFT-C)'는 커플의 구성원이 슬픔 및 분리 불안 같은 기저의 애착 관련 정서에 접근하고 표현할 수 있도록 돕는 잘 정립된 접근이다(Greenberg & Goldman, 2008; Greenberg & Johnson, 1988; Johnson, 2004). 광범위한 연구 문헌을 통해, 이 접근은 결혼 만족도 향상과 우울을 포함한 다른 호소 문제에 효과적인 것으로 나타났다(예: Johnson & Greenberg, 1985; Johnson et al., 1999). 오늘날 EFT-C는 관계의 고충을 해결하는 데 가장 효과적인 접근법 중의 하나로 인식되고 있다(Baucom, Shoham, Mueser, Daiuto, & Stickle, 1998; Johnson et al., 1999). 또한 다음과 같은 일련의 커플 상담 표식이 확인되고 연구되었다. 애착 손상, 정체성 손상 및 지배적 상호작용이 정의되고 연구되었으며(Greenberg & Goldman, 2008), 애착 손상/용서 작업이 조사되고 모델링되었다(Greenberg & Woldarsky Meneses, 2019).

보다 최근에는 '정서중심가족치료(Emotion-Focused Family Therapy: EFFT)'가 개발되었다. EFFT는 일반적으로는 공감 차단을 극복하도록 돕는 것을 통하여 부모가 문제가 있는 자녀와의 상호 작용을 보다 촉진하는 방법을 배우도록 돕는 부모 훈련 개입의 형태를 주로 취한다(LaFrance, Henderson, & Mayman, 2019). 새로운 근거들이 이러한 EFC의 갈래(예: Foroughe et al., 2019), 그리고 밀접하게 관련된 접근인 애착 기반 가족치료(Diamond, Diamond, & Levy, 2014)를 지지하고 있다.

다른 내담자 집단에의 적용

EFC는 '초진단적(transdiagnostic)'이며, 이는 넓은 범위의 내담자 집단 또는 우울, 불안, 섭식 문제 등을 포함한 다양한 호소 문제에 작용하는 것으로 본다는 의미이다(Timulak et al., 2020). 그러나 우리는 또한 서로 다른 내담자 집단이 어느 정도 다른 과업 표식을 제시하며, 특정한 EFC 과업이 사회불안과 대조적으로 우울에서는 다소 다른 초점을 가질 수 있다고 가정한다. 따라서, EFC 상담자가 새로운 내담자 집단에 접근할 때는 일반적인 내담자든 특수한 내담자든 모두 그 접근을 조정해야 한다고 가정한다.

우울 예를 들어, EFC는 원래 우울한 내담자와의 작업을 위해 개발되었으며, 우울 상태는 분노하거나 경멸하는 내면의 비판자 앞에서 무너진 약한/나쁜 자기-경험자와 관련된 일종의 고착이나 차단 과정의 형태로 이해된다. 이와 같은 내담자의 경우 일반적으로 강한 공감을 제공하여 우울의 근원을 탐색하는 것을 돕는 것에서 시작하는 것이 좋다. 포커싱(4장 참조)은 종종 내담자가 차단된 감정에 접근하거나 지나치게 개념적인 과정을 신체에 그라운딩 하기를 시작하도록 돕는 데 유용하다. 그러나 우울한 내담자에게 가장 중요한 과업은 가혹한 자기비판적 갈등 분열을 위한 두 의자 작업(6장 참조)과 미해결 관계 주제에 대한 빈 의자 작업(7장 참조)이다(자세한 내용은 Greenberg & Watson, 2005; Salgado, Cunha, & Monteiro, 2019; Watson, Goldman, & Greenberg, 2007 참조).

복합외상/대인관계 손상 EFC의 또 다른 초기 적용은 대인관계 학대의 오랜 역사에서 살아남은 내담자에게서 발생하는 복합외상이었다. 이 책 전체에서 다루고 있는 두 사례 중 하나인 Jonah는 복합외상 문제를 가진 내담자의 사례이다. Jonah와 같은 내담자는 정서의 과잉 및 과소 조절, 자기와 타자에 대한 만성적인 분노를 포함하여 다양한 대인관계 및 자기 관련 어려움을 자주 경험한다. 그러한 내담자들에게 동맹 형성과 관계적 대화는 뿌리 깊은 타자에 대한 정서도식을 악의적이거나 기껏해야 도움되지 않는 것으로 복구하도록 돕는 데 중요하다. 또한 자기방해 분열(self-interruption split: 6장 참조)이 일반적이며, 외상 자체에 대한 작업을 진행하기 전에 내러티브 재진술(4장 참조) 및 빈 의자 작업(7장 참조)을 통해 처리해야 한다. 의미 창조와 공간 비우기(두 가지 모두 이 장의 앞부분에서 논의)도 때로 유용할 수 있다(자세한 내용은 Paivio & Pascual-Leone, 2010참조).

불안 다소 다른 EFC 버전이 일반화된 불안(과도한 걱정을 포함)과 사회불안(타인에 대한 과도한 두려움을 포함)에 대해 최근 개발되었다. 우리가 살펴보는 또 다른 사례인 Bethany는 사회불안, 혹은 타인에 대한 두려움을 해결하기 위해 상담을 받았다. 불안의 문제는 수치심, 죄책감 및 취약성의 막힌 정서를 중심으로 돌아가는 경향이 있다. 내담자는 '불안 분열'을 겪는데, '걱정하는 사람'(Timulak & McElvaney, 2017) 또는 '코치–비판자–감시자'(Elliott & Shahar, 2019)로 나양하게 언급되는 자기의 비판적/강압적인 부분이 그에게 정기적으로 위험을 경고하여 불안이나 두려움을 느끼게 한다. 그러나 이것은 내담자의 과정 중에서 표면층일 뿐이다. 그 아래에는 근본적인 죄책감이나 수치심, 그리고 만성적인 굴욕이나 상실/유기와 같은 미해결 외상 경험을 지속적으로 강화하는 가혹하고 비판적인 갈등이 있다. 이러한 이유로 빈 의자 작업과 자비로운 자기진정은 모두 이 내담자 집단에게 중요한 과업이다(자세한 내용은 Elliott & Shahar, 2019; Timulak & McElvaney, 2017; Watson & Greenberg, 2017 참조).

이 세 가지 일반적인 문제 외에도 섭식 장애(Dolhanty & LaFrance, 2019) 및 고기능 자폐(Robinson & Elliott, 2017)를 위한 EFC 버전 또한 개발되었다. 이 외에도 최근 자기비판에 초점을 맞춘 EFC의 구성이 등장하였다(Thompson & Girz, 2020).

초진단적 EFC 그러나 우리는 당신에게 잘못된 인상을 주고 싶지 않다. 우리가 서로 다른 내담자 문제에 대해 이야기하고 있다고 해서 EFC 상담자가 정신과적 진단과 의료 모델에 크게 관여한다는 의미는 아니다. 우리는 정신질환명이나 고통의 의학적 치료에 관심이 없고, 우울하거나 마음이 짓눌리거나 혹은 나쁜 일이 일어날까 하는 걱정으로 괴로워하는 것과 같은 내담자의 정서적 경험에 관심이 있다. 그러나 전반적으로 우리는 많은 다른 내담자 집단이 적응적 반응을 은폐하는 이차 정서 반응, 부적응적 정서도식, 미분화 또는 과소 상징화된 정서 및 정동조절의 어려움(과소 및 과다 모두)과 같은 공통의 정서적 어려움을 가지고 온다는 것을 알고 있다. 또한 내담자는 각자 고유한 역사와 정서적 어려움의 특유한 조합을 가진 전인적인 사람으로 대해져야 한다. 다시 말해, 그 사람은 증상이 아니며, 특히 진단 범주는 너무 심각하게 받아들이면 상담에서 득보다 실이 더 많을 수 있다. 궁극적으로, 우리는 EFC를 '초진단적'이라고 보는데(최근 유행하는 전문 용어를 사용한다면 Greenberg, in press; Timulak et al., 2020 참조), 결국 기본적인 회기 내 과정과 과업은 진단에 관계없이 동일하기 때문이다. 모두 공감, 포커싱, 내러티브 작업, 다양한 종류의 의자 작업, 사례개념화 등을 활용한다.

반면에 우리는 불안 혹은 섭식 문제처럼 같은 호소 문제를 가진 사람들이 특정한 공동 특성을 가지고 있다는 것을 발견했고, 그래서 진단 범주를 각 내담자가 제시하는 풍부함으로 채워지는 광범위한 이해를 제공할 수 있는 대략적 근사치 이상의 어떤 것으로 취급하지 않는다면, 그들을 진단 범주로 분류하는 것이 어느 정도 도움이 된다는 것을 발견했다. 좋은 출발점과 실습은 가능한 한 '장애'라는 용어를 '어려움'으로 대체하는 것이다(예: 불안의 어려움). 내담자는 장애 때문이 아니라 삶에서 어려운 것이 있기 때문에 상담에 온다.

예방적 접근 더 광범위한 정서중심 접근법에서 가장 시급한 요구 중의 하나는 정서적 문해력(emotional literacy)에 관한 기술 훈련 프로그램과 정서의 활용, 관리 및 변화 방법에 대한 경험 기반의 심리교육 프로그램 개발이다(Greenberg, 2015). 특히, 정서를 관리하고 변화시키는 데 있어 그러한 훈련을 도입하는 중요한 시기는 아마도 정서가 종종 문제가 되는 청소년기일 것이다. 정서 알아차림은 가정에서 어린 자녀와 함께 시작해야 하는 기본 기술이며, 이상적으로는 이후로 청소년기부터 정서조절과 변화에 대한 보다 포괄적인 작업이 이어져야 한다. 아이들의 정서 능력 발달을 돕기 위해서는 성인, 부모, 교사가 자신의 정서를 자각하고 수용하는 것이 중요하며, 이것은 효과적인 '정서 코치(emotion coach)'의 첫 번째 요구 조건이다. 이를 위해서 청소년과 청년의 훈련이 최적의 진입점이 될 수 있고, 그래서 그들이 성숙해지고 부모와 교사가 되면서 다음 세대를 위해 훌륭한 정서 코치가 될 것이다.

따라서 예방적 혹은 정서 코칭 기술 개발 프로그램이 어린이, 청소년, 청년과 부모에게 적합하다. 수준과 관계없이 그러한 프로그램은 자신의 정서에 대해 배우고 주의를 기울이는 연습에 초점을 맞출 수 있다. 이것은 자기 자신과 다른 사람들에게 더 연민을 갖고, 원한을 버리는 법을 배우고, 정서를 조절하고, 정서를 성찰하고, 문제가 되는 정서를 변화시키는 데 도움이 될 것이다. 이 모든 것은 EFC 상담자가 되고 EFC 작업을 보다 광범위하게 적용하는 데 중요한 단계이다. 우리는 이러한 종류의 발달을 촉진하는 데 도움이 되기를 희망한다.

간략한 EFC 과정 연구 요약

1장에서 언급했듯이 이제는 우울하거나 불안한 사람, 섭식 문제가 있는 사람, 혹은 대인 손상이나 복합외상을 경험한 사람을 위한 EFT의 효용성과 효과에 대한 분명한 증거가 있다. 또한 EFC의 변화 과정에 대한 연구는 매우 많으며, 각성된 정서에 대한 성찰과 핵심 고통(core pain)의 표현이 유익하고 상담에서 긍정적인 결과를 가져온다는 주요 아이디어를 타당화하고 있다(Elliott et al., 2013; Elliott et al., in press; Greenberg, in press; Timulak et al., 2019의 개관 참조).

과정 연구의 측면에서 핵심으로 보이는 것은 정서 표현과 자기 성찰 과정의 결합이다. 즉, '마음(heart)'과 '머리(head)' 모두 변화에 필수적이다. 또한 단지 정서적 각성만이 중요한 것이 아니라 정서적 각성의 '양'과 '생산성'이 중요하다. 또한 EFC는 정서(예: 부적응적 수치심)를 변화시키는 가장 좋은 방법이 다른 정서(예: 주장적 화, assertive anger)를 가지고 하는 것이라고 제안한다. 치료적 변화에서 정서의 역할에 대한 광범위한 양적 연구는 회기 내 정서 활성화와 내담자 성과 간의 관계를 일관적으로 보여 주었다. Pascual-Leone와 Yeryomenko(2017)의 최근 과정-성과 연구에 대한 체계적인 검토는 경험하기 척도(Experiencing Scale: EXP)(Klein, Mathieu-Coughlan, & Kiesler, 1986)로 측정한 회기 내 정서 경험과 정신역동, 인지 및 경험중심 상담을 포함한 다양한 형태의 상담에서 치료적 이득 간의 견고한 관계를 보여 주었다. 이러한 결과는 상담에서 신체적 느낌을 다루고 이를 심화시키는 것이 접근 방식과 관계없이 변화의 핵심 요소가 될 수 있음을 시사한다.

EFC중에서 특히 우울증에 관한 EFC의 과정-성과 연구는 정서에 주의를 기울이고 이해하는 것의 가치를 일관되게 지지해 왔다. 연구 결과는 상담 중반의 더 높은 정서적 각성과 각성된 정서에 대한 자기 성찰, 그리고 상담 후반의 더 심화된 정서처리가 좋은 성과를 예측한다는 것을 보여 주었다(Pos, Greenberg & Warwar, 2009). 예를 들어, 높은 정서적 각성과 각성된 정서에 대한 높은 성찰은 좋은 성과와 나쁜 성과 사례를 구분했으며, 각성과 의미 구성의 결합이 중요함을 강조하였다(Missirlian et al., 2005).

따라서 정서중심상담은 사람들이 자신의 정서를 경험하고 수용하며, 그 후에 그것을 이해하도록 돕는 정서처리의 형태를 향상시킴으로써 작동하는 것으로 보인다.

그러나 이를 넘어서, EFC 과정-성과 연구에서는 또한 정서적 경험에 대한 접근, 각성, 수용 및 감내가 변화에 있어 필수적이지만 충분하지는 않다는 것을 발견했다. 3장에서 기술하고 6, 7, 8장에서 설명한 것처럼 정서 변화, 즉 핵심 고통에 접근하여 정서로 정서를 변화시키는 것이 반드시 필요하다. 최적의 정서처리는 생각(인지)과 감정(정서)을 의미적 관점이나 새로운 내러티브로 통합하는 것을 추가로 포함한다(Greenberg, 2015; Greenberg & Pascual-Leone, 1995). 일단 정서적 경험에의 접촉이 이루어지면 내담자는 그 경험을 정보로 취급해야 하며, 그것에 접근하고 탐색하며, 그것을 성찰하고, 그리고 그를 위한 단어를 찾아야 한다. 결국, 자신과 상황을 이해하기 위해 정서를 활용하는 것이 중요하며, 동시에 주장적 화나 자기-연민과 같은 다른 내부의 정서적 자원에 접근하여, 고착되고 부적응적인 정서 반응을 변화하는 데 도움이 되어야 한다.

EFC 상담의 모니터링 방법

당신은 이미 연구가 항상 EFC의 중요한 측면이라는 것을 알았을 것이다. 이를 넘어서 우리는 EFC 상담자가 적절한 연구 방법을 수행에 통합할 것을 권장한다. 이것이 이상적으로는 기술 수준을 성찰하는 것을 돕고 EFC 수행이 더욱 발전하도록 지원할 것이다. 또한 상담 과정에서 내담자가 변화하는지 확인하기 위해 성과 측정 도구를 사용할 수도 있다. 이 단원에서는 이에 유용한 몇 가지 간단한 무료(!) 방법을 소개할 것이다. 이 중 일부는 본 책에 부록으로 포함되어 있으며, 다른 유용한 상담 모니터링 및 연구 도구는 다음에 제시된 웹사이트에서 이용할 수 있다.

EFT 치료자 회기 양식(EFT Therapist Session Form, ETSF, v6.0; Elliott, 2019)(부록 1 참조) 이 양식은 과정 노트를 기록하고 이 책에 소개된 개념의 관점에서 회기를 평가하는 데 유용하며, 여기에는 EFC 원칙(1장 참조), 내담자 정서처리 방식(2장) 및 상담 과업(4장과 5장)이 포함된다. 따라서 자기슈퍼비전(self-supervision)의 기회와 공식 슈퍼비전에 대한 도움, 그리고 회기에서 일어난 일에 대한 기록(질적 및 양적)을 제공한다.

인간중심 및 경험적 심리치료 척도-EFT 보충 자료, 치료자 버전(Person-Centred and Experiential Psychotherapy Scale-EFT Supplement, Therapist Version, PCEPS-EFT-T, v1.0)(부록 2 참조) PCEPS의 원래 버전(Freire, Elliott & Westwell, 2014)은 인간중심-경험적 상담 기술을 평가하였고, 영국과 웨일즈에서 우울증에 대한 인간중심-경험적 상담 훈련의 역량 측정 도구로 채택되었다. 불행히도 이 측정 도구는 EFC에서 상담자 역량을 평가하는 데 유용할 만큼 구체적이지 않았다. 따라서 EFC 연구를 지원하고 국제정서중심치료학회(International Society for Emotion-Focused Therapy, ISEFT)에서 정한 요구 사항에 따라 상담자 자격 인증을 받기 위해 녹음기록을 제출한 상담자와 심리치료자를 평가하는 데 도움이 되는 EFC 보충 도구(PCEPS-EFT-5)가 개발되었다. PCEPS-EFT-T는 이 도구의 상담자 자기-보고식 버전으로 '공감적 조율' '표식 확인' '정서 심화' 'EFT 과업의 적절한 활용' 및 'EFT 사례개념화'의 다섯 가지 차원에서 EFC 수행을 평가하는 데 사용할 수 있다. 각 차원은 1점('많은 향상이 필요: 초보자, 아직 개념을 이해하지 못함')에서 6점('뛰어난 시행: 트레이너 수준의 기술: 일관되고 창의적')까지의 자세한 6점 척도에서 평정된다. 자격 인증을 위해서는 다섯 가지 차원 모두에서 레벨 4('적절한 시행: 어느 정도 잘 수행되나, 개선의 여지가 있음')의 성과를 요구한다.

성과 측정 도구 표준화된 일반적인 성과 측정 도구를 사용하여 치료 전, 그리고 매 8회기나 10회기마다 평가하는 것이 좋다. 우리는 'CORE 성과 척도(CORE Outcome Measure)'(Barkham et al., 2001; www.core-systems.co.uk/home.html에서 이용 가능)를 좋아하는데, 그 이유는 무료이며, 충분한 연구가 이루어져 있고, 일반적인 방식으로 정서적 고통을 측정한다는 점 때문이다. 또 다른 가능한 방법은 각 회기 전에 내담자가 작성하는 간략한 개별화된 문제 측정 도구를 사용하는 것이다. 이러한 측정 도구는 내담자에게 변화를 바라는 주요 문제 영역을 확인하게 하고, 지난 한 주간 이 문제가 얼마나 그들을 괴롭혔는지 평정하도록 요청한다. 한 가지 예가 '개인 질문지(Personal Questionnaire)'이다(Elliott et al., 2016). 이러한 측정 도구들은 표준화된 일반적인 측정 도구보다 만들기가 더 어렵지만 내담자가 미리 결정된 문항을 사용하도록 강요하지 않기 때문에 EFC 및 다른 인본주의적 접근에 더 부합한다. 또한 각 회기 전에 작성할 수 있을 만큼 충분히 짧기 때문에 상담 과정 동안 내담자의 진전을 추적하는 데 사용할 수 있다(개인 설문지에 대한 자세한 내용은 http://experiential-researchers.org/ instruments/elliott/pqprocedure.html을 참조).

상담 과정 측정 도구 상담에서 일어나는 중요한 일에 대해 내담자에게 물어보는 것도 유용할 수 있다. 예를 들어, '치료에서 도움이 되는 측면 양식(Helpful Aspects of Therapy Form: HAT)'(Llewelyn, 1988)(부록 3 참조)은 내담자에게 상담 회기에서 발생한 가장 도움이 되거나 중요한 일을 기술하도록 요청하는 질적, 개방형 질문지이다. 여기에 내담자와 상담자 간의 작업 동맹에 대한 측정 도구가 추가될 수 있으며, 이는 매 회기 후 또는 3~5회기마다 실시될 수 있다. 수정된 12문항의 단축형 작업 동맹 척도(Working Alliance Inventory)(WAI-12-R; Hatcher & Gillaspy, 2006)는 가장 자주 사용되는 상담 관계 척도이며 EFC와 매우 일관된다(Horvath & Greenberg, 1989 개발). (WAI-12-R은https://wai.profhorvath.com/downloads에서 얻을 수 있고, 권장되는 버전은 SF Hatcher Client and SF Hatcher Therapist이다.)

녹음/녹화 기록 마지막으로, 오디오 녹음이나 비디오 녹화가 EFC 학습에 필수적이다. EFC 슈퍼비전에 필요한 것뿐만 아니라 당신의 수행을 더 자세히 살펴보고 회기에서 제공하는 것에 대한 내담자의 즉각적인 반응에서 배울 수 있게 한다.

추가 학습과 상담 실무를 위한 권장 사항

학습 자료 이 책을 끝까지 읽었다면 어떤 추가적인 읽을거리와 다른 자료가 권장되는가? 그것은 당신이 원하는 것에 달려 있다. 〈표 10-1〉은 EFC에 대해 더 많이 배울 수 있는 책, 비디오 및 웹사이트의 주석이 달린 목록을 보여 준다. 파트 A는 매우 간단한 것(Timulak, 2015)부터 상당히 기술적인 범위(Greenberg & Goldman, 2018)까지의 책을 나열한다. 그러나 EFC에서는 당신이 이것을 그대로 받아들이기를 원하지 않는다. 수행을 실제로 보는 것이 중요하다고 생각하므로 〈표 10-1〉의 파트 B에

표 10-1 EFC에 대해 자세히 알아볼 수 있는 주석이 달린 자료 목록

자료	설명
A. 주요 서적	
Timulak (2015). *Transforming emotional pain in psychotherapy* (Routledge)	정서 심화 모델에 초점을 둔 간단하고 단순한 설명.
Elliott, Watson, Goldman & Greenberg (2004). *Learning emotion-focused therapy* (APA)	EFC 과업에 대한 명확하지만 상세한 백과사전적인 범위, 학습 과정에 초점.
Goldman & Greenberg (2014). *Case formulation in emotion-focused therapy* (APA)	EFC 사례개념화의 복잡한 모델; 최신 EFC 이론의 체계적인 제시.
Paivio & Pascual-Leone (2010). *Emotion-focused therapy for complex trauma* (APA)	복합외상 내담자 집단과 작업하는 경우 필수.
Greenberg & Goldman (2018). *Clinical handbook of emotion-focused therapy* (APA)	상당히 기술적이지만 EFC 이론 및 실무의 폭넓은 범위에 대한 최신 자료.
Watson, Goldman & Greenberg (2007). *Case studies in emotion-focused therapy for depression* (APA)	기술 개발을 위한 의도적 연습을 위해서 소리내어 읽을 수 있는 EFC 회기의 광범위한 녹취록 포함.

B. 권장 비디오

Elliott (2016). *Understanding emotion-focused therapy* (Counselling Channel)	남성 내담자와 내러티브 다시 말하기, 빈 의자 작업, 자비로운 자기진정 비디오.
Greenberg (2020a). *EFT: Working with core emotion* (Counselling Channel)	여성 내담자와 두 의자 작업과 핵심 고통에 대한 공감적 인정의 비디오.
Greenberg (2020b). *EFT: Working with current and historical trauma* (Counselling Channel)	여성 내담자와 복합 관계외상에 대한 빈 의자 작업 비디오.
Greenberg (2007). *Emotion-focused therapy over time* (APA)	비용이 많이 들지만 EFC 마스터에 필수적, 치료자 해설 버전 포함.
Paivio (2013). *Emotion-focused therapy for complex trauma* (APA)	숙련된 외상 상담자의 복합외상 내담자와의 EFC 첫 회기(높은 비용).

C. 웹사이트

International Society for Emotion-Focused Therapy (ISEFT): www.iseft.org/	훈련, 치료자 목록 등을 포함하여 EFC/EFT에 대한 다양한 정보 포함.

서 EFC 비디오의 입문자 목록을 제공하고 수행을 직접 보기를 권장한다. 처음 나열된 세 가지(Elliott, 2016; Greenberg, 2020a, 2020b)는 비교적 저렴하지만, 다른 두 가지는 비용이 많이 든다. 하나를 대여하거나 혹은 소속 대학이나 훈련 기관이 구입 혹은 비디오 스트리밍 서비스에 가입하게 해야 할 수도 있다. 마지막으로 〈표 10-1〉의 파트 C에서 EFC에 대한 더 많은 정보를 찾을 수 있는 몇 가지 웹사이트를 나열하였다(이 자료들이 모두 정서중심 '치료' 라고 지칭하는 것에 당황할 필요는 없다. 여기에서 EFC라고 말했던 것과 다른 곳에서 EFT라고 부르는 것 간에는 차이가 없다. 그러나 주의할 점은 EFC와 정서적 자유 기법[Emotional Freedom Technique]을 말하는 '다른' EFT 간에는 '전혀' 연관성이 없다는 것이다).

훈련 〈표 10-1〉에 나열된 자료는 더 많은 내용을 제공하지만 실제로 EFC를 배우려면 체계적으로 훈련할 필요가 있다. 때로 상담이나 심리치료 훈련 과정 내에서

이 훈련(또는 그 일부)을 볼 수도 있다. 그러나 일반적으로 자격 취득 후 또는 지속적인 전문성 개발 수준에서 워크숍 기반 훈련에 등록해야 한다. Elliott 등(2004)은 상담자가 EFC를 배우는 데 도움이 되는 다각적인 훈련 프로그램이 다음과 같이 구성되어 있다고 기술하였다.

- 기본적인 경험적 능력과 관심사에 대한 자기선택
- 안전하고 지지적이지만 자극을 주는 교육 환경
- 강의와 읽을거리를 포함하는 EFC 이론 및 실무에 대한 교훈적인 학습
- 실시간 녹화된 사례의 관찰
- 기술과 개인 발달 두 가지 모두에서 슈퍼비전을 받는 상담자 역할 실습
- 과업 개입의 효과를 내적으로 경험하기 위한 내담자 역할의 직접 경험
- 자기관찰/평가, 내담자 피드백, 지속적인 학습과 기술 개발에의 참여로 뒷받침되는 성찰

공감의 중요한 역할 때문에 EFC를 배우는 상담자는 이전에 인간중심상담을 배웠거나, 아니면 EFC 훈련 초기에 정확한 공감, 무조건적 긍정적 존중, 그리고 진정성/투명성과 관련된 인간중심의 관계적 태도와 기술에 중점을 두는 것이 필요하다. EFC 훈련은 일반적으로 정서 이론으로 시작하며(이 책의 2장과 3장 참조), 참가자가 자신의 다양한 정서 과정을 인식하는 데 도움이 되는 경험적 연습이 이상적으로 포함된다. 과업과 관련하여, 훈련은 때로 덜 과정적인 과업인 공감적 탐색—내러티브 다시 말하기, 포커싱과 환기적 전개—부터 시작하고, 그 후 의자 작업의 다양한 형태로 전환한다. 각 과업에 대한 훈련은 일반적으로 교훈적인 설명과 그 과업에 대한 집단 토론으로 시작하며 특히 해당 과업의 표식에 대해 논의한다. 그런 다음 지각 훈련(perceptual training)이 이어지는데, 이는 상담자가 어떻게 과업을 채택하고 촉진하는지를 보여 주는 비디오를 시청하는 것으로 내담자와 상담자 역할 모두에 대한 기술 연습이 함께 이루어진다. 이후에는 훈련생이 실제 내담자와 면밀히 슈퍼비전을 받게 되는데, 이에 대해서는 다음에서 논의한다.

EFC 슈퍼비전 EFC 슈퍼비전은 상담 과정 연구의 기원과는 일치하면서 오늘날 인간중심상담의 일반적인 슈퍼비전 방식과는 다르게, 주로 상담 회기의 녹음, 이상적으로는 비디오 녹화에 대한 세심한 검토에 중점을 둔다(Greenberg & Tomescu, 2017). 질문이나 염려되는 바를 보여 주기 위해 슈퍼바이지가 선택한 회기 일부의 녹음을 슈퍼바이지와 슈퍼바이저가 함께 검토한다. 예를 들어, 우리의 경험에서 가장 일반적인 슈퍼비전 질문 중 하나는 "내담자가 정서를 심화시키도록 돕기 위해 여기서 무엇을 더 할 수 있었을까요?"이다. 다른 경우로는 슈퍼바이지가 특정 과업("빈 의자 작업을 할 때 여기서 어떻게 더 잘할 수 있었을까요?") 또는 사례개념화("혼란스럽습니다. 이 내담자에게 무슨 일이 일어나고 있는 건가요?")에 대한 질문을 한다. 슈퍼바이저와 슈퍼바이지는 (1) 내담자가 제시하는 중요한 요소(표식과 미세 표식), (2) 상담자가 반응을 전달하는 언어 표현과 방식, 그리고 (3) 내담자가 상담자의 반응에 즉각적으로 어떻게 반응하는가에 대하여 함께 경청한다. 이를 통해 상담자가 상담 과정의 중요한 측면을 파악할 수 있는 지각 능력을 개발하도록 돕는 것에 많은 초점을 두고 있음을 알 수 있다. EFC 슈퍼비전의 다른 방법은 다음과 같다.

- 내담자의 문제 과정이 어떻게 작동하는지에 대한 사례개념화
- 슈퍼바이지가 내담자를 표현하고(역할극) 슈퍼바이저가 상담자 역할하기
- 적절한 경우, 내담자와의 상담자 작업에서 방해가 되는 막힌 곳이나 블록에 대한 개인 작업; 이는 자기비판적이거나 자기방해(self-interruption) 분열, 또는 내담자와의 미결 사항을 포함할 수 있다.
- 상담자의 학습을 지원하기 위해 권장되는 읽을거리.

EFC 슈퍼비전에 대한 자세한 내용은 Greenberg와 Tomescu(2017)에서 참조할 수 있다.

자격 인증 EFC/EFT 인증을 받기 위한 표준 및 절차는 국제정서중심치료학회(ISEFT, www.iseft.org/page-18205)에서 개발하였다. EFC 인증을 받기 위해서 상담자

는 8일에서 13일 사이(실무 지역에 따라 다름)의 공식 EFC 워크숍 훈련을 이수해야 한다. 또한 공인된 EFT 슈퍼바이저로부터 최소 16시간의 EFT 슈퍼비전을 받아야 한다. 마지막으로 공식 평가를 위해 두 개의 녹음 기록을 슈퍼바이저에게 제출해야 한다(녹음에는 두 명의 다른 내담자와의 의자 작업을 포함하고, 사례개념화를 작성하여 첨부해야 하며, 슈퍼바이저에게 통과되어야 한다).

결론

지금까지 정서중심상담에 대해 간략하게 소개하면서, 우리는 EFC 이론과 실무를 가능한 한 명확하게 설명함과 동시에 실제 사례에 근거하여 설명하려고 노력했다. 우리는 한 번에 모두 이해하기는 어려운 많은 내용을 다루었다는 것을 알기에, 인내심을 갖고 읽어주길 바란다. 어떤 접근이든 상담을 학습하는 것은 어렵고 당혹스러울 수 있다. 시간이 걸리며 때로는 압도당하거나 무력하게 느낄 수 있지만 이것은 지극히 자연스럽다. EFC를 '배우는(learning)' 것은 시간이 걸리고, 개인의 발달이 필요하고, 많은 실습과 슈퍼비전이 필요하다. EFC를 '숙달하는(mastering)' 것에는 여러 해가 걸릴 수 있지만, 당신은 어딘가에서 시작해야 하고 그 길에 많은 모험이 있을 것이다.

두 명의 다른 내담자에게 적용하여 설명하면서, 정서중심상담의 일반적인 요소와 이론, 그리고 여러 실행 단계에 대하여 여기에서 전달하게 되어 기쁘다. EFC가 모든 사람에게 적합하지는 않다는 것을 알지만, 상담자나 내담자로서 당신의 EFC 여정이 여기서 끝나지 않기를 진심으로 바라며, 더 많은 내용에 흥미를 느끼게 되거나 적어도 앞으로 더 나아가고 싶은지 결정하는 데 도움이 되었기를 바란다. 이는 우리가 우리 자신의 삶에서 정서의 변화하는 힘을 직접 경험했기 때문이다. 개인적인 고착과 정서적 고통에 직면하였을 때, 우리는 스스로를 고통에 머무르게 하고 무엇이 가장 아픈지를 찾게 하였고, 그로 인해 고착에서 벗어나 더 적응적인 새로운 정서로 나아갈 수 있게 변화시켰다. 또한 EFC가 내담자와의 작업 방식을 변화시켜, 상담자로서 진정한 기반과 자신 및 내담자에게 진정으로 연결되어 있다고 느끼게 해 주었기 때문이다. 이 방식으로 작업하고 다른 사람들에게 훈련을 제공할 수 있다는 것은 우리에게 큰 만족과 개인적 의미를 제공해 주고 있다. 이 책에서 EFC의 힘과 열정을 최소한 일부라도 전달할 수 있었기를 바란다.

정서중심치료(EFT) 치료자 회기 양식

(6.0버전) (11/19, ©R. Elliott)

사례 __________ 회기 __________ 분량 __________ 날짜 __________
치료자 __________

성과 측정: __________ 점수: __________ 신호 상태: W G Y R

I. 과정 노트

1. 회기의 주요 사건과 상황에 대한 간략한 요약:

2. 치료 중의 특이 사건들(예: 지각, 대화단절, 어려웠던 작업상황, 상담 방식에 벗어나는 상황):

3. 치료 외 주요사건(예: 관계, 업무, 부상 또는 질병, 치료약 변경, 자발적 노력)

4. (스스로 및 슈퍼비전에서 나온) 다음 회기를 위한 아이디어:

II. 회기 종합 평가

1. 이번 회기가 전반적으로 내담자에게 얼마나 도움이 되었는지 혹은 얼마나 방해가 되었는지 평가해 주시오. 이번 회기는:	1 (매우 방해) ———— 9 (매우 유용)
2. 내담자와 방금 마친 상담 회기에 대해 어떻게 생각하시나요?	1 (매우 부족) ———— 7 (완벽함)
3. 이번 회기에서 내담자가 문제를 해결하는 데 얼마나 진전이 있었다고 생각하시나요?	1 (진전 없음, 오히려 심각해짐) —— 7 (상당한 진전)
4. 이번 회기에서 내담자에게 어떤 변화가 생겼거나, 무언가를 다르게 보거나 새로운 경험을 했다고 생각하시나요?	1 (전혀 없음) ———— 7 (매우 많음)

III. 내담자 참여 양상

다음에 나오는 각 항목들은 내담자가 회기 동안 보이는 참여 방식을 나타낸다. 각 참여 방식에 따라 내담자가 보인 반응의 정도를 평가하시오.

무반응	가끔 (1~5% 반응)	보통 (10~20% 반응)	자주 (25~45% 반응)	전반적 (50% 이상 반응)
1	2	3	4	5

1 2 3 4 5 1. 감정의 홍수: 상징화할 수 없는 정서에 압도된 상태. 즉 무질서하고 혼란스러운 상태로서, 다양한 요소들이 무질서하게 존재함.

1 2 3 4 5 2. 거리두기/분리하기: 고통스럽거나 두려운 감정이나 경험을 피하거나 참음.

1 2 3 4 5 3. 외부화: 타자 혹은 외부 사건에만 전적으로 주의를 둠. 이는 특정적이거나 일반적일 수 있음.

1 2 3 4 5 4. 신체화: 만성적 통증이나 질병의 징후에만 집중하는 경우.

1 2 3 4 5 5. 추상화/순전한 개념화: 구체적인 경험에 대한 언급 없이 언어적 또는 추상적 용어로 사물을 개념화함.

1 2 3 4 5 6. 충동적: 순전히 희망이나 행동에만 초점을 둠. 즉 숙고하지 않고 바로 행동으로 옮김.

1 2 3 4 5 7. 외적으로 주의를 둠: 지각적 경험 또는 기억에 초점을 두고 받아들임. 정서적으로 몰입한 내러티브.

1 2 3 4 5 8. 신체 중심: 신체적 경험과 의미에 대한 세심한 관심.

1 2 3 4 5 9. 정서 중심: 즉각적인 정서 경험에 대한 인식 및 상징화.

1 2 3 4 5 10. 성찰적 상징화: 경험의 의미나 가치 또는 이해에 대한 적극적 호기심과 성찰.

1 2 3 4 5 11. 적극적 표현: 바람/욕구의 표현, 강한 정서 표출.

1 2 3 4 5 12. 재인식/변화된 지각: 이전에는 주목하지 않았던 새로운 사물에 주목하거나 이전에 주목했던 사물을 다른 시각으로 보는 것. 새로운 이해, 통찰 또는 인식.

1 2 3 4 5 13. 신체-전환/이완: 몸에 누적된 이전 문제와 관련된 긴장감을 해소하고 완화시켜 일을 즐김.

1 2 3 4 5 14. 정서적 변화 수용: 자신이 새롭고 더 적응적인 정서를 느끼도록 허용함.

1 2 3 4 5 15. 자기성찰/의미 조망: 성공적으로 처리된 경험에서 한발 물러서기. 즉 새로운 가능성을 인식하고 자신의 상황이나 감정에 대해 새롭게 설명하기 위해 이전의 가정으로부터 벗어나기.

1 2 3 4 5 16. 행동 계획세우기: 성공적으로 처리된 경험을 바탕으로 행동으로 나아가기. 그리고 문제 해결 및 생산적인 해결책 개발을 지향하기.

IV. EFT 치료적 원리

이 평정 척도를 사용하여, 다음의 각 치료적 원리를 얼마나 잘 적용했다고 생각하는지 평가하시오.

1	많은 개선이 필요함: 기본적인 개념도 모르는 초심자처럼 느껴짐.
2	중간 정도의 개선이 필요함: 상담을 시작한 지 얼마 안 되는 초심자로 느껴짐. 상담에 대한 개념 학습이 더 필요함.
3	약간의 개선이 필요함: 이를 개선하기 위해 집중해서 노력할 필요가 있음.
4	원칙을 잘 적용함: 이 정도면 충분했지만, 치료적 원리를 더 잘 적용할 수 있도록 개선하기 위해서는 계속 노력해야 함.
5	원칙을 훌륭하게 적용함: 이 정도면 충분히 그리고 능숙하게 수행했음.
6	원칙을 뛰어나게 적용함: 일관성 있고 창의적인 방식으로 원리를 적용함.

1 2 3 4 5	1. 내담자의 경험에 공감적으로 조율함(가정을 내려놓고, 내담자의 세계로 들어가고, 경험으로부터 공명하고, 다양성을 살펴보고, 중요한 내용을 파악하고, 지식이나 경험이 발전하고 변화하면 이해를 재조정함으로써).
1 2 3 4 5	2. 내담자에게 공감/이해, 현존/진정성, 소중함/배려를 표현함.
1 2 3 4 5	3. 경험적 교육, 목표/과업의 인지 및 협상을 통해 내담자-치료자의 협력 관계를 발전시키고 치료의 목표나 과업을 위해 상호 참여를 촉진함.
1 2 3 4 5	4. 회기의 시간대별로 내담자의 중요한 과정(작업, 작업 내 단계, 내담자의 미세한 과정 및 정서처리방식)에 참여하여 신중하고 차별적으로 반응함.
1 2 3 4 5	5. 정서 심화 과정을 통해 핵심 치료 과업을 활용하여, 스스로 문제가 되는 정서에서 적응적 정서로 전환할 수 있도록 조력함.
1 2 3 4 5	6. 내담자의 자기발달, 새로운 정서적 의미, 삶에 있어서 개인의 주체성과 전진에 대한 감각을 촉진함.

V. 과업에 대한 해결 및 개입 척도

지침: 다음 페이지에 나오는 각 치료적 과제에 대한 척도를 사용하여 각 항목을 읽고 평가하시오.

해결 척도: 치료자의 과업 개입과 별개로 내담자가 각 치료 과업에 얼마나 도달했는지 평가하고, 척도에서 가장 멀리 떨어진 지점에 동그라미를 표시하시오.

현존상태 평가 척도: 해당 척도를 사용하여 다음 나열된 각 치료적 과업 활동에 내담자를 참여시키려고 노력한 정도를 평가하시오.

정성적 평가 척도: 해당 척도를 사용하여 각 치료적 과업을 얼마나 잘 또는 능숙하게 수행했는지(또는 방해했는지) 평가하시오.

과업이 겹칠 수 있으며 동시에 두 가지 과업을 수행할 수 있다(예: 공감적 탐색과 집중 혹은 두 의자 대화, 공감적 칭찬하기와 의미 생성).

1. 안전한 작업 동맹을 구축하고 유지하기
   A. 현재 내담자의 작업동맹 수준을 평가하기

0	내담자가 동맹 문제로 인해 치료를 중단하거나 중단 결정을 밝힘.
1	내담자가 물리적으로 현존하지만 아직 안전한 상담 환경이 조성되지 않음.
2	신뢰/유대감 형성 작업: 내담자는 치료자가 자신을 오해하거나, 판단하거나, 불성실하게 대하거나, 참견하거나 신뢰할 수 없는 사람일까 봐 걱정함.
3	치료적 초점화 작업: 치료자를 신뢰하면서 치료 과정에 참여하지만, 초점을 갖고 유지하는 데 어려움을 겪거나, 산만하거나, 일반적으로 치료자를 거부함.

4	목표 합의를 위한 작업: 치료의 초점은 잡았으나 변화에 대해 양가적인 태도를 보이며, 주요 치료 초점과 관련 목표를 향해 열심히 노력하지 않고 문제의 원인을 치료자와 다르게 봄.
5	과업 합의 작업: 변화하고자 하지만 내면에 집중하는 데 어려움을 겪으며 정서/경험을 다루는 작업의 목적과 가치에 의문을 제기함. 과제와 과정에 대해 치료자와 다른 기대치를 가지고 있음.
6	생산적인 작업 환경: 내담자가 치료자를 신뢰하며 생산적인 치료 작업에 적극적으로 참여함.

B. 과업 개입: 메타대화, 배려, 공감의 표현, 치료의 초점, 목표, 과제에 대한 협의를 통해 원활한 동맹 관계 형성을 촉진하기

현존 유무	정성적 평가
1 분명히 부재	1 과업에 심각한 방해
2 현존할 가능성이 있음	2 보통 수준의 방해
3 현존하지만 짧음	3 약간의 방해가 있어 표식이 더 많이 필요하거나/누락됨
4 적당한 기간 동안 현존함	4 보통, 해당 없음
5 연장된 기간으로 현존함	5 다소 능숙하게 촉진함
	6 어느 정도 능숙하게 촉진함
	7 과업에 대해 탁월하게 촉진함

2. 동맹 문제를 해결하기 위한 관계 대화

A. 내담자의 과업 해결

0	표식(marker) 없음(치료적 작업이 어려움 없이 진행됨).
1	표식: 치료의 성격이나 진행 상황 또는 치료적 관계에 대해 불만이나 불만족을 암시하거나 언급함(철회: 치료 과정에서 이탈, 대립: 치료에 도전하거나 의문을 제기함). 작성해 보시오: ______________________________
2	과업 수용, 불만 혹은 불만족을 직접 혹은 자세히 제시함(철회의 난이도: 어려움을 인정함).

3	불만/불만족/어려움의 본질과 공통적으로 가능성이 있는 원인을 탐색하고, 치료자의 입장을 이해하고 어려움에 처한 자신의 부분을 자세히 설명하며 이해하려고 함.
4	어려움의 원인에 대해 함께 이해한 것을 발전시키고, 설명함.
5	치료에서 일반적인 특성이나 상호 역할에 대해 새로운 관점에 도달하고 치료자와 함께 실질적 해결책을 모색함.
6	치료에 대한 진정한 만족감이나 분명하고 새로운 열정을 표현함.

B. 과업 개입: 상호 간의 어려움에 대해 대화를 시작하고 촉진하기

현존 유무	정성적 평가
1 분명히 부재	1 과업에 심각한 방해
2 현존할 가능성이 있음	2 보통 수준의 방해
3 현존하지만 짧음	3 약간의 방해가 있어 표식이 더 많이 필요하거나/누락됨
4 적당한 기간 동안 현존함	4 보통, 해당 없음
5 연장된 기간으로 현존함	5 다소 능숙하게 촉진함
	6 어느 정도 능숙하게 촉진함
	7 과업에 대해 탁월하게 촉진함

3. 집중하는 데 방해되는 내부공간 비우기

A. 내담자의 과업 해결

0	표식 없음
1	표식: 주의 집중이 어려움: 보고나 근거를 댈 때 말문이 막히거나, 압도되거나, 백지상태가 됨.
2	내적 '문제 공간'에 주의를 기울임.
3	걱정거리나 곤란했던 경험을 나열함.
4	걱정거리를 두거나 만듦으로써, 중요한 문제에 집중하거나 회기에서 작업할 주요 관심사를 구별하게 됨.

5	내부 공간이 깨끗하게 비워진 것에 대해 만족해함: 긴장감의 해소를 즐기고, 내부 공간에 대해 자유로움과 안도감을 느낌.
6	비워진 공간을 일반화해 자신의 삶에 비워진/안전한 공간의 욕구, 가치 혹은 가능성에 대한 일반적인 인식을 발전시킴.

B. 과업 개입: 내담자가 상상한 내적/신체적 공간을 비우고, 문제를 나열하고 정리하도록 돕고 비워진 공간에 감사하거나 해결해야 할 문제를 파악할 수 있도록 도와주기

현존 유무	정성적 평가
1 분명히 부재	1 과업에 심각한 방해
2 현존할 가능성이 있음	2 보통 수준의 방해
3 현존하지만 짧음	3 약간의 방해가 있어 표식이 더 많이 필요하거나/누락됨
4 적당한 기간 동안 현존함	4 보통, 해당 없음
5 연장된 기간으로 현존함	5 다소 능숙하게 촉진함
	6 어느 정도 능숙하게 촉진함
	7 과업에 대해 탁월하게 촉진함

4. 불분명한 감정에 대한 경험적 집중

A. 내담자의 과업 해결

0	표식 없음
1	불분명한 감정: 모호하고/끊임없는 걱정을 말하거나 확인하거나, 전반적, 추상적, 피상적 또는 외현화된 방식으로 걱정 사항에 대해 논의함(동그라미 1).
2	전체적인 감정을 비롯해 불분명한 걱정에 주의를 기울임.
3	불분명한 감정을 정확하게 확인하기 위해서(감정의 변화는 없음), 감정을 잠정적으로 표현하도록 모색함(좋아하는 단어, 이미지로)
4	감정의 변화: 신체적 불편함이 사라지고 불분명한 느낌이 지워질 때까지 명명한 감정에 대해 더 깊이 탐구함.

5	감정변화를 수용함: 감정변화에 머물고, 감사하며, 감정변화를 통합하고, 자기비판을 막음.
6	계속 진행됨: 회기 내 새로운 과제를 개발하고, 치료 외적인 변화에 대한 시사점을 탐구함

B. 과업 개입: 감정에 대한 집중하도록 하기, 이름 붙이고 처리할 감정 찾기, 이름 붙인 감정 탐색하기, 변화된 감정 받아들이기, 앞으로 나아가기 등의 개입을 장려하기

현존 유무	정성적 평가
1 분명히 부재	1 과업에 심각한 방해
2 현존할 가능성이 있음	2 보통 수준의 방해
3 현존하지만 짧음	3 약간의 방해가 있어 표식이 더 많이 필요하거나/누락됨
4 적당한 기간 동안 현존함	4 보통, 해당 없음
5 연장된 기간으로 현존함	5 다소 능숙하게 촉진함
	6 어느 정도 능숙하게 촉진함
	7 과업에 대해 탁월하게 촉진함

5. 감정 표현에 어려움을 느끼는 내담자의 감정 표현 촉진하기

A. 내담자의 과업 해결

–	(0점 없음)
1	자각 없이 상황에 대한 반사적 반응, 자각으로부터 차단된 정서('느껴지는 감정이 없어요.')
2	정서에 대한 의식적 자각이 제한되어 있음('무슨 감정을 느끼고 있는지 모르겠어요.')
3	불분명한 감정('내 감정이 뭔지 모르겠어요.') 혹은 사전에 설정된 표현 ('확인하지 않아도 제가 무엇을 느끼고 있는지 알아요.')
4	정서에 대한 부정적인 태도('감정은 위험하거나 무의미해요.')

5	치료지/타자에게 적절한 수준의 정서를 표현하는 데 어려움이 있음: 과하거나 미성숙한 표출('이미 저에 대해서 많이 말씀드렸잖아요!') 혹은 치료자/타자를 수용적이지 않은 사람으로 인식('선생님은 제가 느끼는 감정에 관심이 없을 거잖아요.)
6	치료자/주요 타자에게 성공적으로 적절한 정서를 표현할 수 있음.

B. 과업 개입: 적절한 반응 모드, 과업(예: 환기적/탐색적 반응, 집중하기, 공감적 탐색, 의자 작업)을 통해 정서적 표현을 유도하기

현존 유무	정성적 평가
1 분명히 부재	1 과업에 심각한 방해
2 현존할 가능성이 있음	2 보통 수준의 방해
3 현존하지만 짧음	3 약간의 방해가 있어 표식이 더 많이 필요하거나/누락됨
4 적당한 기간 동안 현존함	4 보통, 해당 없음
5 연장된 기간으로 현존함	5 다소 능숙하게 촉진함
	6 어느 정도 능숙하게 촉진함
	7 과업에 대해 탁월하게 촉진함

6. 취약성에 대한 공감적 확인

A. 내담자의 과업 해결

0	표식 없음
1	표식: 자기와 관련된 강한 부정적 감정을 말하고 이에 대한 괴로움을 표현함. 취약성의 유형에 대해 기술하시오: ______________________________
2	치료자의 공감적 인정에 대한 반응으로 더 깊은 감정을 묘사함.
3	더 심각한 취약성에 대해 표현함.
4	바닥까지 닿을 것 같은 두려운 정서나 고통스러운 측면을 최대한 강렬하게 표현함.
5	고통이 줄어든 더 평온해진 상태에 대해 묘사하거나 표현함.
6	온전하고 수용 가능하며 유능한 자기감에 대해 표현함.

B. 과업 개입: 내담자가 취약성에 갇혀 두려움에 무너져 내릴 때 진정성 있고 공감하는 긍정적 현존을 보여주고 내담자가 다시 성장 지향적 경험하기를 할 수 있도록 지지하라.

현존	질
1 분명히 부재	1 과업에 심각한 방해
2 현존할 가능성이 있음	2 보통 수준의 방해
3 현존하지만 짧음	3 약간의 방해가 있어 표식이 더 많이 필요하거나/누락됨
4 적당한 기간 동안 현존함	4 보통, 해당 없음
5 연장된 기간으로 현존함	5 다소 능숙하게 촉진함
	6 어느 정도 능숙하게 촉진함
	7 과업에 대해 탁월하게 촉진함

7. 외상/고통스런 경험에 대하여 그 이야기를 다시 말하기(narrative retelling) (non-PRP)

A. 내담자의 과업 해결

0	표식의 부재(사건/경험에 대해 추상적이고 피상적인 표현으로 묘사)
1	표식의 현존: 이야기를 꺼낼 법한 외상/고통스러운 경험을 의미함(예: 외상적 사건, 망가진 인생, 악몽). 경험의 성격: ________________
2	구체화: 특정 사건/경험에 대해 상세하며 구체적이거나 사실적인 이야기를 전개하며 외부의 시선이나 논리적 관점에서 있었던 상황에 대해 설명함.
3	외상의 주요 장면이나 일부에 집중하고 회기 동안 이의 일부분을 재경험함.
4	내적 시각에서 바라봤을 때 경험이 가지는 개인적이고 독특한 새 의미를 구별함.
5	경험이 지니는 대체적이고 차별화된 관점을 유심히 따져보고 잠정적으로 평가함.
6	지금까지 이어지지 않거나 일관성이 없는 경험의 양상을 합쳐 자신과 타인 혹은 세상에 대해 보다 넓고 완전한 관점으로 표현함.

B. 과업 개입: 전개와 탐색 과정을 통해 내담자로 하여금 다시 이야기하고/재경험하도록 조력하라.

현존	질
1 분명히 부재	1 과업에 심각한 방해
2 현존할 가능성이 있음	2 보통 수준의 방해
3 현존하지만 짧음	3 약간의 방해가 있어 표식이 더 많이 필요하거나/누락됨
4 적당한 기간 동안 현존함	4 보통, 해당 없음
5 연장된 기간으로 현존함	5 다소 능숙하게 촉진함
	6 어느 정도 능숙하게 촉진함
	7 과업에 대해 탁월하게 촉진함

8. 문제 반응들을 전개

A. 내담자의 과업 해결

0	표식의 부재
1	표식: 예상치 못하고 혼란스러운 개인적 반응에 대해 묘사함(동그라미로 표시하라: 행동, 정서 반응). 기술하라: ________________________
2	그 장면에 '재진입'하여 반응이 촉발되는 순간을 회상하고 재경험함.
3	자극 상황의 가장 중요한 모습에 대해 회상함. 상황에 대한 자신의 내적 정서적 반응과 자극 상황이 가지는 잠재적 영향력에 대한 자신의 주관적 해석을 함께 탐색함.
4	'의미의 다리'에 도달함. 문제 반응과 본인 해석에 따른 자극 상황의 가지는 잠재적 영향력 간에 연관성을 발견함.
5	이를 개인의 욕구, 바램, 견해나 가치를 저해하는 더 광범위한 자기 기능 모드의 예시로 인지함.
6	완전한 해결: 자기 기능 모드의 중요한 부분과 어떤 자기 변화를 만들어야 하는지에 대한 새롭고 폭넓은 관점을 만들어감. 변화할 수 있다는 힘이 있다고 느끼기 시작함.

B. 과업 개입: 체계적인 환기적 전개: 내담자로 하여금 문제 반응에 연관된 인식과 정서에 대해 꼼꼼히 살펴보고 더 넓은 의미를 탐색하도록 조력하라.

현존	질
1 분명히 부재	1 과업에 심각한 방해
2 현존할 가능성이 있음	2 보통 수준의 방해
3 현존하지만 짧음	3 약간의 방해가 있어 표식이 더 많이 필요하거나/누락됨
4 적당한 기간 동안 현존함	4 보통, 해당 없음
5 연장된 기간으로 현존함	5 다소 능숙하게 촉진함
	6 어느 정도 능숙하게 촉진함
	7 과업에 대해 탁월하게 촉진함

9. 반대되는 의미에 대한 의미 창안하기

A. 내담자의 과업 해결

0	표식의 부재(모호함이나 혼란을 동반한 정서적 각성)
1	표식: 소중하게 여기는 신념과 맞지 않은 경험을 정서적으로 각성된 상태에서 설명함 (인생의 사건: ________________, 소중한 신념: ________________)
2	소중한 신념의 본질과 힘들었던 인생사에 대한 정서적 반응을 구체적으로 분명히 함.
3	소중한 신념이 어디서 비롯됐는지 알아보고 가설을 세움.
4	(현재의 경험과 관련하여) 소중한 신념의 지속 가능성을 평가하고 판단하여 이를 변화시키고자 하는 욕구를 표현함.
5	검토: 소중한 신념을 수정하거나 배제 시킴.
6	필요한 변화의 특성에 대해 설명하거나 미래를 위한 계획을 수립함.

B. 과업 개입: 내담자의 의미 작업을 거들고 고통스러운 인생의 사건에서 느낀 의미를 상징화하여 문제시되는 소중한 신념을 말하고 최종적으로 이에 대해 다시 생각해 보도록 조력하라.

현존	질
1 분명히 부재	1 과업에 심각한 방해
2 현존할 가능성이 있음	2 보통 수준의 방해
3 현존하지만 짧음	3 약간의 방해가 있어 표식이 더 많이 필요하거나/누락됨
4 적당한 기간 동안 현존함	4 보통, 해당 없음
5 연장된 기간으로 현존함	5 다소 능숙하게 촉진함
	6 어느 정도 능숙하게 촉진함
	7 과업에 대해 탁월하게 촉진함

10. 갈등 분열을 위한 두 의자 작업

A. 내담자의 과업 해결

0	표식의 부재
1	표식: 자기의 한 측면이 다른 측면에 비판적이거나 강압적으로 반응하는 분열에 대해 기술함. 자기비판, 자기코칭, 자기방해, 탓, 우울증, 불안, 동기 부여, 유해함 중 두 가지 측면을 동그라미로 표시하고 기술하라: ______________
2	자기에 대한 비판, 기대 혹은 '해야 할 일'을 빈틈없이 구체적으로 표현함.
3	비판에 대한 반응으로 원초적인 감정/욕구를 드러내기 시작함. 비판자는 가치/기준을 차별화함. 경험자는 무너지거나/회복할 수 있음.
4	새로 느끼는 감정에 따른 욕구와 바램을 분명히 표현함.
5	자신의 감정과 욕구를 진정으로 받아들임. 자기 자신에 대한 연민, 배려, 존중을 보일 수도 있음.
6	다양한 감정, 욕구와 소망을 어떻게 받아들이는지, 앞서 대립했던 자기의 측면과 어떻게 화해할 수 있는지에 대한 명확한 이해.

B. 과업 개입: 내담자의 상충하는 자기 측면 사이의 대화를 조력하라.

현존	질
1 분명히 부재	1 과업에 심각한 방해
2 현존할 가능성이 있음	2 보통 수준의 방해
3 현존하지만 짧음	3 약간의 방해가 있어 표식이 더 많이 필요하거나/누락됨
4 적당한 기간 동안 현존함	4 보통, 해당 없음
5 연장된 기간으로 현존함	5 다소 능숙하게 촉진함
	6 어느 정도 능숙하게 촉진함
	7 과업에 대해 탁월하게 촉진함

11. 미해결과제를 위한 빈 의자 작업

A. 내담자의 과업 해결

0	표식의 부재
1	주요 타자와 연관된 상처나 그리움을 비난하고 불평하거나 표현함(인물: __________)
2	상상 속의 타자에게 말을 걸고 해결되지 않은 감정(예: 분노, 상처)을 표현함.
3	불만을 내재된 감정으로 구분시키고 고도의 정서적 각성과 함께 관련된 정서(예: 슬픔, 분노)를 경험하고 표현함.
4	충족되지 못한 욕구를 타당하다고 느끼고 이를 적극적으로 표현함.
5	타자를 개인적인 문제를 가진 덜 강한 개인으로 인식하거나 더 긍정적인 시각으로 바라봄.
6	타자를 용서하거나 책임을 묻지 않음으로써 자신을 긍정하고 해결되지 않은 강점을 해소함.

B. 과업 개입: 내담자가 해결되지 않은 상처, 분노, 충족되지 못한 욕구를 상상 속의 타자에게 표현하거나 타자의 역할을 수행할 수 있도록 도우라.

현존	질
1 분명히 부재	1 과업에 심각한 방해
2 현존할 가능성이 있음	2 보통 수준의 방해
3 현존하지만 짧음	3 약간의 방해가 있어 표식이 더 많이 필요하거나/누락됨
4 적당한 기간 동안 현존함	4 보통, 해당 없음
5 연장된 기간으로 현존함	5 다소 능숙하게 촉진함
	6 어느 정도 능숙하게 촉진함
	7 과업에 대해 탁월하게 촉진함

12. 고착되어 버린 정서적 고통에 대한 자비로운 자기진정

A. 내담자의 과업 해결

0	표식의 부재
1	표식: 절망감이나 불안감으로 고통/괴로움을 표현함(갇히고, 무너진 자기 상태).
2	슬프거나/두렵거나/무너진 자기 측면 혹은 타자를 연상함. 적절한 자기-타자 조합을 찾음: ______________________
3	자비로운 자기 측면이나 타자를 구현함.
4	정서적/신체적 안도감을 경험함.
5	보다 긍정적이고 자율권을 가진 자기관으로 전환함.
6	이 과정을 자신의 삶으로 확장시키는 방법에 대해 고찰함.

B. 과업 개입: 자비로운 인물 역으로서의 내담자가 고착되고/고통받는 측면을 위로하거나 긍정할 수 있도록 도우라.

현존	질
1 분명히 부재	1 과업에 심각한 방해
2 현존할 가능성이 있음	2 보통 수준의 방해
3 현존하지만 짧음	3 약간의 방해가 있어 표식이 더 많이 필요하거나/누락됨
4 적당한 기간 동안 현존함	4 보통, 해당 없음
5 연장된 기간으로 현존함	5 다소 능숙하게 촉진함
	6 어느 정도 능숙하게 촉진함
	7 과업에 대해 탁월하게 촉진함

VI. EFT 반응 모드

해당 척도를 사용해 다음의 각 항목이 이번 회기에서 어느 정도 나타났는지 평가하라.

반응 없음	가끔 (응답의 1~5%)	보통 (응답의 10~20%)	자주 (응답의 25~45%)	활발히 (응답의 50% 이상)
1	2	3	4	5

1 2 3 4 5 1. **자기노출**: 개인으로서 자기와 관련된 정보를 회기 외적으로 공유함.

1 2 3 4 5 2. **과정 노출**: 현재의 반응, 의도 또는 한계를 공유함.

1 2 3 4 5 3. **알아차림 과제**: 회기 이외의 경험을 촉진함.

1 2 3 4 5 4. **과정 제안**: 내담자가 회기에서 무언가를 시도하도록 격려함('코칭': feeding lines, 정신적 행동 제안하기, 주의 집중 유도)

1 2 3 4 5 5. **과업 구조화**: 특정한 치료적 과업 내 지속적인 작업을 위해 구체적인 도움을 설정하고 제공함(과업 참여를 위한 제안, 상황 만들기나 격려하기도 포함함).

1 2 3 4 5	6. **경험적 지도:** 경험하기 또는 치료 과정/과업에 대한 기본적인 정보를 제공함.
1 2 3 4 5	7. **공감적 개념화:** 내담자의 경험에 충실하면서 감정 반응 유형이나 자기 일부와 같은 내담자 과정과 그 작업을 EFT 용어를 사용해 묘사함.
1 2 3 4 5	8. **공감적 재초점화:** 지속적 탐색을 이끌어 내기 위해 내담자가 직면한 어려움에 공감해 줌.
1 2 3 4 5	9. **공감적 추측:** 내담자의 즉각적이고 암묵적인 경험을 대략적으로 추측함(대개 적합성 질문 또는 탐색적 반영 활용).
1 2 3 4 5	10. **과정 성찰:** 회기 동안 내담자의 언어적 또는 비언어적 행동을 비직면적으로 설명함.
1 2 3 4 5	11. **적합성 질문:** 내담자의 실제 경험을 바탕으로 한 경험의 재현을 확인하도록 권유함.
1 2 3 4 5	12. **탐색적 질문:** 내담자의 개방형 자기 탐색을 유발함.
1 2 3 4 5	13. **환기적 반영:** 생생한 이미지, 강력한 언어 또는(1인 성찰을 비롯해) 극적인 방식을 통해 내담자의 경험을 확대하거나 그에 다가가도록 도움으로써 공감을 표현함.
1 2 3 4 5	14. **탐색적 반영:** 잠정적 개방 반응을 통해 내담자가 경험에 대한 자기탐색을 하도록 유도하며 공감을 표현함.
1 2 3 4 5	15. **공감적 타당화:** 내담자가 정서적으로 힘들어하거나 고통스러워 할 때 이를 타당화하고, 지지해주거나 공감을 해 줌.
1 2 3 4 5	16. **공감적 반영:** 내담자의 메시지, 특히 주된 개념이나 요점을 정확하게 표현함.
1 2 3 4 5	17. **공감적 반복:** 내담자가 경험을 지속하거나 구체화시킬 수 있도록 새로운/잠정적 경험을 반복하는 극도로 간결한 단어로 반응.

VII. 내용 지시 개입

해당 척도를 사용하여 다음 항목을 평가하라.

분명히 없음	있을 수 있음	극도로 짧은 '모드 내'로 있음 (예: 잠정적이고 질문에 대한 답변으로)	'전문가' 수준으로 짧게 있음	'전문가' 수준으로 확장되어 있음
1	2	3	4	5

1 2 3 4 5

1. 소식 전달: 내담자에게 자기나 타자에 대한 새로운 정보(예: 해석)를 알리는 반응.

   기술하라:

1 2 3 4 5

2. 해결책 제공: 제시된 문제와 관련해 내담자의 행동을 수정하고자 하는 반응 (예: 일반적 조언)

   기술하라:

1 2 3 4 5

3. 전문가의 확신 제시: '전문가'의 입장에서 내담자를 기쁘게 하거나 덜 나쁘게 느끼도록 하기 위한 직접적 반응.

   기술하라:

1 2 3 4 5

4. 비동의/반대: 일관되지 않는 부분을 수정하고 비판하거나 지적하기 위한 반응.

   기술하라:

5. 비경험적 과업/내용 지시: 예: 문제 해결이나 제 3자에 의한 내담자 분석같은 이전에 없던 주제/과업의 도입

1 2 3 4 5 기술하라:

6. 순수한 정보 제공 질문: 탐색을 유도하지 않고 구체적 정보를 수집.

1 2 3 4 5 기술하라:

부록 2

인간중심 및 경험적 심리치료 척도-정서중심치료 치료자(EFT-T) 보충 자료

(치료자 버전 초안 1.0, 2018. 10. 29)

내담자 ID:	회기:
평정자:	구간:

EFT 1. 공감적 조율

내담자에게 공감적인 조율을 얼마나 잘 표현하였나?

나의 반응을 통해 내담자의 내적 경험이 매 순간 발전해 나갈 때 이에 대하여 적극적이고 정확하며 일관된 이해를 전달했는가? 아니면 반대로 내담자에게 중요한 경험을 따라가지 못하였는가? 공감적 조율은 내담자의 정서적 톤을 반영하거나 인정하고 긍정하는 목소리의 질적 특징을 사용하여 표현할 수 있다. 내담자의 내적인 반응에 집중하면서 다음과 같은 광범위한 공감적 반응을 활용하여 공감적 조율을 전할 수 있다.

- 공감적 반영을 통해 내담자의 메시지나 의사소통을 통해 전달한 경험의 가장 중요한 부분을 정확하게 재현한다.
- 공감적 반복을 통해 내담자의 주요 단어나 표현을 짧게 반복하여 내담자를 따라가고 있음을 보여 준다.
- 공감적 인정을 통해 내담자가 정서적인 고통이나 고통 속에 있을 때 단어나 인

정하는 목소리 톤을 사용하여 타당화, 지지, 관심을 표현한다.

- 탐색적 반영을 통해 공감을 전하고 내담자의 자기 탐색을 격려할 수 있으며, 이때에는 열려 있고 성장을 지향하는 반응과 호기심과 관심을 담은 목소리의 질적 특징을 사용한다.
- 환기적 반영을 통해 내담자가 생생한 이미지, 강력한 언어, 극적인 방식(마치 내담자가 된 것 같이 일인칭 시점으로 이야기하거나 환기시키고 표현적인 목소리를 사용하는 것을 포함한다)을 사용하여 자신의 경험을 활성화시키고 극대화하도록 하면서 공감을 전한다.
- 과정 반영을 통해 내담자가 회기 내에서 보이는 언어적이거나 비언어적 행동을 직면하지 않는 방식으로 묘사한다.
- 공감적 추측을 통해 즉각적이고 암시적이면서 표현되지 않은 내담자의 경험을 잠정적으로 추측한다(이러한 추측이 맞는지 내담자가 자신의 내면을 확인해 보도록 존중과 탐색적인 방식으로 표현하는 것이 최선의 방법이다).
- 공감적 개념화를 통해 내담자의 구체적인 어려움을 자기의 부분, 정서적 회피, 가치의 조건화와 같은 이론적 용어를 활용하여 묘사한다.
- 공감적 재초점화 반응을 통해 내담자가 직면하기 어려워하는 것에 공감을 제공하여 내담자가 탐색을 지속해 나가도록 부드러운 방식으로 초대한다.
- 내담자의 비언어적 행동에 대한 조율을 통해 내담자의 자세나 얼굴 표정을 반영한다.

---

1. **활용 시 상당한 발전이 필요함:** 공감적 조율이나 공감적 의사소통의 개념을 잘 알지 못하는 초보자처럼 행동하였음. 목소리의 질적 측면을 적절하게 조절하지 못하였음.
2. **중간 수준의 발전이 필요함:** 내담자에게 공감적으로 조율할 수 있으나 의사소통을 더 잘하기 위한 노력이 필요한 상급 수준의 초보자처럼 행동하였음. 치료적 과정에 맞춰 목소리의 질적 측면을 조정하기 위한 노력을 하였음.
3. **공감적 조율, 의사소통, 목소리 질적 측면 조절에서 약간의 발전이 필요함:** 의사소통과 목소리를 조정하여 공감적 조율을 잘하기 위한 초점화된 노력이 필요함.

4. 적절한 공감적 조율, 의사소통, 목소리의 질: 공감적 조율과 의사소통을 잘하였으나, 무조건적 긍정적 관심과 진정성 있는 현존의 면에서 지속적인 발전을 위한 노력이 필요함.
5. 양호한 공감적 조율, 의사소통, 목소리의 질: 충분히 하였으며 진정성 있게 현존하고 무조건적인 관심을 표현하는 방식으로 수행하였음.
6. 탁월한 공감적 조율, 의사소통, 목소리의 질: 지속적으로 깊이 있게 잘 수행하였으며, 창의적이고 조심스러운 느낌이 잘 전달되는 방식으로 할 수 있었음.

EFT 2. 표식 발견

내담자가 회기에서 작업하기를 원했던 주제를 드러내는 핵심적인 과업 표식을 얼마나 정확하게 파악하고 반응하였는가?

표식은 내담자가 어떤 치료적 과업에 관하여 작업 할 준비가 되었다는 것을 보여주는 관찰 가능한 신호이다. 여기에는 가장 중요한 표식들을 정확하게 찾아내고 내담자와 함께 확인하는 것이 포함된다. 정확한 표식 발견은 내담자가 각 회기에서 무엇을 하고 싶은가에 관한 그들의 개인적 주체성에 대한 '과업 공감'이라고 할 수 있다. 다음의 표식 중에서 당신이 정확하게 발견할 수 있는 내용에 동그라미 표시를 해 보고 하기 어려운 내용에는 엑스 표시를 해 보라.

- 취약성(고통스러운 감정): 공감적 인정
- 모호한 감정(분명하지 않고, 외부를 향하거나 부재하는), 모호하거나 부재한 감각느낌: 포커싱
- 문제성 반응들(어떤 상황에 관하여 이해할 수 없는 과도한 반응): 체계적인 환기적 전개(systemic evocative unfolding)
- 갈등 분열(자기비판적, 자기방해적, 자기지시적): 두 의자 작업(두 의자 대화나 실연[enactment])
- 미해결된 과제(남아 있는): 빈 의자 작업

- 괴로움/정서적 괴로움: 자비로운 자기진정
- 집중 어려움/압도당함: 공간 비우기
- 동맹맺기 어려움: 동맹 대화

---

1. **표식을 발견하지 못함:** 표식이 분명히 있는 경우에도 이를 지속적으로 놓치고, 각 회기에 대한 주제와 목표를 가진 주체적인 개인으로서 내담자에 대하여 아무것도 알아차려서 전달하지 못하였음.
2. **대부분의 표식을 발견하지 못한 채로 내담자에게 과업을 부과함:** 표식에 대하여 어느 정도 이해하지만, 이번 회기에서 내담자에게서 드러난 표식을 알아보지 못함. 아니면, 적절한 표식이 없이 상담자 생각에 내담자에게 중요해 보이는 과업을 부과하였음.
3. **주요 표식을 놓침:** 일부 표식들은 알아차렸으나, 주요 표식들을 알아차리지 못하였음.
4. **주요 표식 알아차림:** 내담자 작업에 필요한 주요 표식을 알아차렸으나, 어색한 방식으로 반응하였음.
5. **주요 표식을 구별하였고 능숙한 방식으로 반응함:** 주요 표식을 알아차렸고, 정확하게 개념화하여 적절한 방식으로 내담자에게 반응하였음(예: 내담자가 보여 준 갈등 분열 유형에 맞춰서 정확하게 반영해 주었음).
6. **이례적이거나 새로운 표식을 창의적이고 민감하게 알아차리고 반응을 보임:** 일관되고 민감하며 창의적인 방식으로 내담자의 표식을 알아차리고 반영하였음.

EFT 3. 정서 심화

내담자의 정서 경험 심화를 얼마나 잘 도왔는가?

얼마나 능숙하고 민감하게 정서 경험을 심화시키는 과정을 거치는 내담자를 촉진할 수 있었는가?

여기에는 종종 치료적 과업을 적절하게 활용하는 것뿐만 아니라 상담자가 공감적으로 긴밀하게 내담자를 따라가고 능숙하게 심화를 위한 탐색적 질문과 공감적 추측을 사용하는 것이 포함된다. 내담자가 다음과 같은 과정을 통과해 갈 수 있도록 도울 수 있는 능력을 평가하는 것이 유용할 수 있다.

- 전반적인 고통(분화되지 않은 정서)
- 반응적 이차 정서 반응(호소 문제나 증상과 관련된 정서일 수 있음)
- 비적응적 일차 정서 반응(오래된 가족 관련 정서)
- 핵심 고통(가장 중심이 되고 중요한 부적응적 일차 정서)
- 핵심 고통과 관련하여 충족되지 못한 욕구
- 적응적 일차 정서 반응(분화된 정서, 일차적 상처/애도, 주장적인 분노, 자기 연민)

---

1. **정서 심화 과정이 전혀 없음:** 내담자가 정서적 경험을 심화시킬 수 있는 기회를 반복하여 놓쳤고, 대신 내담자가 감정으로부터 멀어져 외부의 경험이나 분화되지 않은 경험으로 나아가도록 하는 반응만 제공하였음.
2. **대부분 심화를 방해하는 반응을 함:** 내담자의 정서를 심화시킬 수 있는 대부분의 기회를 놓쳤고, 외부 경험이나 덜 분화된 방식으로 반응하였음.
3. **심화시키는 반응은 하였으나 부적절함:** 내담자가 심화시킬 수 있도록 돕기 위한 기회를 제공하였으나, 어색하고 적절하지 못하였기 때문에 대체로 내담자의 과정에 방해가 되었음.
4. **심화 반응이 분명히 있었으나 비일관적이거나 어색함:** 중요한 순간에 심화시키는 반응을 제공하였으나 때때로 일관적이지 못하고 다소 어색하였음.
5. **심화시키는 반응을 일관적이고 능숙하게 하였음:** 일관되고 능숙하게 내담자가 자신의 정서 경험을 심화시킬 수 있도록 도와서 전반적인 고통에서 핵심 고통으로 나아가도록 하였음.
6. **고도로 조율되고 창의적인 방식으로 정서 심화를 제공함:** 정서적 심화에 대한 내담자의 양가감정에 대하여 능숙하게 작업하는 것을 포함하여 민감하고 능숙하게 정서적 심화 과정을 도왔음.

EFT 4. 정서중심치료 과업의 적절한 활용

EFT 과업을 얼마나 적절하게 수행하였나?

한 가지 이상의 적절한 과업을 정확하게 파악한 후, 다음과 같은 단계를 통해 내담자를 얼마나 능숙하고 민감하게 촉진했는가?

- 과업을 소개하고 준비하기

- 내담자가 경험을 불러일으키기 위한 과업을 시작할 수 있도록 돕기
- 적절한 시점에 과업의 핵심 과정에 머무르기
- 새로운 변화나 경험을 발견하기
- 적절한 경우에 다른 과업으로 바꾸기
- 과업을 진행하는 중에 추가적 작업을 이어가기에 시간이 부족할 때 마무리하기
- 새로운 경험이 떠올랐을 때 여기에 머무르며 의미있는 관점을 발전시키도록 돕기
- 과업의 종류:
  –공감적 인정
  –경험적 포커싱
  –체계적인 환기적 전개
  –두 의자 작업(두 의자 대화 및 실연)
  –빈 의자 작업
  –자비로운 자기진정
  –공간 비우기

---

1. **분명히 필요한 과업도 회피함:** 표식들이 분명한 경우에도 정서중심치료 과업을 진행하지 못하였음.
2. **기계적이고 민감하지 않으며 끼어드는 방식으로 과업을 진행함:** 적절하지 않은 과업을 내담자가 해 보도록 하거나 기계적이고 민감하지 않으며 끼어드는 방식으로 과업을 진행하였음.
3. **적절한 과업을 제시하였으나 서툴고 어색한 방식으로 내담자를 방해함:** 적절한 과업을 제시하였으나 전반적으로 서툴고 어색한 방식으로 진행하여 내담자의 과정을 가로막았음.
4. **일반적으로 과업을 적절하게 촉진하였으나 때로 사소한 면에서 어색하게 반응하거나 기회를 놓침:** 과업을 통해 내담자가 나아갈 수 있도록 적절하게 촉진할 수 있으나 때때로 내담자의 감정을 심화시킬 수 있는 기회를 놓치거나 촉진의 과정에서 어색한 경우가 있었음.
5. **과업을 촉진하는 능력이 일관되고 능숙함:** 내담자가 정서적 경험을 심화시키고 해결을 향해 나아갈 수 있도록 내담자와의 과업을 일관적이고 능숙하게 진행할 수 있었음.

6. 고도로 조율되고 창의적인 방식으로 내담자와의 과업 작업을 촉진함: 내담자가 양가감정이나 정서적 회피와 같이 자신을 가로막는 장애물을 탐색하도록 능숙하게 돕거나 새로운 방식으로 과업을 적절하게 다루는 등 창의적인 방식으로 반응하여 내담자와 고도로 조율되도록 하였음.

EFT 5. 정서중심치료 사례개념화: 내담자에 관하여 정서중심치료의 용어로 생각할 수 있는 능력

내담자에 관하여 정서중심치료의 용어로 생각하고, 이를 활용하여 관계와 치료적 작업 촉진을 얼마나 능숙하게 할 수 있었는가?

EFT 사례개념화는 다양한 방식으로 할 수 있다.

- 내담자의 자기의 부분, 정서 반응 타입이나 표식에 단순하게 이름을 붙이는 방식으로 명시적인 공감적 개념화 반응 제공하기
- 내담자와 협동적으로 과정의 단계들을 포함하는 더 복잡한 이야기를 구성해 가기(예: 커플 상담에서 부정적 대인관계 사이클에 대한 개념화)
- 표식, 자기의 부분, 정서 반응 종류, 정서조절곤란과 같은 내담자의 핵심 과정을 가리킴으로써 사례개념화를 드러내는 반응을 보이기

숙련된 EFT 사례개념화는 강요적이고, 단정적이고, 가르치는 식 또는 비판적이거나 일반적인 것과는 달리 협력적이고, 탐색적이고, 정확하고, 친절하며, 구체적이다.

1. 사례개념화가 방해되고 비판적이거나 정서중심치료에 근거하지 않음: 내담자의 반대를 무시하고 부정확하거나 내담자가 원치 않는 사례개념화를 강요함. 사례개념화에서 내담자를 가르

치는 식으로 대하거나 병리화하였으며 잠재적으로 그들의 자기감을 손상시킴. 정서중심치료가 아닌(예: 인지행동치료나 정신역동) 사례개념화를 반복적으로 활용함.

2. **사례개념화를 하지 않음:** 공감적 개념화 반응을 제공하지 않고, 표식, 자기의 부분, 정서 반응 종류, 관여의 방식과 같은 정서중심치료 개념이나 사례개념화 요소들을 참고하거나 활용하지 않음.
3. **어색하고 부정확한 EFT 사례개념화:** 사례개념화 내용은 정서중심치료를 담고 있으나 전반적으로 부정확하고 내담자 과정에 방해가 되는 어색한 방식으로 전달됨.
4. **적절한 EFT 사례개념화:** 일반적으로 정확하고 협력적이고 탐색적이며 구체적인 정서중심치료 사례개념화를 제공함(가끔 사소한 오류, 과도하게 일반화된 요소나 어색함이 드러날 수 있음).
5. **양호한 EFT 사례개념화:** 일관되게 협력, 탐색, 정확성, 다정함, 구체성과 같은 정서중심치료 사례개념화 요소들을 제공하고 있으며, 사소한 오류가 있더라도 내담자에게 방해되지 않게 진행할 수 있었음.
6. **뛰어난 EFT 사례개념화:** 내담자와 깊이 있게 협력하면서 탐색적인 과정을 통해 내담자를 인정하고 치료에서 나아갈 선명한 방향을 제시하는 방식으로 고유한 EFT 공유 사례개념화를 완성함.

치료에서 도움이 되는 측면 양식
(Helpful Aspects of Therapy Form: HAT)

(버전 3.2, 2008. 5)

1. 이번 회기에서 일어난 사건 중 개인적으로 가장 중요하거나 도움이 되었다고 생각하는 것은 무엇입니까? ('사건'이란 회기에서 일어난 일을 의미합니다. 본인이 말하거나 행동한 것일 수도 있고 치료자나 상담자가 말하거나 행동한 것일 수도 있습니다.)

2. 이번 사건이 중요하거나 도움이 된 이유와 이번 사건을 통해서 무엇을 얻었는지 설명해 주세요.

3. 특정 사건이 자신에게 도움이 되었나요, 아니면 방해가 되었나요? 다음의 척도에 평가해 주세요(적절한 지점에 'X' 표시할 것. 반점이나 평균점수도 가능함. 예: 7.5점).

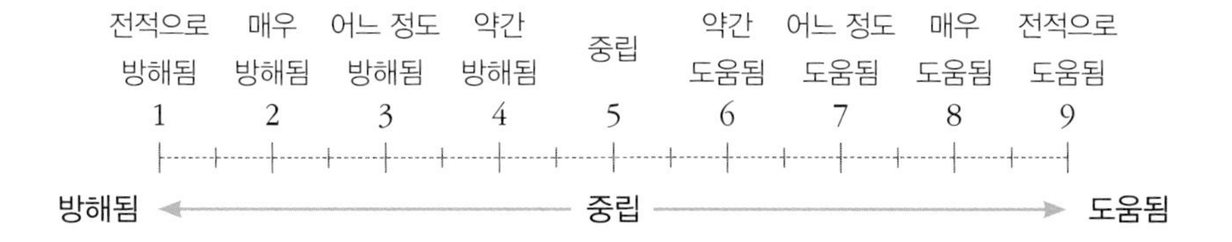

4. 이번 사건이 회기의 어떤 부분에서 발생했나요?

5. 사건은 얼마나 오래 지속되었나요?

6. 이번 회기에서 특별히 도움이 된 일이 있었나요? 예/아니요

a. 그렇다면 이번 사건이 얼마나 도움이 되었는지 평가해 주세요:

약간 도움됨 □6 어느 정도 도움됨 □7 매우 도움됨 □8

전적으로 도움됨 □9

b. 사건에 대해 간략하게 설명해 주세요:

7. 회기 중에 방해가 될 만한 일이 있었나요? 예/아니요

a. 그렇다면 그 일이 얼마나 방해가 되었는지 평가해 주세요:

약간 방해됨 □4 어느 정도 방해됨 □3 매우 방해됨 □2

전적으로 방해됨 □1

b. 사건에 대해 간략하게 설명해 주세요:

참고문헌

Angus, L., & Greenberg, L. (2011). *Working with narrative in emotion-focused therapy*. Washington, DC: American Psychological Association.

Barge, A., & Elliott, R. (2016). Clients' experiences of ending person-centred/experiential time limited therapy. Unpublished manuscript, Counselling Unit, University of Strath clyde, Glasgow, Scotland. Available at: www.dropbox.com/s/ghddw0ksv3g6fjl/_Barge%20%26%20Elliott%20Endings%202016.docx?dl=0

Barkham, M., Margison, F., Leach, C., Lucock, M., Mellor-Clark, J., Evans, C., Benson, L., Connell, J., Audin, K., & McGrath, G. (2001). Service profiling and outcomes benchmarking using the CORE-OM: Toward practice-based evidence in the psychological therapies. *Journal of Consulting and Clinical Psychology, 69*, 184-196.

Baucom, D. H., Shoham, V., Mueser, K. T., Daiuto, A. D., & Stickle, T. R. (1998). Empirically supported couple and family interventions for marital distress and adult mental health problems. *Journal of Consulting and Clinical Psychology*, *66*(1), 53-88.

Bolger, E. A. (1999). Grounded theory analysis of emotional pain. *Psychotherapy Research, 9*, 342-362.

Bordin, E. S. (1979). The generalizability of the psychoanalytic concept of working alliance. *Psychotherapy: Theory, Research and Practice, 16*, 252-260.

Brodley, B. T. (1990). Client-centered and experiential: Two different therapies. In G. Lietaer, J. Rombauts, & R. Van Balen (Eds.), *Client-centered and experiential psychotherapy towards the nineties* (pp. 87-107). Leuven, Belgium: Leuven University Press.

Bruner, J. (1991). The narrative construction of reality. *Critical Inquiry, 18*, 1-21. DOI: 10.1086/448619

Clarke, K. M. (1989). Creation of meaning: An emotional processing task in psychotherapy. *Psychotherapy, 26*, 139-148.

Clarke, K. M. (1991). A performance model of the creation of meaning event. *Psychotherapy, 28*, 395-401.

Clarke, K. M. (1993). Creation of meaning in incest survivors. *Journal of Cognitive Psychotherapy, 7*, 195-203.

Coates, W. H., White, H. V., & Schapiro, J. S. (1966). *The emergence of liberal humanism: An intellectual history of Western Europe*. New York: McGraw-Hill.

Cornell, A. W. (1996). *The power of focusing*. Oakland, CA: New Harbinger.

Cowie, C. G. (2014). Doing being: Conversation analysis of a good outcome case of person-centred therapy. Unpublished MSc dissertation, University of Strathclyde, Glasgow, Scotland.

Cummings, N., & Sayama, M. (1995). *Focused psychotherapy: A casebook of brief intermittent psychotherapy throughout the life cycle*. Routledge.

Damasio, A. (1999). *The feeling of what happens: Body and emotion in the making of consciousness*. New York: Harcourt.

Decety, J., & Ickes, W. (Eds.) (2009). *The social neuroscience of empathy*. Cambridge, MA: MIT Press.

Decety, J., & Lamm, C. (2009). Empathy versus personal distress: Recent evidence from social neuroscience. In J. Decety & W. Ickes (Eds.) (2009), *The social neuroscience of empathy* (pp. 199-213). Cambridge, MA: MIT Press.

Diamond, G. S., Diamond, G. M., & Levy, S. A. (2014). *Attachment-based family therapy for depressed adolescents*. Washington, DC: American Psychological Association.

Dolhanty, J., & LaFrance, A. (2019). Emotion-focused family therapy for eating disorders. In L. S. Greenberg & R. N. Goldman (Eds.), *Clinical handbook of emotion-focused therapy* (pp. 403-423). Washington, DC: American Psychological Association.

Ekman, P. (1992). An argument for basic emotions. *Cognition & Emotion, 6*(3-4), 169-200.

DOI: 10.1080/02699939208411068

Ekman, P., & Davidson, R. J. (Eds.) (1994). *The nature of emotion: Fundamental questions*. Series in affective science. Oxford: Oxford University Press.

Ekman, P., & Friesen, M. V. (1969). The repertoire of nonverbal behavior: Categories, origins, usage and coding. *Semiotica, 1*, 49-98.

Elliott, R. (2016). *Understanding emotion-focused therapy*. [Video]. Counselling Channel (Producer).

Elliott, R. (2019). *EFT Therapist Session Form (ETSF, v6.0)*. Unpublished research instrument, Counselling Unit, University of Strathclyde, Glasgow, Scotland.

Elliott, R., Bohart, A. C., Watson, J. C., & Murphy, D. (2018). Therapist empathy and client outcome: An updated meta-analysis. *Psychotherapy, 55*, 399-410. DOI: 10.1037/pst0000175 [supplemental material: http://dx.doi.org/10.1037/pst0000175.supp]

Elliott, R., Clark, C., Wexler, M., Kemeny, V., Brinkerhoff, J., & Mack, C. (1990). The impact of experiential therapy of depression: Initial results. In G. Lietaer, J. Rombauts, & R. Van Balen (Eds.), *Client-centered and experiential psychotherapy in the nineties* (pp. 549-577). Leuven, Belgium: Leuven University Press.

Elliott, R., & Greenberg, L. S. (1997). Multiple voices in process-experiential therapy: Dialogues between aspects of the self. *Journal of Psychotherapy Integration, 7*, 225-239.

Elliott, R., & Greenberg, L. S. (2016). Humanistic-experiential psychotherapy in practice: Emotion-focused therapy. In L. E. Beutler, A. J. Consoli, & B. Bongar (Eds.), *Comprehensive textbook of psychotherapy: Theory and practice* (2nd ed., pp. 106-120). New York: Oxford University Press.

Elliott, R., & MacDonald, J. (2020). Relational dialogue in emotion-focused therapy. *Journal of Clinical Psychology: In Session*. Advance online publication. DOI: 10.1002/jclp.23069

Elliott, R., & Shahar, B. (2019). Emotion-focused therapy for social anxiety. In L. S. Greenberg & R. N. Goldman (Eds.), *Clinical handbook of emotion-focused therapy* (pp. 337-360). Washington, DC: American Psychological Association.

Elliott, R., Sharbanee, J., Watson, J., & Timulak, L. (2019). The outcome of emotionfocused therapy: 2009-2018 meta-analysis update. Paper presented at the meeting of the International Society for Emotion-Focused Therapy, Glasgow, Scotland, August.

Elliott, R., Wagner, J., Sales, C. M. D., Rodgers, B., Alves, P., & Cafe, M. J. (2016). Psychometrics of the Personal Questionnaire: A client-generated outcome measure. *Psychological Assessment, 28*, 263-278.

Elliott, R., Watson, J., Goldman, R. N., & Greenberg, L. S. (2004). *Learning emotionfocused therapy: The process-experiential approach to change*. Washington, DC: American Psychological Association.

Elliott, R., Watson, J., Greenberg, L. S., Timulak, L., & Freire, E. (2013). Research on humanistic-experiential psychotherapies. In M. J. Lambert (Ed.), *Bergin & Garfield's handbook of psychotherapy and behavior change* (6th ed., pp. 495-538). New York: Wiley.

Elliott, R., Watson, J., Timulak, L., & Sharbanee, J. (in press). Research on humanisticexperiential psychotherapies. In M. Barkham, W. Lutz, & L. Castonguay (Eds.), *Garfield & Bergin's handbook of psychotherapy & behavior change* (7th ed.). New York: Wiley.

Ellison, J. A., Greenberg, L. S., Goldman, R. N., & Angus, L. (2009). Maintenance of gains following experiential therapies for depression. *Journal of Consulting and Clinical Psychology, 77*(1), 103-112. https://doi.org/10.1037/a0014653

Fairbairn, W. R. D. (1952). *Psychoanalytic studies of the personality*. London: Routledge & Kegan Paul.

Foroughe, M., Stillar, A., Goldstein, L., Dolhanty, J., Goodcase, E. T., & LaFrance, A. (2019). Brief emotion-focused family therapy: An intervention for parents of children and adolescents with mental health issues. *Journal of Marital and Family Therapy, 45*, 410-430.

Frankl, V. (1946/2006). *Man's search for meaning*. Boston, MA: Beacon Press.

Freire, E., Elliott, R., & Westwell, G. (2014). Person Centred and Experiential Psychotherapy Scale (PCEPS): Development and reliability of an adherence/

competence measure for person-centred and experiential psychotherapies. *Counselling and Psychotherapy Research, 14*, 220-226.

Frick, W. B. (1999). Flight into health: A new interpretation. *Journal of Humanistic Psychology, 39*, 58-81.

Frijda, N. H. (1986). *The emotions*. Cambridge, UK: Cambridge University Press.

Geller, S. M., & Greenberg, L. S. (2012). *Therapeutic presence: A mindful approach to effective psychotherapy*. Washington, DC: American Psychological Association.

Gendlin, E. T. (1981). *Focusing* (2nd ed.). New York: Bantam Books.

Gendron, M., & Barrett, L.F. (2009). Reconstructing the Past: A Century of Ideas About Emotion in Psychology. *Emotion Review, 1*(4), 316-339. doi:10.1177/1754073909338877.

Goetz, J. L., Keltner, D., & Simon-Thomas, E. (2010). Compassion: An evolutionary analysis and empirical review. *Psychological Bulletin, 136*(3), 351-374. https://doi.org/10.1037/a0018807

Goldman, R., & Fox, A. (2010). Self-soothing in emotion-focused therapy: Findings from a task analysis. Paper presented at the conference of the Society for the Exploration of Psychotherapy Integration, Florence, Italy, May.

Goldman, R., & Greenberg, L. S. (2014). *Case formulation in emotion-focused therapy*. Washington, DC: American Psychological Association.

Goldman, R. N., Greenberg, L. S., & Angus, L. (2006). The effects of adding emotionfocused interventions to the client-centered relationship conditions in the treatment of depression. *Psychotherapy Research, 16*, 537-549.

Grant, B. (1990). Principled and instrumental nondirectiveness in person-centered and client-centered therapy. *Person-Centered Review, 5*, 77-88.

Greenberg, L. S. (1984a). A task analysis of intrapersonal conflict resolution. In L. Rice & L. Greenberg (Eds.), *Patterns of change* (pp. 67-123). New York: Guilford Press.

Greenberg, L. S. (1984b). Task analysis: The general approach. In L. Rice & L. Greenberg (Eds.), *Patterns of change* (pp. 124-148). New York: Guilford Press.

Greenberg, L. S. (2002). Termination of experiential therapy. *Journal of Psychotherapy*

Integration, 12(3), 358-363.

Greenberg, L. S. (2007). *Emotion-focused therapy over time (Psychotherapy in six sessions).* [Video]. Washington, DC: American Psychological Association (Producer).

Greenberg, L. S. (2010). Emotion-focused therapy: A clinical synthesis. *Focus: The Journal of Lifelong Learning in Psychiatry, 8*, 32-42.

Greenberg, L. S. (2015). *Emotion-focused therapy: Coaching clients to work through their feelings* (2nd ed.). Washington, DC: American Psychological Association.

Greenberg, L.S. (2020a). *EFT: Working with core emotion.* [Video]. Counselling Channel (Producer).

Greenberg, L.S. (2020b). *EFT: Working with current and historical trauma.* [Video]. Counselling Channel (Producer).

Greenberg, L. S. (in press). *Changing emotion with emotion*. Washington, DC: American Psychological Association.

Greenberg, L. S., & Elliott, R. (1997). Varieties of empathic responding. In A. Bohart & L. S. Greenberg (Eds.), *Empathy reconsidered: New directions in psychotherapy* (pp. 167-186). Washington, DC: American Psychological Association.

Greenberg, L. S., & Goldman, R. N. (2008). *Emotion-focused couples therapy: The dynamics of emotion, love, and power*. Washington, DC: American Psychological Association.

Greenberg, L. S., & Goldman, R. N. (2018). *Clinical handbook of emotion-focused therapy*. Washington, DC: American Psychological Association.

Greenberg, L. S., & Johnson, S. M. (1988). *Emotionally focused therapy for couples*. New York: Guilford Press.

Greenberg, L. S., & Malcolm, W. (2002). Resolving unfinished business: Relating process to outcome. *Journal of Consulting and Clinical Psychology, 70*, 406-416.

Greenberg, L. S., & Paivio, S. (1997). *Working with emotions in psychotherapy*. New York: Guilford Press.

Greenberg, L. S., & Pascual-Leone, J. (1995). A dialectical constructivist approach to experiential change. In R. Neimeyer & M. Mahoney (Eds.), *Constructivism in psychotherapy* (pp. 169-191). Washington, DC: American Psychological Association.

Greenberg, L. S., Rice, L. N., & Elliott, R. (1993). *Facilitating emotional change: The momentby-moment process*. New York: Guilford Press.

Greenberg, L. S., & Safran, J. D. (1984). Integrating affect and cognition: A perspective on the process of therapeutic change. *Cognitive Therapy & Research, 8*, 559-578.

Greenberg, L. S., & Safran, J. D. (1987). *Emotion in psychotherapy*. New York: Guilford Press.

Greenberg, L. S., & Tomescu, L. R. (2017). *Supervision essentials for emotion-focused therapy*. Washington, DC: American Psychological Association.

Greenberg, L. S., & Warwar, S. H. (2006). Homework in an emotion-focused approach to experiential therapy. *Journal of Psychotherapy Integration, 16*(2), 178-200. https://doi.org/10.1037/1053-0479.16.2.178

Greenberg, L. S., & Watson, J. (1998). Experiential therapy of depression: Differential effects of client-centered relationship conditions and active experiential interventions. *Psychotherapy Research, 8*, 210-224.

Greenberg, L. S., & Watson, J. C. (2005). *Emotion-focused therapy for depression*. Washington, DC: American Psychological Association.

Greenberg, L. S., & Woldarsky Meneses, C. (2019). *Forgiveness and letting go in emotionfocused therapy*. Washington, DC: American Psychological Association.

Grindler Katonah, D. (1999). Clearing a space with someone who has cancer. *Focusing Folio, 18*, 19-26.

Gundrum, M., Lietaer, G., & Van Hees-Matthijssen, C. (1999). Carl Rogers' responses in the 17th session with Miss Mun: Comments from a process-experiential and psychoanalytic perspective. *British Journal of Guidance & Counselling, 27*(4), 461-482.

Hatcher, R. L., & Gillaspy, J. A. (2006). Development and validation of a revised short version of the Working Alliance Inventory. *Psychotherapy Research, 16*, 12-125.

Horvath, A., & Greenberg, L. S. (1989). Development and validation of the Working Alliance Inventory. *Journal of Counseling Psychology, 36*, 223-233.

Ito, M., Greenberg, L. S., Iwakabe, S., & Pascual-Leone, A. (2010). Compassionate emotion regulation: A task analytic approach to studying the process of self-soothing in therapy session. Paper presented at the World Congress of Behavioral and Cognitive Therapies (WCBCT), Boston, MA, June.

Johnson, S. M. (2004). *The practice of emotionally focused marital therapy: Creating connection* (2nd ed.). Philadelphia, PA: Brunner-Mazel.

Johnson, S. M., & Greenberg, L. S. (1985). The differential effects of experiential and problem-solving interventions in resolving marital conflict. *Journal of Consulting and Clinical Psychology, 53*, 313-317.

Johnson, S. M., Hunsley, J., Greenberg, L. S., & Schindler, D. (1999). Emotionally focused couples therapy: Status & challenges. *Journal of Clinical Psychology, 6*, 67-79.

Klein, M. H., Mathieu-Coughlan, P., & Kiesler, D. J. (1986). The experiencing scales. In L. S. Greenberg & W. Pinsof (Eds.), *The psychotherapeutic process* (pp. 21-71). New York: Guilford Press.

LaFrance, A., Henderson, K. A., & Mayman, S. (2019). *Emotion-focused family therapy: A transdiagnostic model for caregiver-focused interventions*. Washington, DC: American Psychological Association.

LeDoux, J. (1996). *The emotional brain: The mysterious underpinnings of emotional life*. New York: Simon & Schuster.

Lewin, K. (1948). *Resolving social conflicts: Selected papers on group dynamics (1935-1946)*. New York: Harper & Brothers.

Lietaer, G. (1993). Authenticity, congruence and transparency. In D. Brazier (Ed.), *Beyond Carl Rogers: Towards a psychotherapy for the 21st centrury* (pp. 17-46). London: Constable.

Llewelyn, S. (1988). Psychological therapy as viewed by clients and therapists. *British Journal of Clinical Psychology, 27*, 223-238.

Miller, W. R., & Rollnick, S. (2012). *Motivational interviewing: Preparing people for change* (3rd ed.). New York: Guilford Press.

Missirlian, T. M., Toukmanian, S. G., Warwar, S. H., & Greenberg, L. S. (2005). Emotional arousal, client perceptual processing, and the working alliance in experiential psychotherapy for depression. *Journal of Consulting and Clinical Psychology, 73*(5), 861-871.

Moreno, J. L., & Moreno, Z. T. (1959). *Foundations of psychotherapy*. Boston, MA: Beacon Press.

Murphy, D. (2019). *Person-centred experiential counselling for depression* (2nd ed.). London: Sage.

Paivio, S.C. (2013). *Emotion-focused therapy for complex trauma*. [Video]. Washington, DC: American Psychological Association (Producer).

Paivio, S. C., & Pascual-Leone, A. (2010). *Emotion-focused therapy for complex trauma*. Washington, DC: American Psychological Association.

Pascual-Leone, A., & Greenberg, L. S. (2007). Emotional processing in experiential therapy: Why 'the only way out is through'. *Journal of Consulting & Clinical Psychology, 75*, 875–887. DOI: 10.1037/0022-006X.75.6.875

Pascual-Leone, A., & Yeryomenko, N. (2017). The client 'experiencing' scale as a predictor of treatment outcomes: A meta-analysis on psychotherapy process. *Psychotherapy Research, 27*(6), 653-665.

Pennebaker, J. W., & Seagal, J. D. (1999). Forming a story: The health benefits of narrative. *Journal of Clinical Psychology*, *55*(10), 1243-1254.

Perls, F. S. (1969). *Gestalt therapy verbatim*. Moab, UT: Real People Press.

Perls, F. S., Hefferline, R. F., & Goodman, P. (1951). *Gestalt therapy*. New York: Julian Press.

Plutchik, R. (1991). *The emotions*. New York: University Press of America.

Portmann, A. (1897/1990). *A zoologist looks at humankind* (trans. J. Schaefer). New York: Columbia University Press.

Pos, A. E., Greenberg, L. S., & Warwar, S. H. (2009). Testing a model of change in the experiential treatment of depression. *Journal of Consulting and Clinical Psychology*, *77*(6), 1055-1066.

Prouty, G. (1998). Pre-therapy and pre-symbolic experiencing: Evolutions in personcentered/experiential approaches to psychotic experience. In L. S. Greenberg, J. C. Watson, & G. Lietaer (Eds.), *Handbook of experiential psychotherapy* (pp. 388-409). New York: Guilford Press.

Rice, L. N. (1974). The evocative function of the therapist. In L. N. Rice & D. A. Wexler (Eds.), *Innovations in client-centered therapy* (pp. 289-311). New York: Wiley.

Rice, L. N. (1983). The relationship in client-centered therapy. In M. J. Lambert (Ed.), *Psychotherapy and patient relationships* (pp. 36-60). Homewood, IL: Dow-Jones Irwin.

Rice, L. N., & Greenberg, L. S. (Eds.) (1984). *Patterns of change*. New York: Guilford Press.

Rice, L. N., & Greenberg, L. S. (1991). Two affective change events in client-centered therapy. In J. Safran & L. S. Greenberg (Eds.), *Emotion, psychotherapy and change* (pp. 197-226). New York: Academic Press.

Rice, L. N., & Saperia, E. P. (1984). Task analysis and the resolution of problematic reactions. In L. N. Rice & L. S. Greenberg (Eds.), *Patterns of change* (pp. 29-66). New York: Guilford Press.

Robinson, A., & Elliott, R. (2017). Emotion-focused therapy for clients with autistic process. *Person-Centered and Experiential Psychotherapies, 16*, 215-235.

Rogers, C. R. (1951). *Client-centered therapy*. Boston, MA: Houghton Mifflin.

Rogers, C. R. (1957). The necessary and sufficient conditions of therapeutic personality change. *Journal of Consulting Psychology, 21*, 95-103.

Rogers, C. R. (1959). A theory of therapy, personality, and interpersonal relationships as developed in the client-centered framework. In S. Koch (Ed.), *Psychology: The study of a science* (Vol. 3, pp. 184-256). New York: McGraw-Hill.

Rogers, C. R. (1961). *On becoming a person*. Boston, MA: Houghton Mifflin.

Roth, A. D., Hill, A., & Pilling, S. (2009). *The competences required to deliver effective humanistic psychological therapies*. Centre for Outcomes Research and Effectiveness, University College London. Available online at: www.ucl.ac.uk/clinical-psychology/CORE/humanistic_framework.htm

Sachse, R. (1990). The influence of processing proposals on the explication process of the client. *Person-Centered-Review, 5*, 321-344.

Safran, J. D., & Muran, J. C. (2000). *Negotiating the therapeutic alliance: A relational treatment guide*. New York: Guilford Press.

Salgado, J., Cunha, C., & Monteiro, M. (2019). Emotion-focused therapy for depression. In L. S. Greenberg & R. N. Goldman (Eds.), *Clinical handbook of emotion-focused therapy* (pp. 293-314). Washington, DC: American Psychological Association.

Sanders, P. (Ed.) (2007). *The Contact Work Primer: A concise, accessible and comprehensive introduction to pre-therapy and the work of Garry Prouty*. Ross-on-Wye, UK: PCCS Books.

Sarbin, T. R. (1989). Emotion as narrative emplotment. In M. J. Packer & R. B. Addison (Eds.), *Entering the circle: Hermeneutic investigation in psychology* (pp. 185-201). Albany, NY: State University of New York Press.

Schneider, K. J., & Krug, O. T. (2017). *Existential-humanistic therapy* (2nd ed.). Washington, DC: American Psychological Association.

Shamay-Tsoory, S. (2009). Empathic processing: Its cognitive and affective dimensions and neuroanatomical basis. In J. Decety & W. Ickes (Eds.), *The social neuroscience of empathy* (pp. 215-232). Cambridge, MA: MIT Press.

Sommerbeck, L. (2012). Being nondirective in directive settings. *Person-Centered & Experiential Psychotherapies, 11*, 173-189.

Spinelli, E. (1989). *The interpreted world: An introduction to phenomenological psychology*. London: Sage.

Sutherland, O., Perakyla, A., & Elliott, R. (2014). Conversation analysis of the two-chair self-soothing task in emotion-focused therapy. *Psychotherapy Research*. Advance online publication. DOI: 10.1080/10503307.2014.885146

Thompson, S., & Girz, L. (2020). Overcoming shame and aloneness: Emotion-focused group therapy for self-criticism. *Person-Centered & Experiential Psychotherapies, 19*(1), 1-11.

Timulak, L. (2015). *Transforming emotional pain in psychotherapy: An emotion-focused approach*. Hove, East Sussex: Routledge.

Timulak, L., & Elliott, R. (2003). Empowerment events in process-experiential psychotherapy of depression: A qualitative analysis. *Psychotherapy Research, 13*, 443-460.

Timulak, L., Iwakabe, S., & Elliott, R. (2019). Clinical implications of research on emotion-focused therapy. In L. S. Greenberg & R. Goldman (Eds.), *Clinical handbook of emotion-focused therapy* (pp. 93-109). Washington, DC: American Psychological Association.

Timulak, L., Keogh, D., McElvaney, J., Schmitt, S., Hession, N., Timulakova, K., Jennings, C., & Ward, F. (2020). Emotion-focused therapy as a transdiagnostic treatment for depression, anxiety and related disorders: Protocol for an initial feasibility randomised control trial. *HRB Open Research, 3*, 7. https://doi.org/10.12688/hrbopenres.12993.1

Timulak, L., & McElvaney, J. (2017). *Transforming generalized anxiety: An emotion-focused approach*. Hove, East Sussex: Routledge.

Warwar, S. H., & Ellison, J. (2019). Emotion coaching in action: Experiential teaching, homework, and consolidating change. In L. S. Greenberg & R. N. Goldman (Eds.), *Clinical handbook of emotion-focused therapy* (pp. 261-289). Washington, DC: American Psychological Association. https://doi.org/10.1037/0000112-012

Watson, J.C., Goldman, R., & Greenberg, L. S. (2007). *Case studies in emotion-focused therapy for depression*. Washington, DC: American Psychological Association.

Watson, J. C., Gordon, L. B., Stermac, L., Kalogerakos, F., & Steckley, P. (2003). Comparing the effectiveness of process-experiential with cognitive-behavioral psychotherapy in the treatment of depression. *Journal of Consulting and Clinical Psychology, 71*, 773-781.

Watson, J. C., & Greenberg, L. S. (2017). *Emotion-focused therapy for generalized anxiety*. Washington, DC: American Psychological Association.

Watson, J. C., & Rennie, D. (1994). A qualitative analysis of clients' reports of their subjective experience while exploring problematic reactions in therapy. *Journal of Counseling Psychology, 41*, 500-509.

Wexler, D. A., & Rice, L. N. (1974). *Innovations in client centered therapy*. New York: Wiley.

Yalom, I. D. (1980). *Existential psychotherapy*. New York: Basic Books.

Zajonc, R. B. (1980). Feeling and thinking: Preferences need no inferences. *American Psychologist, 35*, 151-175.

찾아보기

인명

A

Angus, L. 50, 51, 103, 107, 168
Arkowitz, H 150

B

Barge, A. 209, 210

C

Carlin, E. R. 150
Cornell, A. W. 125

D

Descartes, R. 72

E

Elliott, R. 20, 36, 42, 69, 107, 191, 200, 209, 210, 228, 230
Engle, D. E. 150

F

Frankl, V. 51
Frick, W. B. 215

G

Geller, S. M. 107
Gendlin, E. T. 18, 118
Goldman, R. 82, 102, 228
Goodman, J. 20
Greenberg, L. S. 19, 36, 50, 51, 69, 77, 82, 102, 103, 107, 150, 168, 184, 187, 191, 215, 228

H

Hegde, J. 150
Hill, A. 21

J

Jonah 159, 164, 170, 177, 178

L

LeDoux, J. 55

M

Miller, W. R. 18
Moreno, J. 17, 19

P

Paivio, S. C. 77, 228, 229
Pascual-Leone, A. 77, 224, 228
Peräkylä, A 200
Perls, F. S. 19, 44
Pilling, S. 21

R

Rennie, D. 125
Rice, L. 18, 188
Rice, L. N. 19, 187
Rogers, C. 17, 27, 44, 48, 73
Rollnick, S. 18
Roth, A. D. 21

S

Sachse, R. 31, 99

Safran, J. 19
Sarbin, T. R. 50, 103
Shahar, B. 150
Sutherland, O. 200
Szepsenwol, O. 150

T

Timulak, L. 82

W

Watson, J. C. 125, 150
Wexler, D. 18
Woldarsky Meneses, C. 77, 184

Y

Yeryomenko, N. 224

내용

1단계: 과업 시작 157
2단계: 도입 158
3단계: 심화 160
4단계: 표현하기 166
5단계: 완료: 해결되지 않은 감정과 욕구 171
6단계: 의자 작업 후 과정 178
CORE 성과 척도 36, 226
Damasio, A.: 일어나는 일에 대한 감정 48
EFC 격언 81
EFC 시작 단계 87
EFC 실무 모니터링 225
EFC에서 주요 정서 59
EFC의 정서 이론 21
EFC의 정서 이론에 대해 이해하고 활용하기 21
EFT 치료자 회기 양식 225
Helpful Aspects of Therapy Form 227

ㄱ

갈등 분열 표식 128, 129
갈등의 다양한 유형 147
감정과 욕구 타당화 169
감정의 변화 119, 122
개관 111
개방형 214
개인 질문지 40, 227
개인의 정서적 회복탄력성과 용기 25, 26
건강으로의 도피 212
게슈탈트 상담 17
게슈탈트 치료 19, 154, 218
경험 53
경험을 통해 발전 47
경험적 과업 218
경험적 교육 28, 146
경험적 치료 18
경험하기 척도 224
계몽주의 시기 18
고통의 근원 45
공간 비우기 218
공감 34, 89, 90, 95
공감과 과정 안내 160
공감에 대한 논의 91
공감적 개념화 94, 146
공감적 따라가기 34, 92
공감적 반복 34
공감적 반영 91
공감적 이해 반응 91
공감적 인정 93, 187, 188
공감적 조율 26, 27, 72, 88, 110
공감적 추측 94
공감적 탐색 87, 93, 94, 100
공유 사례개념화 101
공포 73
공포/불안 59, 60, 73
공허감 209
과소조절 56
과업 111
과업 기술 23
과업 분석 19

과업 원리 29
과업 합의 86, 101
과업 해결 155, 194, 196
과업 해결 모델 130, 189
과업을 다루기 위한 협력 26, 28
과잉 조절 77
과정 반영 15
과정 분화 15, 34
과정 안내 15, 22
과정 연구 요약 224
과정-성과 224
과정을 이끄는 것 31
관계 원리 27
관계적 대화 218
관점채택 89
괴로움 187
괴로움에 대한 자비로운 자기진정 188, 191
구성요소들 49
국제정서중심치료학회(ISEFT) 226, 229, 231
권장 비디오 229
귀인 분열 157
귀인 분열 작업 156
그리스의 다양한 철학자들 17
근거 기반 상담 17
기쁨/행복 59, 63
기타 손상 행동 180
깊이 들어가기 136, 137

ㄴ

나는 그랬다. 또는 나는 느꼈다. 163
낭만주의 흐름 18
내담자 주체성에 초점 맞추기 24
내담자-상담자 관계 27, 95
내담자에게 제공하기 위한 표식 23
내담자에게 핵심적인 상담 과업 29
내담자와 의사소통 21
내담자의 자기발달 30
내담자중심치료 18
내러티브 50
내러티브 다시 이야기하기 112
내러티브 재진술 87, 103, 221
내부의 방해 요인 96
녹음 227
놓아버리기 176
놓아버리기의 어려움 171, 175
뇌 53, 55, 91

ㄷ

다른 의자 140
단계 114
단계의 가능성 166
대인관계 112
대화 후 의미 창출 146
대화의 단계 156
더 깊게 들어가는 과정 100
도구적 74
도구적 정서 반응 66
동기 부여 147
동기강화상담 18
동맹 형성 87, 95, 221
동맹의 어려움 112, 218
두 의자 대화 130, 134
두 의자 작업 31, 32, 38, 116, 140, 147, 148
두려움 46, 65
뜨거운 교육 146

ㅁ

막힌 정서 73
목소리 132
목표 86, 101
무조건적 긍정적 존중 15, 96
문제 반응에 대한 환기적 전개 113, 115
문화와 경험 54
미분화된 77, 162
미해결과제 작업 156

ㅂ

반응적 이차 정서 78, 162
반응적 이차 정서 반응 65
발전하고 있다는 느낌 210
발전해 나가는 모습 211
변연계 54, 89
변형 179

복합외상 221
부드럽게 하기 및 협상 144
부적응적 일차 정서 반응 66, 78
부적응적 정서 67
부적응적인 191
부정적인 상대방 역할 실연하기 161
부정적인 상대방 표현 167
분노 46, 59, 60, 65, 162, 180
분노 수용 166
분노-슬픔 나선형 166
분노-애도에 대한 차단 173-174
분리 134
분화 166
분화 과정 143
불분명한 감정 118, 119
불안 129, 204, 221
불안 분열 130, 222
불안의 비유 50
불편함 143
비디오 Miss Mun 190
비지시적 상담자 31, 32
빈 의자 작업 153, 159, 164, 177, 179, 197, 218, 221

ㅅ

사례 132
사이코드라마 19, 218
사전 대화 단계 133
사전 심화 작업 74
사후 심화 작업 80
상담 경험과 종결 경험을 상호 공유 210
상담 과정 측정 도구 227
상담 종결 후에 느끼는 고통을 정상화하는 것 210
상담 시작 106
상담 종결 209
상담자는 과정 촉진에 대한 전문가 111
상담자의 자기노출 97
상대방 이미지의 변화 174
상실에 대한 애도 173
상처를 준 사람에 대해 공감 172
상황에 대한 즉각적인 인식 50
새로운 내담자와 현존하는 방법 97
새롭게 경험되는 정서 52
생리적 변화 51
서로 다른 문화 54
선명하지 않은 느낌 120
섭식 장애 222
성과 측정 도구 226
수용 27
수치심 47, 59, 61, 65
스토리텔링 103
스트레스 51
슬픔 59, 162, 166
시간제한 208
시작점 72
시작하기 86
신체 반응 51
신체 움직임 91
신체감각 49
신체언어 168
신체에 대한 주의 110
신체적/표현적 50
실무 원리 26
실존주의 상담 17
실험 110
심리적 접촉의 상실 219
심상 196
심화 90

ㅇ

아이들 47
안전 제공 99
알아차림 과제 146, 178
압도된-조절 불가능한 75
앞으로의 계획 209
애도 173
양호한 공감적 조율 257
연민 59, 63, 192
예방적 접근 223
예시 116, 120, 195
오래된 막힌 나쁜 감정 78
외상과 관련된 두려움 181
외상에 대한 빈 의자 작업 180
외상적 학습 68
욕구/행위 경향성 52
욕구들 169

용서 172, 174
우울 78, 221
우울증 41
원망 78, 162
유기체적 가치 44, 53
의미 51, 52
의미 관점 만들기 80
의미 만들기 178
의미 재창조 219
의미 저항 219
의미 제작자 52
의미의 연결고리 114, 118
의자 작업 132
이야기되지 않은 정서들 50
이야기를 풀어 나가기 87
이야기하기 17
이차 분노 163
이차 정서 66
인간중심 경험적 접근 16
인간중심 및 경험적 심리치료 척도 226, 255
인간중심과정 안내 입장 20
인간중심뿐만 아니라 과정을 안내하는 관계적 입장 21
인간중심상담 188
인간중심치료 18
인본주의 17, 18
인본주의 상담 18
인정감 57
일화적 기억 118

ㅈ

자각 73
자격 인증 231
자기 경험의 변화 175
자기 손상 분열 147
자기강요 129
자기방해 56, 77, 147, 165
자기방해 분열 128, 147
자기비판적 분열 128, 147
자기비판적 표식 132
자기수용 144
자기진정 205
자기코칭 분열 130
자기평가 128
자비로운 자기진정 192, 195, 197, 222
자신의 이야기 87
자폐 222
작업 동맹 척도 227
작업 동맹 15
적응적 일차 80
적응적 일차 분노 163
적응적 일차 정서 반응 65
전개 및 포커싱 124
접근의 성과에 관한 근거 36
접촉 방해 112
정서 47, 89, 90, 169
정서 강도 55
정서 과정 168
정서 나침반 79, 100
정서 반응 유형 64
정서 범주 58
정서 심화 71, 74
정서 알아차림 223
정서 자극 72
정서 조절 57, 89
정서 증상 제시: 반응성 이차 78
정서 코칭 223
정서도식 47, 118
정서-미분화된 118, 130
정서에 갇히는 방식 81
정서에 대한 인식 177
정서에 초점 맞추기 72
정서와 뇌 54
정서의 개념 48
정서의 네 가지 측면 21
정서의 복잡성 64
정서의 양상 21
정서의 정의 43
정서의 중요성 15, 46
정서의 차원 47
정서적 각성 166, 178, 224
정서적 강도 167
정서적 경험 53
정서적 경험에의 접촉 225
정서적 고통 59, 62
정서적 공명 89
정서적 심화 30, 77
정서적 알아차림 56
정서조절 55, 75

정서조절 작업 76
정서중심가족치료 220
정서중심상담(EFC) 16, 85
정서중심상담의 발전 17
정서중심치료(EFT) 치료자 회기 양식 235
조기 종결 212
종결 203
종결 경험 206
종결 회기 209
종결 후 성찰 211
죄책감 59, 61, 78
주요 과업 87
주요 심화 과정 77
주저하는 내담자 돕기 162
준비 208
중단된-멈춘-제한된 77
지각적/일화적 50
지금 이 순간 163, 168
지시성 31
직면의 어려움 218
진솔성 15
진실 말하기: 빈 의자 작업의 대안 182

ㅊ

차단된 감정 77, 221
차원 193
창발성 44
책임지기 136
철수의 어려움 218
초진단적 EFC 222
촉진하기 195
최종 회기 205
최종 회기의 하위 과업 210
충족되지 못한 욕구 놓아버리기 172
충족되지 못한 욕구에 대한 상대방의 반응 실연하기 172
취약성 112, 187, 188, 189
치료에 대한 포기 213
치료에서 도움이 되는 측면 양식 263
치료자 반응 29
치료자 신뢰 86
치료적 과업 206
치료적 유대 26, 27
치료적 초점 86, 98
치료적 현존 확립하기 95

ㅋ

커플을 위한 정서중심치료 219

ㅌ

타당화 80, 169
탐색적 반영 23, 94
탐색적 질문 22, 93
통합 단계 204

ㅍ

포커싱 14, 18, 31, 123, 221
표식 101, 103, 109, 128, 192, 207
표식 경험하기 112
표식 구성/내사 113
표식 재처리 112
표현 169

ㅎ

학대 173, 181
학대적 관계 180
학습 자료 228
해결 173
해결의 형태 173
핵심 고통 79, 93, 224
핵심 비판 136, 139
현재 경험 168
현재 느낌 163, 168
현재 대인 갈등 181, 182
혐오 59, 62
환기적 기능 19
활동 수준 32
회기가 남지 않은 상황 213
훈련 과정 229
흥미/호기심 59, 63

저자 소개

Robert Elliott은 스트래스클라이드대학교(University of Strathclyde) 상담학 교수이다. 그는 캘리포니아대학교 로스앤젤레스 캠퍼스(University of California, Los Angeles)에서 임상 심리학 박사 학위를 받았으며, 털리도대학교(University of Toledo, Ohio)의 심리학 명예 교수이다. Leslie Greenberg, Laura Rice와 함께 정서중심치료(EFT)를 개발했다. EFT 국제 및 영국 내 교육을 진행하고 있으며, 정서중심치료 국제학회의 이사로 활동하고 있다. 『Facilitating emotional change』(1993), 『Learning emotion-focused psychotherapy』 (2004), 『Research methods in clinical psychology』(2015), 『Essentials of descriptive-interpretive qualitative research』(2021) 등을 공동 저술했으며, 170편 이상의 학술지 논문 및 책을 포함한 다양한 출판물이 있다. Elliot은 심리치료연구학회의 전 회장이며, 이전에는 『Psychotherapy Research』와 『Person-Centered and Experiential Psychotherapies』 저널의 공동 편집자였다. 미국심리학회의 임상 심리학, 심리치료 및 인간 중심 심리학 부문의 연구원이었으며, 심리치료연구학회에서 우수한 연구경력 상과 미국심리학회의 'Carl Rogers' 상을 수상했다. 그는 달리기, 공상과학 소설, 시, 그리고 모든 종류의 음악을 즐긴다.

Leslie Greenberg는 토론토의 요크대학교(York University) 심리학 명예 교수이다. 남아프리카에서 태어난 그는 원래 엔지니어로 활동했으며, 암묵적 지식, 즉 우리가 말할 수 있는 것보다 더 많이 알고 있다는 믿음을 가지게 된 엔지니어였다. 1970년에 심리학으로 전향하여 인간중심 및 게슈탈트 치료로 교육을 받았고 40년 이상 심리치료 연구에 참여했다. 그는 정서중심치료에 관한 주요 책을 저술했으며, 『Emotion in psychotherapy』(1989), 『Emotionally focused therapy for couples』(1988), 『Facilitating emotional change』(1993, with Laura Rice and Robert Elliott), 『Emotion-focused therapy』(2015), 『Case formulation in emotion-focused therapy』(2015, with Rhonda Goldman), 『Emotion-focused therapy of forgiveness and letting go』(2019, with Catalina Woldarsky), 그리고 『Emotion-focused therapy of generalized anxiety』(2017, with Jeanne Watson) 등을 저술하였다. 그는 국제심리치료연구학회의 초보 연구자 상과 우수 연구자 상을 비롯하여 미국심리학회의 'Carl Rogers' 상과 응용연구에 대한 공로상을 수상했다. 또한 캐나다심리학회에서 심리학 전문가 상을 받았다. 그는 현재 국내외에서 정서중심치료를 교육하는 데 주로 시간을 보내고 있으며, 두 명의 성인 자녀, 두 명의 손주와 함께 토론토에서 거주하고 있다.

역자 소개

김영근(Kim Youngkeun)

한국심리치료상담학회 편집위원장

현 인제대학교 상담심리치료학과 부교수

전 캐나다 윈저대학교 심리학과 방문학자

손자영(Son Jayoung)

한국심리치료상담학회 자격관리 부위원장

현 홍익대학교 세종캠퍼스 겸임교수

리솜심리상담센터 센터장

김미례(Kim Mirye)

한국심리치료상담학회 대외협력위원장

현 호남대학교 상담심리학과 부교수

전 한국학교상담학회 회장

김수임(Kim Sooim)

한국심리치료상담학회 부회장

현 단국대학교 상담학과 부교수

단국대학교 대학생활상담센터 센터장

김종수(Kim Jongsoo)

한국심리치료상담학회 총무이사 · 홍보위원장

현 계명대학교 태권도학과 조교수

전 한울 스포츠심리상담연구소장

박승민(Park Seungmin)

한국심리치료상담학회 회장

현 숭실대학교 기독교학과 상담심리전공 교수

숭실대학교 부부가족상담연구소 소장

신선임(Shin Sunim)

한국심리치료상담학회 사례연구위원장

현 숭실대학교 기독교학과 상담심리전공 부교수

한국생산성본부 기업교육 · 코칭 교수

안인숙(Ahn Insook)

한국심리치료상담학회 교육연수 부위원장

현 서울대학교 대학생활문화원 전문위원

전 숭실대학교 상담인권센터 연구교수

윤숙경(Yun Sookgyeong)

한국심리치료상담학회 감사

현 심리상담연구소 마음on마음 소장

조난숙(Cho Nhansook)

한국심리치료상담학회 교육연수위원장

현 한성대학교 교양학부 교수

전 한국정신분석심리상담학회 부회장

최바올(Choi Baole)

한국심리치료상담학회 윤리위원장

현 한국기술교육대학교 교양학부 부교수

한국기술교육대학교 상담 · 진로개발센터 센터장

홍상희(Hong Sanghee)

한국심리치료상담학회 국제교류위원장

현 이화여자대학교 마음E센터 특임교수

정서중심상담의 실제

Emotion-Focused Counselling in Action

2024년 9월 20일 1판 1쇄 인쇄
2024년 9월 25일 1판 1쇄 발행

지은이 • Robert Elliott · Leslie Greenberg
옮긴이 • 김영근 · 손자영 · 김미례 · 김수임 · 김종수 · 박승민
신선임 · 안인숙 · 윤숙경 · 조난숙 · 최바올 · 홍상희

펴낸이 • 김진환
펴낸곳 • ㈜학지사
04031 서울특별시 마포구 양화로 15길 20 마인드월드빌딩
대표전화 • 02-330-5114 팩스 • 02-324-2345
등록번호 • 제313-2006-000265호

홈페이지 • http://www.hakjisa.co.kr
인스타그램 • https://www.instagram.com/hakjisabook/

ISBN 978-89-997-3224-9 93180

정가 22,000원